e eu não sou uma mulher?

bell hooks

e eu não sou uma mulher?

MULHERES NEGRAS E FEMINISMO

Tradução
Bhuvi Libanio

Revisão técnica
Vinícius da Silva

16ª edição

Rio de Janeiro
2025

Título original: *Ain't I a Woman: Black Women and Feminism, 2nd edition*

Imagem de capa: Rosa Bell, mãe de bell hooks. © bell hooks

CIP-BRASIL. CATALOGAÇÃO NA PUBLICAÇÃO
SINDICATO NACIONAL DOS EDITORES DE LIVROS, RJ

H755e
16ª ed.

hooks, bell
E eu não sou uma mulher? : mulheres negras e feminismo / bell hooks ; tradução Bhuvi Libanio. – 16ª ed. – Rio de Janeiro: Rosa dos Tempos, 2025.

Tradução de: Ain't I a woman? : black women and feminism
ISBN 978-85-01-11740-3

1. Feminismo - Estados Unidos. 2. Feministas negras – Estados Unidos. 3. Negras – Identidade racial – Estados Unidos. I. Libanio, Bhuvi. II. Título.

19-59026

CDD: 305.420973
CDU: 316.347-055.2(73)

Meri Gleice Rodrigues de Souza – Bibliotecária – CRB-7/6439

Texto revisado segundo o novo Acordo Ortográfico da Língua Portuguesa.

Direitos desta tradução adquiridos pela
EDITORA ROSA DOS TEMPOS
Um selo da
EDITORA RECORD LTDA.
Rua Argentina, 171 – Rio de Janeiro, RJ – 20921-380 – Tel.: (21) 2585-2000.

Impresso no Brasil
2025

Para Rosa Bell, minha mãe –
que me contou, quando eu era criança,
ter escrito poemas –
que herdei dela meu amor pela leitura
e meu anseio por escrever.

SUMÁRIO

PREFÁCIO À EDIÇÃO DE 2015*

Cresci sabendo que queria ser escritora. Desde os tempos de menina, livros têm me oferecido visões de novos mundos diferentes daquele com o qual eu tinha mais familiaridade. Como novas terras exóticas e estranhas, livros me proporcionaram aventura, novas formas de pensar e de ser. Sobretudo, apresentaram uma diferente perspectiva, que quase sempre me forçava a sair da zona de conforto. Eu ficava admirada por livros poderem oferecer pontos de vista diferentes, por palavras em uma página poderem me transformar e me mudar, mudar a minha mente. Durante meus anos de graduação, o movimento feminista contemporâneo estava desafiando os papéis que eram definidos a partir de pensamentos sexistas, pedindo o fim do patriarcado. Naqueles dias arrebatadores, *libertação da mulher* foi o nome dado a essa incrível maneira nova de pensar sobre o gênero. Como eu jamais havia sentido que tinha um lugar na tradicional noção sexista do que uma mulher deveria ser e fazer, eu estava ansiosa para participar do movimento de libertação da mulher, desejando criar um espaço de liberdade para mim mesma, para as mulheres que eu amava, para todas as mulheres.

---

* Originalmente, este livro foi publicado em 1981, pela South End Press. Em 2015, a Routledge publicou a segunda edição em língua inglesa, na qual se baseia a nossa tradução. [*N. da E.*]

Meu envolvimento intenso com a criação de uma consciência feminista me levou a confrontar a realidade das diferenças de raça, classe e gênero. Conforme eu me rebelava contra as noções sexistas sobre o lugar da mulher, desafiava as noções de lugar e identidade da mulher dentro dos círculos do movimento de libertação da mulher, não conseguia encontrar meu lugar dentro do movimento. Minha experiência como jovem negra não era reconhecida. Minha voz, assim como a de mulheres como eu, não era ouvida. Sobretudo, o movimento mostrou como eu me conhecia pouco e também como conhecia pouco meu espaço na sociedade.

Enquanto não consegui fazer minha voz ser ouvida, não consegui pertencer verdadeiramente ao movimento. Antes de exigir que os outros me ouvissem, precisei ouvir a mim mesma, para descobrir minha identidade. Fazer cursos em Estudos de Mulheres* me mostrou as expectativas da sociedade em relação às mulheres. Aprendi muitas coisas sobre diferenças de gênero, sobre sexismo e patriarcado e como esses sistemas moldaram os papéis e a identidade feminina, mas aprendi pouco sobre o papel designado às mulheres negras em nossa cultura. Para me entender como negra, para compreender o lugar definido para as mulheres negras nesta sociedade, precisei explorar mais do que a sala de aula, mais do que os tratados e os livros que

---

* Esse campo de estudos, nos Estados Unidos, é chamado *Women's Studies*. Surgiu no fim da década de 1960 com a proposta de estudar o feminismo a partir de métodos interdisciplinares, colocando a vida e as experiências de mulheres no centro dos debates sobre construções culturais e sociais de gênero. Raça, orientação sexual e classe são algumas das questões em debate nas salas de aula da disciplina, que hoje é mais comumente denominada Estudos de Gênero. [*N. da T.*]

minhas companheiras e colegas brancas estavam criando para explicar o movimento de libertação da mulher, para oferecer formas radicais, novas e alternativas de pensar sobre gênero e o lugar da mulher.

A fim de criar um espaço para mulheres negras nesse movimento revolucionário por justiça de gênero, tive que aprofundar meus conhecimentos sobre nosso lugar na sociedade. Ainda que eu estivesse aprendendo muito sobre sexismo e sobre como o pensamento sexista moldou a identidade feminina, não me ensinavam sobre as formas que a raça deu à identidade feminina. Nas aulas e nos grupos de conscientização, quando eu chamava atenção para as diferenças que a raça e o racismo criaram na nossa vida, com frequência eu era tratada com desprezo por companheiras brancas que queriam se conectar por meio de noções compartilhadas de sororidade. E lá eu estava, esta jovem negra audaciosa, vinda da zona rural do Kentucky, insistindo em dizer que havia diferenças grandes determinando as experiências das negras e das brancas. Meu esforço para compreender essas diferenças, para explicar e comunicar o significado delas, fundamentou a escrita de *E eu não sou uma mulher? Mulheres negras e feminismo.*

Comecei a pesquisar e a escrever durante meus anos de graduação. Acho incrível que mais de quarenta anos tenham se passado desde que comecei o trabalho. Inicialmente, minha procura por um editor resultou em rejeição. Naquele tempo, ninguém imaginava que haveria público para um trabalho sobre mulheres negras. Em geral, era mais provável que as pessoas negras daquela época denunciassem o movimento de libertação da mulher, entendendo que era coisa de mulher branca. Como consequência, era frequente que mulheres negras engajadas individualmente no movimento fossem isoladas e hostilizadas por outras pessoas negras. Em geral, éramos a única pessoa negra em círculos predominantemente brancos. E entendia-se que qualquer conversa sobre raça desviava a atenção que deveria ser dada à política de gênero. Já era de se esperar então que mulheres negras tivessem que criar um *corpus* de trabalho separado e distinto que reunisse nossa compreensão sobre raça, classe e gênero.

Associando as políticas feministas radicais com meu impulso de escrever, logo decidi que queria criar livros para serem lidos e compreendidos, atravessando as fronteiras das diferentes classes. Naquele tempo, pensadoras feministas brigavam com a pergunta do público: quem queríamos alcançar com nosso trabalho? Alcançar um público maior exigia escrever um texto que fosse descomplicado e conciso, que pudesse ser lido por leitores que jamais frequentaram a universidade ou talvez que nem tenham terminado o ensino médio. Pensando em minha mãe como público ideal – a leitora que eu mais queria converter ao pensamento feminista –, cultivei um estilo de escrita que pudesse ser compreendido por leitores de diferentes classes de origem.

Terminar a escrita de *E eu não sou uma mulher?* e, anos mais tarde, ver o trabalho publicado, quando eu estava com quase 30 anos, marcou o ápice da minha própria luta pela total autoatualização, por ser uma mulher livre e independente. Quando entrei na minha primeira aula de Estudos de Mulheres, com a professora e escritora branca Tillie Olsen, e escutei sua palestra sobre o mundo das mulheres que lutam para trabalhar e ser mãe, mulheres que com frequência eram reféns da dominação masculina, chorei como ela chorou.

Lemos seu trabalho seminal "I Stand Here Ironing",* e eu comecei a ver minha mãe e mulheres como ela, todas educadas nos anos 1950, sob um olhar diferente. Mamãe se casou jovem, quando ainda era adolescente, teve bebês nova e, apesar de nunca dizer que era ativista do movimento de libertação da mulher, vivenciou a dor da dominação sexista, e isso fez com que ela incentivasse todas as filhas, nós seis, a nos autoeducarmos, para que fôssemos capazes de cuidar das próprias necessidades materiais e econômicas e jamais sermos dependentes de qualquer homem. Era óbvio que deveríamos encontrar um homem e casar, mas não antes de aprender a tomar conta de nós mesmas. Mamãe, ela mesma refém das amarras do patriarcado, incentivou-nos a nos libertar. Faz sentido, então, que uma imagem de Rosa Bell, minha mãe, agora esteja presente na capa desta nova edição.**

* "I Stand Here Ironing" [Estou aqui em pé passando roupa], conto escrito pela autora estadunidense Tillie Olsen (1912-2007), ativista do movimento de libertação da mulher e membro da liga comunista jovem na década de 1930. Retratou, em sua obra de ficção, a vida de mulheres pobres e de minorias. Olsen recebeu diversos prêmios e financiamentos, além de ter sido citada pela The American Academy of Arts, em 1975, por ter criado uma nova linguagem poética na ficção. "I Stand Here Ironing", publicado em 1961 na coletânea de contos *Tell me a Riddle* [Conte-me um enigma], é uma história sobre culpa, narrada em primeira pessoa, do ponto de vista de uma mulher, que é mãe de cinco crianças e está em seu segundo casamento. A protagonista se questiona sobre o que poderia ter feito de diferente para evitar o sofrimento da primogênita, de 19 anos. O contexto da narrativa perpassa as décadas de 1930 a 1950 em *flashbacks* da mãe, provocados por um telefonema da escola convidando-a para conversar sobre a filha mais velha, uma jovem que, na opinião da instituição, precisa de ajuda. Ao refletir sobre seus problemas, a mãe, trabalhadora e pobre, culpa-se e ao mesmo tempo quer libertar a filha do passado trágico que viveram. O movimento do ferro ao passar a roupa representa os pensamentos da narradora – passado e futuro. [*N. da T.*]

** Na edição brasileira, a foto de Rosa Bell encontra-se na contracapa do livro. [*N. da E.*]

Mais do que para qualquer outro livro que escrevi, meu relacionamento com minha mãe foi substrato da escrita de *E eu não sou uma mulher?* e me inspirou. Escrito quando o movimento feminista contemporâneo ainda era jovem, quando eu era jovem, este trabalho, um dos primeiros, tem várias falhas e imperfeições, no entanto, ainda age como poderoso catalisador para leitores que estão ávidos por explorar as raízes da relação mulheres negras e feminismo. Mesmo depois que minha mãe morreu, não passo um dia sem pensar nela e em todas as mulheres negras como ela, que, sem movimento político as apoiando, sem teorias sobre como ser feminista, forneceram um modelo prático de libertação, oferecendo às gerações seguintes o dom da escolha, liberdade e integridade da mente, do corpo e do ser.

AGRADECIMENTOS

Há oito anos, quando comecei a pesquisar para escrever este livro, debates sobre "mulheres negras e feminismo" ou "racismo e feminismo" eram incomuns. Amigos e desconhecidos não hesitavam em questionar e ridicularizar minha preocupação com todas as mulheres negras dos Estados Unidos. Lembro-me de um jantar durante o qual eu conversava sobre o livro, e uma pessoa, com voz forte e se engasgando em risadas, exclamou: "Como se houvesse o que dizer sobre mulheres negras!" Outras pessoas riram junto. Eu tinha escrito no rascunho que a existência da mulher negra era, com frequência, esquecida, e que, com frequência, éramos ignoradas ou rejeitadas. Minhas experiências de vida, como compartilhei neste livro, mostraram a verdade nessa afirmação.

Na maioria das etapas de meu trabalho, tive ajuda e apoio de Nate, amigo e companheiro. Foi ele quem me disse, na primeira vez que voltei para casa, depois de ir a bibliotecas, sentindo raiva e frustração, que havia tão poucos livros sobre mulheres negras que eu deveria escrever um. Ele também pesquisou informação de apoio e me ajudou de várias maneiras. Uma tremenda fonte de incentivo e apoio para meu trabalho veio de colegas negras telefonistas da Universidade de Berkeley, em 1973 e 1974. Quando saí de lá para fazer pós-graduação em Wisconsin, perdi contato com aquelas mulheres. Mas a energia delas, o entendimento de que havia muita coisa a ser dita sobre mulheres negras e a crença delas de que "eu" poderia dizer essas coisas me sustentaram. Durante o processo de publicação, Ellen Herman, da South End Press, ajudou muito. Nosso relacionamento tem sido político; trabalhamos para preencher o espaço entre público e privado, fazendo do contato entre autora e editora uma experiência afirmativa, em vez de desumanizadora.

Este livro é dedicado a Rosa Bell Watkins, que me ensinou e a todas as suas filhas, que Sororidade empodera as mulheres, ao nos respeitar, proteger, incentivar e amar.

INTRODUÇÃO

Em um determinado momento da história dos Estados Unidos, quando mulheres negras em todas as regiões do país poderiam ter se juntado para exigir equidade social para as mulheres e reconhecimento do impacto do sexismo em nosso status social, estávamos, em geral, em silêncio. Nosso silêncio não era mera reação contra as brancas liberacionistas nem gesto de solidariedade aos patriarcas negros. Era o silêncio do oprimido: aquele profundo silêncio engendrado de resignação e aceitação perante seu destino. Não era possível para mulheres negras contemporâneas se juntarem para lutar pelos direitos das mulheres, porque não víamos "mulheridade" como aspecto importante da nossa identidade. A socialização racista e sexista nos condicionou a desvalorizar nossa condição de mulher e a considerar raça como o único rótulo relevante de identificação. Em outras palavras, pediam-nos que negássemos parte de nós mesmas – e nós fizemos isso. Consequentemente, quando o movimento de mulheres levantou a questão da opressão sexista, argumentamos que sexismo era insignificante à luz da realidade mais dura, mais brutal do racismo. Tínhamos medo de reconhecer que sexismo podia ser tão opressivo quanto racismo. Apegamo-nos à esperança de que a libertação da opressão racial era o bastante para sermos livres. Éramos uma nova geração de mulheres negras que tinham sido ensinadas a se submeter, a aceitar a inferioridade sexual e a permanecer em silêncio.

Diferentemente de nós, mulheres negras no século XIX tinham consciência do fato de que a verdadeira liberdade não estava vinculada somente à libertação de uma organização social sexista que sistematicamente negava a todas as mulheres os direitos humanos em sua totalidade. Essas mulheres negras participaram tanto da luta por equidade racial quanto do movimento pelos direitos da mulher. Quando foi questionado se a participação de mulheres negras no movimento pelos direitos da mulher seria prejudicial à luta por equidade racial, elas argumentaram que qualquer melhora no status social de mulheres negras beneficiaria todas as pessoas negras. Quando discursou no World's Congress of Representative Women [Congresso Mundial de Mulheres Representantes],* em 1893, Anna Cooper falou sobre o status da mulher negra:

> O melhor da civilização não pode ser improvisado nem normalmente desenvolvido em um breve intervalo de trinta anos. Requer o demorado e doloroso crescimento das gerações. Ainda assim, por todo o período mais sombrio

* O World's Congress of Representative Women foi um encontro de mulheres representantes de diversas nações para debater os direitos das mulheres. Na ocasião, foi o maior e mais representativo evento reunindo mulheres, nos Estados Unidos ou em qualquer outro país. O congresso começou em 15/5/1893, uma segunda-feira de manhã, e encerrou no final do domingo, 21/5/1893. Houve, ao todo, 76 sessões para participantes do mundo inteiro. Uma ata completa do congresso pode ser acessada na biblioteca virtual <www.archive.org>. [*N. da T.*]

de opressão contra as mulheres de cor* neste país a história delas, ainda não escrita, é cheia de luta heroica, uma luta contra probabilidades temerosas e devastadoras, que frequentemente terminaram em uma mo1te horrível, para manter e proteger aquilo que a mulher considera mais precioso do que a vida. A dolorosa, paciente e silenciosa labuta das mães para receber seus honorários, o simples direito ao corpo de suas filhas, a desesperada luta, como a de uma tigresa aprisionada, para se manterem honradas, poderia ser material para epopeias. O fato de que mais coisa foi por água abaixo do que deu origem a uma corrente não surpreende. A maioria de nossas mulheres não é heroína – mas não sei se a maioria das mulheres de qualquer raça é heroína. Para mim é suficiente saber que enquanto aos olhos dos mais altos tribunais nos Estados Unidos ela era considerada nada mais do que um bem material, uma coisa irresponsável, um bloco amorfo, a ser chamada aqui ou acolá à volição de um dono, a mulher afro-americana manteve ideais de mulheridade não intimidados por qualquer outro jamais concebido. Descansando ou fermentando em mentes não educadas, tais ideais não puderam pedir por uma audiência nos tribunais da nação. A mulher branca pôde ao menos litigar por sua própria emancipação; as mulheres negras, duplamente escravizadas, não puderam mais do que sofrer e lutar e permanecer em silêncio.

* No original, "*colored women*". A tradução literal seria "mulher colorida". Na literatura, alguns autores optaram pelo termo "não branco". No entanto, vale refletir sobre o uso da linguagem: quando nos referimos a um grupo de pessoas como o grupo "não outro", corremos o risco de imprimir nessa fala certa superioridade de um sobre o "não um". A escolha aqui foi pela expressão "de cor" ("of color"), que passou a ser utilizada no século XIX na cultura estadunidense em substituição ao termo "negro". É importante, contudo, atentarmos para o fato de que essas nomenclaturas ainda estão em debate, levando-se em consideração o racismo e o colorismo. Nos Estados Unidos, "pessoa de cor" inclui todos os indivíduos não considerados "brancos", por exemplo, os povos latino-americanos, que não são incluídos no grupo racial caucasiano. [*N. da T.*]

Pela primeira vez na história estadunidense, mulheres negras como Mary Church Terrell, Sojourner Truth, Anna Cooper, Amanda Berry Smith e outras romperam os longos anos de silêncio e começaram a dar voz a suas experiências e a registrá-las. Enfatizaram especificamente o aspecto "feminino" de seu ser, que fez com que seu destino fosse diferente do de homens negros, um fato que se evidenciou quando homens brancos aceitaram dar aos homens negros o direito de voto enquanto deixavam todas as mulheres sem direitos. Horace Greeley e Wendell Phillips chamaram isso de "a hora dos negros", mas na verdade o sufrágio negro referia-se ao sufrágio do homem negro. Ao apoiar o sufrágio de homens negros e ao condenar as defensoras brancas dos direitos das mulheres, homens brancos revelaram a profundidade de seu sexismo – um sexismo que era, naquele breve momento da história dos Estados Unidos, maior do que o racismo deles. Antes do apoio dos homens brancos ao sufrágio de homens negros, mulheres brancas ativistas já acreditavam que ampliaria sua causa aliarem-se a ativistas políticos negros, mas quando parecia que homens negros poderiam ganhar o direito de votar enquanto elas permaneceriam sem direitos, a solidariedade política com pessoas negras foi esquecida e incitaram os homens brancos a permitir que a solidariedade racial ofuscasse seus planos de apoio ao sufrágio de homens negros.

Conforme o racismo das defensoras brancas dos direitos das mulheres emergia, a conexão frágil entre elas e as ativistas negras se rompeu. Mesmo que Elizabeth Stanton, em seu artigo "Women and Black Men" [Mulheres e homens negros], publicado na edição de 1869 do jornal *The Revolution*,* tenha tentado mostrar que o grito republicano pelo "sufrágio dos homens" estava focado em criar antagonismo entre homens negros e todas as mulheres, o rompimento entre os dois grupos não pôde ser remediado. Ainda que vários homens negros ativistas políticos fossem solidários à causa das defensoras dos direitos das mulheres, eles não estavam dispostos a perder a própria oportunidade de ganhar o direito de voto. As mulheres negras foram colocadas entre a cruz e a espada; apoiar o sufrágio das mulheres significaria que elas estavam se aliando às mulheres brancas ativistas que revelaram publicamente seu racismo, mas apoiar apenas o sufrágio dos homens negros era endossar uma ordem social patriarcal que não daria a elas qualquer voz política. As mulheres negras ativistas mais radicais exigiram que aos homens negros e a todas as mulheres fosse dado o direito ao voto. Sojourner Truth foi a mulher negra mais direta a falar sobre a questão. Ela argumentou em público a favor de que mulheres ganhassem o direito de votar, e enfatizou que, sem esse direito, mulheres negras teriam que se submeter ao desejo dos homens negros. Sua famosa declaração, "existe uma grande agitação em relação aos homens de cor receberem seus direitos, mas não há uma palavra sobre as mulheres de

---

* O jornal *The Revolution* era uma publicação semanal (1868-1872) voltada para os direitos das mulheres e jornal oficial da National Woman Suffrage Association [Associação Nacional para o Sufrágio das Mulheres] (NWSA), criada por Elizabeth Stanton e Susan B. Anthony. Um dos slogans do jornal foi "*Men, their rights and nothing more; Women, their rights and nothing less*" [Homens, seus direitos e nada mais; Mulheres, seus direitos e nada menos]. Arquivos digitais do *The Revolution* podem ser encontrados na biblioteca virtual <www.archive.org>. [*N. da T.*]

negros ganharem seus direitos e mulheres negras não, você verá os homens negros serem donos das mulheres, e isso será tão ruim quanto era antes", lembrou o público estadunidense de que tanto a opressão sexista quanto a opressão racial eram uma ameaça real à liberdade da mulher negra. No entanto, apesar dos protestos das ativistas brancas e das negras, o sexismo venceu e homens negros receberam o direito ao voto.

Apesar de mulheres e homens negros terem lutado igualmente pela libertação durante a escravidão e em grande parte do período de Reconstrução dos Estados Unidos, líderes políticos negros reafirmaram valores patriarcais. Enquanto os homens negros avançavam em todas as esferas da vida americana, eles incentivaram as mulheres negras a assumirem um papel mais subserviente. Aos poucos, o espírito radical revolucionário que caracterizou a contribuição intelectual e política das mulheres negras no século XIX foi subjugado. Uma mudança definitiva no papel desempenhado pela mulher negra nas relações políticas e sociais de pessoas negras ocorreu no século XX. Essa mudança foi indício de um declínio geral nos esforços de todas as mulheres estadunidenses para efetivar uma reforma social radical. Quando o movimento pelos direitos das mulheres acabou, na década de 1920, a voz das mulheres negras liberacionistas foi silenciada. A guerra havia roubado do movimento o fervor do início. Ainda que as mulheres negras tivessem participado da luta por sobrevivência, como os homens negros, entrando para a força de trabalho sempre que possível, elas não defenderam o fim do sexismo. As mulheres negras do século XX aprenderam a aceitar o sexismo como algo natural, uma realidade, um fato da vida. Se pesquisas tivessem sido feitas com mulheres negras durante as décadas de 1930 e 1940, e se tivessem pedido que indicassem a força mais opressiva na vida, o racismo, não o sexismo, estaria no topo da lista.

Quando o movimento pelos direitos civis começou, nos anos 1950, mulheres e homens negros novamente se juntaram para lutar por equidade racial. Ainda assim, ativistas negras não receberam o reconhecimento público dispensado aos líderes negros. O padrão de comportamento sexista era a norma em comunidades negras tanto quanto em qualquer outra comunidade estadunidense. Era um fato aceito entre pessoas negras que os líderes mais reverenciados e respeitados fossem homens. Ativistas negros definiram liberdade como ganhar o direito de participar da cultura estadunidense, sendo cidadãos completos; eles não estavam rejeitando o sistema de valores daquela cultura. Consequentemente, não questionaram a integridade do patriarcado. O movimento pela libertação negra nos anos 1960 marcou o primeiro momento em que pessoas negras se envolveram em uma luta de resistência contra o racismo, durante o qual limites foram bem estabelecidos para separar os papéis de mulheres e de homens. Ativistas negros reconheceram publicamente que esperavam que mulheres negras se envolvessem no movimento para cumprir um papel sexista padrão. Eles exigiram que mulheres negras assumissem uma posição de subserviência. Disseram a elas que deveriam cuidar das necessidades do lar e gerar guerreiros para a revolução. O artigo de Toni Cade, "On the Issue of Roles" [Sobre a questão dos papéis], discute as atitudes sexistas que prevaleceram em organizações negras durante a década de 1960:

> Parece que qualquer instituição que você pensar precisou, em um momento ou outro, lidar com grupos de mulheres amotinadas, bravas por terem que atender ao telefone ou fazer café, enquanto os homens escreviam relatórios e tomavam as decisões sobre a política da instituição. Alguns grupos foram condescendentes e alocaram mulheres para duas ou três vagas na área executiva. Outros incentivaram as irmãs a se reunirem para encontrar uma solução que não dividisse a organização. Outros ainda foram desagradáveis ao forçar mulheres a sair e organizar um espaço de trabalho separado. Ao longo dos anos, as coisas parecem ter esfriado. Mas ainda estou para ouvir uma análise serena sobre a opinião de qualquer grupo específico acerca dessa questão. Invariavelmente, escuto de algum cara que mulheres negras devem apoiar e ser pacientes, para que homens negros possam reconquistar a virilidade. Argumentam que a noção de mulheridade – e só pensam ou argumentam sobre isso se forem pressionados a abordar eles mesmos essa noção – depende de eles definirem a virilidade deles. E assim a merda segue.

Enquanto algumas mulheres negras ativistas resistiram às tentativas dos homens negros de as coagirem a atuar em papel secundário no movimento, outras se renderam, por submissão, às exigências dos homens. O que se iniciou como ativismo para libertar todas as pessoas negras da opressão racista se tornou um movimento cujo objetivo principal era estabelecer o patriarcado negro. Não é surpreendente que um movimento tão preocupado em promover os interesses de homens negros falhasse em chamar a atenção para o duplo impacto da opressão sexista e racista no status social das mulheres negras. Pediram a elas que se posicionassem no fundo, permitindo que os holofotes brilhassem somente nos homens negros. O fato de que a mulher negra era vítima de opressão sexista e racista era considerado insignificante, porque o sofrimento da mulher, por maior que fosse, não poderia preceder à dor dos homens.

Ironicamente, enquanto o movimento recente de mulheres chamava atenção para o fato de que mulheres negras eram duplamente vitimadas pela opressão racista e sexista, feministas brancas tinham tendência a romantizar a experiência da mulher negra, em vez de discutir o impacto negativo da opressão. Quando feministas reconhecem coletivamente que mulheres negras são vitimadas e, ao mesmo tempo, enfatizam a força delas, deixam implícito que, apesar de mulheres negras serem oprimidas, elas conseguem contornar o impacto prejudicial da opressão ao serem fortes – e isso simplesmente não é o caso. Em geral, quando pessoas falam sobre a "força" de mulheres negras, referem-se à maneira como percebem que mulheres negras lidam com a opressão. Ignoram a realidade de que ser forte diante da opressão não é o mesmo que superá-la, que resistência não deve ser confundida com transformação. Com frequência, estudiosos da experiência das mulheres negras confundem essas questões. A tendência que começou no movimento feminista, a de romantizar a vida da mulher negra, refletiu-se na cultura como um todo. O estereótipo da mulher "forte" já não era mais visto como desumanizador, tornou-se a nova marca da glória da mulher negra. Quando o movimento de mulheres estava no ápice e mulheres brancas rejeitavam o papel de reprodutora, de responsável por carregar os fardos e de objeto sexual, mulheres negras eram parabenizadas por sua especial dedicação à tarefa de ser mãe, por sua habilidade "nata" de carregar fardos pesadíssimos e por sua disponibilidade cada vez maior como objeto sexual. Parecia que tínhamos sido eleitas por unanimidade para assumir o posto que as mulheres brancas estavam abandonando. Elas ganharam a revista *Ms.*; nós ganhamos a *Essence*.* Elas ganharam livros que debatiam o impacto negativo do sexismo na própria vida, nós ganhamos livros que argumentavam que mulheres negras nada tinham a ganhar com a libertação das mulheres. Foi dito às mulheres negras que encontraríamos nossa dignidade não na libertação da opressão sexista, mas na nossa capacidade de harmonizar, adaptar e lidar com coisas difíceis. Pediram-nos para nos levantarmos e nos parabenizaram por sermos "boas garotas", em seguida nos disseram para sentar e calar a boca. Ninguém se preocupou em discutir como o sexismo atua tanto independentemente do racismo quanto simultaneamente a ele para nos oprimir.

Nenhum outro grupo nos Estados Unidos teve sua identidade socializada tão à parte da existência quanto o das mulheres negras. É raro sermos reconhecidas como um grupo independente e distinto dos homens negros, ou como parte integrante do grupo maior "mulheres", nesta cultura. Quando falam sobre pessoas negras, o sexismo milita contra o reconhecimento dos interesses das mulheres

* *Essence* é uma revista feminista criada em 1970 exclusivamente para as mulheres afro-americanas. Considera-se que a marca revolucionou o mercado das revistas. Com o slogan "*Where Black Women Come First*" [Onde mulheres negras estão em primeiro lugar], Essence atualmente é um instituto cultural que oferece à comunidade afro-americana festivais de música, clube de leitura, informação sobre beleza e moda e outras atividades. O conteúdo pode ser acessado online em <www.essence.com>. [*N. da T.*]

negras; quando falam sobre mulheres, o racismo milita contra o reconhecimento dos interesses de mulheres negras. Quando falam de pessoas negras, o foco tende a ser *homens* negros; e quando falam sobre mulheres, o foco tende a ser mulheres *brancas*. Em nenhum espaço isso é mais evidente do que no vasto *corpus* de literatura feminista. Um exemplo disso é o trecho a seguir, que descreve reações de mulheres brancas ao apoio de homens brancos ao sufrágio dos homens negros, no século XIX, retirado do livro *Everyone Was Brave* [Todo mundo era corajoso], de William O'Neil: "A descrença estupefata delas, de que os homens as humilhariam se elas apoiassem o direito ao voto dos negros mas não ao das mulheres, demonstrou o limite da empatia delas por homens negros, mesmo que isso separasse ainda mais esses anteriormente aliados."

Esse trecho não registra bem a diferenciação sexual e racial que, conjuntamente, resulta na exclusão de mulheres negras. Na afirmação "a descrença estupefata delas, de que os homens as humilhariam se elas apoiassem o direito ao voto dos negros, mas não ao das mulheres", a palavra "homens", na verdade, refere-se somente a homens *brancos*, a palavra "negro" se refere somente a *homens* negros, e a palavra "mulheres" se refere somente a mulheres *brancas*. A especificidade racial e sexual à qual se refere o trecho foi convenientemente não reconhecida ou até mesmo deliberadamente suprimida. Outro exemplo vem de um trabalho mais recente, da historiadora Barbara Berg, *The Remembered Gate: Origins of American Feminism* [O portão do passado: As origens do feminismo estadunidense]. Berg comenta: "Em sua luta pelo direito de votar, as mulheres tanto ignoraram quanto comprometeram os princípios do feminismo. As complexidades da sociedade estadunidense na virada do século induziram as sufragistas a trocar a base da demanda para o direito de votar."

As mulheres a quem Berg se refere são brancas, ainda que ela jamais afirme isso. Através da história estadunidense, o imperialismo racial branco tem apoiado o costume de acadêmicos de usar a palavra "mulheres", mesmo quando se referem somente à experiência de mulheres brancas. Ainda que tal costume, seja ele consciente ou inconsciente, perpetue o racismo por negar a existência de mulheres não brancas nos Estados Unidos. Ele também perpetua sexismo à medida que pressupõe ser a sexualidade o único traço de definição da mulher branca e nega a identidade racial delas. Mulheres brancas liberacionistas não desafiaram essa prática sexista e racista; elas a continuaram.

O exemplo mais evidente do apoio delas à exclusão de mulheres negras foi revelado quando criaram analogias entre "mulheres" e "negros", quando o que realmente comparavam era o status social de mulheres brancas com o de pessoas negras. Como várias pessoas em nossa sociedade racista, as feministas brancas conseguiam se sentir bastante confortáveis escrevendo livros ou artigos sobre a "questão da mulher" nos quais criavam analogias entre "mulheres" e "negros". Uma vez que o poder, o apelo e a própria razão de ser das analogias derivem da ideia de dois fenômenos díspares serem aproximados, se mulheres brancas reconhecessem a sobreposição das palavras "negros" e "mulheres" (ou seja, a existência de mulheres negras), essa analogia seria desnecessária. Ao continuamente fazer essa analogia, elas involuntariamente sugerem que para elas a palavra "mulher" é sinônimo de "mulheres brancas" e a palavra "negros" é sinônimo de "homens negros". O que isso indica é que há na linguagem do próprio movimento, que supostamente é preocupado em eliminar a opressão sexista, um comportamento sexista e racista em relação às mulheres negras. Comportamentos sexistas e racistas não estão presentes somente na consciência de homens na sociedade estadunidense; surgem em todas as nossas formas de pensar e ser. Com muita frequência, no movimento de mulheres pressupôs-se que uma pessoa poderia se livrar do pensamento sexista ao simplesmente adotar a retórica feminista apropriada; além disso, pressupôs-se que, ao se assumir oprimida, uma pessoa se livra de ser opressora. A tal ponto que esse pensamento impediu que feministas brancas compreendessem e superassem seus próprios comportamentos sexistas e racistas direcionados às mulheres negras. Elas poderiam falar, da boca para fora, sobre conceitos de sororidade e solidariedade entre mulheres, mas ao mesmo tempo repudiar mulheres negras.

Assim como o conflito do século XIX entre o sufrágio do homem negro *versus* o sufrágio da mulher colocou mulheres negras em uma situação difícil, mulheres negras contemporâneas sentiam que pediam a elas para escolherem entre um movimento negro que servia essencialmente aos interesses de patriarcas negros e um movimento de mulheres que servia essencialmente aos interesses de mulheres brancas racistas. A resposta delas não foi exigir uma mudança nesses dois movimentos e um reconhecimento dos interesses de mulheres negras. Em vez disso, a maioria das mulheres negras se aliou ao patriarcado negro, que acreditava proteger seus interesses. Poucas mulheres negras escolheram se aliar ao movimento feminista. Aquelas que ousaram falar em público, apoiando os direitos das mulheres, foram atacadas e criticadas. Outras mulheres negras se viram no limbo, sem querer se aliar a homens negros sexistas ou a mulheres brancas racistas. O fato de que as mulheres negras não se reuniram contra a exclusão de nossos interesses por ambos os grupos indicou que a socialização sexista e racista efetivamente nos fez uma lavagem cerebral para que sentíssemos que não valia a pena lutar por nossos interesses, para que acreditássemos que a única opção disponível para nós era submissão às determinações dos outros. Não desafiamos, questionamos nem criticamos; nós reagimos. Várias mulheres negras acusaram o movimento de libertação da mulher de "bobagem de mulher branca". Outras reagiram ao racismo da mulher branca iniciando grupos de feministas negras. Enquanto denunciávamos os conceitos masculinos de macho negro como nojentos e ofensivos, não falávamos sobre nós mesmas, sobre ser mulher negra, sobre o que significa ser vítima de uma opressão sexista e racista.

A mais conhecida tentativa de as mulheres negras expressarem suas experiências, seus comportamentos direcionados ao papel da mulher na sociedade e o impacto do sexismo na vida delas foi a antologia *The Black Woman* [A mulher negra], editada por Toni Cade.* O diálogo se encerrou ali. A crescente demanda de literatura sobre mulheres criou um mercado em que praticamente qualquer coisa venderia ou

* Bambara, Toni Cade (org.). *The Black Woman: An Anthology.* Nova York: New American Library, 1970. O livro é uma coleção de textos do início da carreira de grandes autoras negras estadunidenses, tais como Audre Lorde, Alice Walker e a organizadora da antologia, Toni Cade Bambara. Em poesia, ficção e artigos, as autoras revelam experiências de mulheres negras com o sexismo, o racismo, e questões relacionadas à imagem do corpo, economia e política. Obra inédita no Brasil. [*N. da T.*].

ao menos receberia atenção. Esse foi, especificamente, o caso da literatura sobre mulheres negras. O grosso dessa literatura, que surgiu como consequência da exigência de mercado, era totalmente carregado de pressupostos sexistas e racistas. Homens negros que decidiram escrever sobre mulheres negras fizeram isso de maneira previsivelmente sexista. Várias antologias surgiram com uma coleção de material retirado dos escritos de mulheres negras do século XIX; esses trabalhos, em geral, foram editados por pessoas brancas. Gerda Lerner, uma mulher branca nascida na Áustria, editou *Black Women in White America, A Documentary History* [Mulheres negras na América branca: Uma história documental] e recebeu um generoso financiamento para ajudar em sua formação acadêmica. Ainda que eu pense que essa antologia seja um trabalho importante, é significante o fato de que, em nossa sociedade, mulheres brancas recebam dinheiro de financiamento para pesquisar sobre mulheres negras, mas não me lembro de qualquer momento em que mulheres negras tenham recebido financiamento para pesquisar a história de mulheres brancas. Como grande parte da literatura antologizada sobre mulheres negras surge de círculos acadêmicos, onde a pressão para publicar é onipresente, fico inclinada a questionar se acadêmicos são motivados por um sincero interesse pela história de mulheres negras ou se estão simplesmente reagindo a um mercado disponível. A tendência a antologizar escritos de mulheres negras que já estão disponíveis em outras publicações tornou-se tanto norma que me leva a questionar se essa tendência também reflete uma falta de vontade de estudiosos para lidar com a mulher negra de forma séria, crítica e acadêmica. Com muita frequência, na introdução desses trabalhos, autores afirmavam que estudos abrangentes sobre a posição social das mulheres negras eram necessários, mas ainda não haviam sido escritos. Muitas vezes me perguntei por que ninguém tinha interesse em escrever esses livros. O livro *Tomorrow's Tomorrow* [Amanhã do amanhã], de Joyce Ladner, ainda é o único estudo a render um livro sério sobre a experiência da mulher negra, escrito por uma única autora e possível de ser encontrado nas livrarias, na seção para mulheres.* Algumas vezes, mulheres negras publicam em periódicos artigos sobre racismo e sexismo, mas parecem relutantes em examinar o impacto do sexismo na posição social da mulher negra. Autoras negras como Alice Walker, Audre Lorde, Barbara Smith e Cellestine Ware têm sido as mais dispostas a dar um formato feminista a seus escritos.

Quando o livro de Michele Wallace *Black Macho and the Myth of the Superwoman* [O macho negro e o mito da supermulher] surgiu, foi proclamado a obra feminista definitiva sobre mulheres negras. Na capa, citam Gloria Steinem dizendo: "O que *Sexual Politics*** foi para os anos 1970, o livro de Michele Wallace pode ser para os anos 1980. Ela ultrapassa a barreira sexo-raça para levar todos os leitores a

---

* Ladner, Joyce. *Tomorrow's Tomorrow: The Black Woman* [Amanhã do amanhã: A mulher negra]. Nova York: Doubleday & Company, Inc., 1971. Nesse livro, a socióloga estadunidense Joyce Ladner escreve sobre a experiência da opressão racial vivida por garotas negras e como é crescer sendo negra; questiona as teorias estabelecidas sobre a família negra e considera que a sociedade dominante tem comportamento patológico em seu relacionamento com os grupos chamados minorias, criando condições avessas à promoção do bem-estar da menina negra e de sua família. Obra inédita no Brasil. [*N. da T.*]

** Millett, Kate. *Sexual Politics* [Política sexual]. Nova York: Doubleday & Company, Inc., 1970. Obra inédita no Brasil. [*N. da T.*]

compreenderem as verdades políticas e íntimas sobre o que é crescer negra e mulher nos Estados Unidos."

Uma citação como essa parece irônica à luz do fato de que Wallace nem conseguiu debater o status social das mulheres negras sem antes se engajar em uma longa diatribe sobre homens negros e mulheres brancas. É curioso que Wallace se identifique como feminista, mesmo falando bem pouco sobre o impacto da discriminação sexista e da opressão sexista na vida de mulheres negras, e também sem debater a relevância do feminismo para mulheres negras. Mesmo que o livro seja um relato interessante e provocativo sobre a vida pessoal de Wallace, que inclui uma análise bastante afiada e espirituosa dos impulsos patriarcais dos ativistas negros, ele não é um importante trabalho feminista nem um importante trabalho sobre mulheres negras. É importante como a história de uma mulher negra. Com muita frequência, em nossa sociedade, pressupõe-se que uma pessoa pode saber tudo o que há para saber sobre pessoas negras apenas por ouvir a história de vida e as opiniões de uma pessoa negra. Steinem cria esse pressuposto limitado e racista quando sugere que o livro de Wallace tem escopo similar ao *Sexual Politics* de Kate Millett. O livro de Millett é um exame analítico e teórico da política sexual nos Estados Unidos, que engloba um debate sobre a natureza dos padrões dos papéis sexuais, um debate sobre a origem histórica deles e um debate sobre a penetração dos valores patriarcais na literatura. Com mais de quinhentas páginas, o livro não é autobiográfico e é, de várias maneiras, extremamente pedante. Pode-se supor que Steinem acredita que o público estadunidense conseguirá se informar sobre política sexual de pessoas negras apenas lendo um debate sobre o movimento negro dos anos 1960, uma avaliação superficial do papel das mulheres negras durante a escravidão e a vida de Michele Wallace. Não quero diminuir o valor do trabalho de Wallace, mas acredito que ele deve ser identificado em um contexto apropriado. Em geral, um livro rotulado como feminista tem foco principalmente em algum aspecto da "questão da mulher". Leitores de *Black Macho and the Myth of the Superwoman* estavam principalmente interessados nos comentários da autora sobre a sexualidade do homem negro, que compreendia a maior parte de seu livro. Sua breve crítica à experiência da mulher negra escravizada e sua peculiar aceitação passiva do sexismo foram ignoradas pela maioria.

Apesar de o movimento de mulheres ter incentivado centenas de mulheres a escrever sobre a questão da mulher, ele falhou em gerar análises críticas aprofundadas da experiência da mulher negra. A maioria das feministas partiram do pressuposto de que os problemas que mulheres negras encaravam eram causados por racismo, não sexismo. O pressuposto de que podemos separar racismo de sexismo ou sexismo de racismo anuviou a visão de pensadores estadunidenses e de escritores em relação à questão da "mulher", de tal forma que a maioria dos debates sobre sexismo, opressão sexista ou o lugar da mulher na sociedade são distorcidos, parciais e imprecisos. Não conseguiremos criar uma imagem precisa da posição social da mulher simplesmente chamando atenção para o papel que é designado às mulheres submetidas ao patriarcado. Mais especificamente, não conseguiremos criar uma imagem precisa do status das mulheres negras, focando apenas em hierarquias raciais.

Desde o início de meu envolvimento com o movimento de mulheres fiquei perturbada pela insistência das liberacionistas brancas de que raça e sexo eram duas questões separadas. Minha experiência de vida me mostrou que as duas questões eram inseparáveis, que, no momento de meu nascimento, dois fatores determinaram meu destino, o fato de eu ter nascido negra e o fato de eu ter nascido mulher. Quando entrei em minha primeira aula do curso de Estudos de Mulheres na Stanford University, no início dos anos 1970, aula cuja professora era branca, atribuí a ausência de trabalhos escritos por e sobre mulheres negras ao fato de a professora ter sido condicionada, como mulher branca em uma sociedade racista, a ignorar a existência de mulheres negras, e não ao fato de ela ter nascido mulher. Naquela época, falei com feministas brancas sobre minha preocupação de que tão poucas mulheres negras estivessem dispostas a apoiar o feminismo. Elas respondiam dizendo que conseguiam entender a recusa da mulher negra em se envolver com a luta feminista, porque ela já estava envolvida na luta para acabar com o racismo. Enquanto eu incentivava mulheres negras a se tornarem feministas ativas, diziam-me que não deveríamos nos tornar ativistas do movimento de libertação das mulheres, porque o racismo era a força opressora em nossa vida, não o sexismo. Para ambos os grupos expressei minha convicção de que a luta para acabar com o racismo e a luta para acabar com o sexismo eram naturalmente interligadas, que separá-las seria o mesmo que negar uma verdade básica de nossa existência: raça e sexo são ambos facetas imutáveis da identidade humana.

Quando comecei minha pesquisa para *E eu não sou uma mulher?*, minha intenção principal era registrar o impacto do sexismo na condição social das mulheres negras. Eu queria fornecer provas concretas para refutar os argumentos de antifeministas que proclamavam com veemência que mulheres negras não eram vítimas de opressão sexista e não precisavam de libertação. À medida que o trabalho avançava, eu me tornava mais consciente de que poderia alcançar uma compreensão ampla da experiência da mulher negra e de nosso relacionamento com a sociedade como um todo, apenas examinando tanto a política do racismo quanto a do sexismo a partir de uma perspectiva feminista. O livro então evoluiu para uma avaliação do impacto do sexismo na mulher negra durante a escravidão, a desvalorização da mulheridade negra, o sexismo do homem negro, o racismo dentro do movimento feminista recente e o envolvimento da mulher negra com o feminismo. É uma tentativa de ampliar o diálogo sobre a natureza da experiência da mulher negra, que começou nos Estados Unidos do século XIX, de forma a superar pressupostos racistas e sexistas sobre a natureza da mulheridade negra e alcançar a verdade sobre nossa experiência. Apesar de o foco ser a mulher negra, nossa luta pela libertação somente tem significado se acontecer dentro de um movimento feminista que tenha por objetivo fundamental a libertação de todas as pessoas.

1. Sexismo e a experiência da mulher negra escravizada

Em uma análise retrospectiva da experiência da mulher negra escravizada, o sexismo revela-se tão forte quanto o racismo como força opressiva na vida das mulheres negras. O sexismo institucionalizado - ou seja, patriarcado - formou a base da estrutura social estadunidense, junto com o imperialismo racial. O sexismo era parte integrante da ordem social e política trazida de terras europeias por colonizadores brancos, e tinha intenção de causar um impacto profundo no destino de mulheres negras escravizadas. Em seu início, o comércio de pessoas escravizadas estava focado, sobretudo, na importação de trabalhadores; a ênfase, na ocasião, era nos homens negros. A mulher negra escravizada não era tão valorizada quanto o homem negro escravizado. Em média, o homem escravizado era mais caro que a mulher escravizada. A escassez de trabalhadores associada ao número relativamente baixo de mulheres negras em colônias estadunidenses levou alguns latifundiários brancos a incentivar, persuadir e coagir imigrantes brancas a terem relações sexuais com negros escravizados como meio de produzir novos trabalhadores. Em Maryland, no ano de 1664, foi aprovada a primeira lei contra a mestiçagem, com o objetivo de diminuir a ocorrência de relações sexuais entre mulheres brancas e homens negros escravizados. Uma parte do preâmbulo desse documento declarava: "Que qualquer que seja a mulher nascida livre a se casar com qualquer escravo, a partir e depois da data da presente assembleia, deve servir aos senhores desse escravo durante a vida de seu marido; e que todas as crias dessa mulher nascida livre, assim casada, sejam escravizadas, assim como seus pais foram."

O caso mais conhecido dessa época foi o de Irish Nell, criada em sistema de servidão por contrato, vendida por Lord Baltimore para um latifundiário do Sul que a incentivou a se casar com um homem negro chamado Butler. Lord Baltimore, ao saber do destino de Irish Nell, tão chocado com o fato de que mulheres brancas estavam se juntando em relacionamento sexual com homens negros escravizados por escolha ou coação, fez com que a lei fosse revogada. A nova lei declarava que descendentes frutos de relacionamentos entre mulheres brancas e homens negros seriam livres. À medida que esforços de homens brancos indignados para reduzir relacionamentos inter-raciais entre homens negros e mulheres brancas eram bem-sucedidos, a mulher negra escravizada adquiria um novo status. Latifundiários reconheceram que poderiam aumentar o lucro econômico criando mulheres negras escravizadas. Os ataques hostis à importação de escravos também deram mais ênfase à criação de escravos. De modo diferente dos descendentes de relacionamentos entre homens negros e mulheres brancas, as crianças de qualquer mulher negra escravizada, independentemente da raça de seu parceiro, seriam legalmente escravizadas e, portanto, propriedade do dono da mulher escravizada. Quanto mais o valor de mercado das mulheres negras escravizadas aumentava, mais elas eram roubadas ou compradas por comerciantes brancos de pessoas escravizadas.

Homens brancos estudiosos da cultura africana dos séculos XVIII e XIX ficaram espantados e impressionados pela sujeição da mulher africana por homens africanos. Eles não estavam acostumados com uma sociedade patriarcal que demandava não somente às mulheres aceitarem um status inferior, mas também que elas participassem ativamente da força de trabalho. Amanda Berry Smith, uma missionária negra do século XIX, visitou comunidades africanas e relatou a condição das mulheres negras:

> As pobres mulheres da África, assim como as da Índia, passam por maus bocados. Como regra, elas devem fazer todo o trabalho pesado. São obrigadas a sempre cortar e carregar a madeira, carregar água na cabeça e sempre plantar o arroz. Homens e garotos cortam e queimam os arbustos, com ajuda das mulheres, mas plantar arroz e plantar mandioca é obrigação da mulher.
>
> É frequente ver um homem muito grande andando à frente com nada nas mãos além de um cutelo (uma vez que eles sempre carregam isso ou uma lança), e uma mulher, esposa dele, vindo atrás com uma criança muito grande nas costas e uma carga na cabeça.
>
> Não importa quão cansada ela esteja, seu marido não pensa em lhe trazer uma jarra de água, para cozinhar o jantar dele, ou bater o arroz; não, é obrigação dela fazer isso.

A mulher africana escolarizada na arte da obediência a uma autoridade superior, seguindo a tradição de sua sociedade, era provavelmente vista pelo homem branco comerciante de escravizados como sujeito ideal para escravização. Como grande parte do trabalho a ser feito nas colônias estadunidenses era agricultura rudimentar com uso da enxada, sem dúvida ocorreu aos comerciantes de escravizados que a mulher africana, acostumada a trabalhos árduos no campo enquanto também executava uma variedade grande de tarefas domésticas, seria muito útil nas plantações estadunidenses. Poucas mulheres africanas foram embarcadas nos primeiros navios trazendo pessoas escravizadas para o novo mundo, mas quando o comércio de pessoas escravizadas aumentou, mulheres passaram a representar um terço da carga humana embarcada na maioria dos navios. Uma vez que elas não ofereciam efetiva resistência à captura por ladrões e sequestradores, mulheres africanas se tornaram alvo frequente de homens brancos escravizadores. Os escravizadores também usavam a captura das mulheres importantes da tribo, a filha do rei, por exemplo, como meio de atrair homens africanos para situações em que eles poderiam facilmente ser capturados. Outras mulheres africanas eram vendidas para escravização como punição por infringir leis da tribo. Uma mulher considerada culpada por cometer adultério poderia ser vendida para escravidão.

Homens brancos escravizadores não consideravam a mulher africana uma ameaça. Com frequência, em navios negreiros, mulheres negras eram mantidas sem algemas, enquanto homens negros eram acorrentados uns aos outros. Escravizadores acreditavam que sua própria segurança estava ameaçada por homens africanos escravizados, mas não tinham esse medo em relação às mulheres africanas. Acorrentar homens africanos era uma forma de prevenir possíveis rebeliões. Como os escravizadores brancos temiam resistência e retaliação por parte dos africanos, a bordo, mantinham o máximo de distância possível entre eles e homens negros escravizados. Somente em relação à mulher negra escravizada o branco escravizador exercia livremente o poder absoluto, porque conseguia ser violento e explorá-la, sem medo de uma retaliação ameaçadora. Mulheres negras escravizadas, ao andarem livres nos deques, eram alvos disponíveis para qualquer homem branco que quisesse abusar fisicamente e torturá-las. No início, a bordo de um navio, toda pessoa escravizada era marcada por ferro quente. Um chicote "gato de nove caudas"* era usado pelos escravizadores para açoitar os africanos que gritassem de dor ou resistissem à tortura. Mulheres eram gravemente açoitadas por chorarem. Arrancavam suas roupas e batiam em todas as partes de seu corpo. Ruth e Jacob Weldon, um casal africano que viveu os horrores da rota da escravidão, viu "mães com bebês no peito maldosamente marcadas e cicatrizadas, até parecer que o próprio céu castigaria os infernais torturadores com a condenação que eles tanto mereciam". Depois de serem marcados, todos os escravizados ficavam sem qualquer peça de roupa. A nudez da mulher africana servia como um constante lembrete de sua vulnerabilidade sexual. Estupro era um método comum de tortura usado pelos escravizadores para subjugar negras recalcitrantes. A ameaça de estupro

* O "gato de nove caudas", geralmente chamado somente de "gato", é um tipo de chicote de várias caudas usado como instrumento para punição física severa, principalmente na Marinha Real e no Exército Britânico, e como punição judicial na Grã-Bretanha e alguns outros países. [*N da R.T.*]

e de outras violências físicas causava terror psíquico nas africanas que haviam sido deslocadas. Robert Shufeldt, um estudioso do comércio de pessoas escravizadas, registrou o predomínio de estupro em navios negreiros. Ele afirma: "naquela época, várias negras chegavam a nossos litorais já engravidadas por alguém da tripulação demoníaca que a trouxe para cá."

Várias mulheres africanas estavam grávidas antes de serem capturadas ou compradas. Eram forçadas a passar pela gravidez sem qualquer cuidado com a alimentação, sem qualquer exercício físico e sem qualquer assistência no momento do parto. Na comunidade delas, mulheres africanas foram acostumadas a regalias e cuidados durante a gravidez, assim, as características bárbaras da gestação a bordo do navio negreiro era tanto fisicamente prejudicial quanto psicologicamente desmoralizante. Os anais da história registram que o *Pongas*, navio negreiro estadunidense, transportou 250 mulheres, várias delas grávidas, espremidas em um compartimento de cinco a cinco metros e meio. As mulheres que sobreviveram às etapas iniciais da gravidez deram à luz a bordo do navio, tendo o corpo exposto ao sol escaldante ou ao frio congelante. A quantidade de mulheres que morreram durante o parto ou o número de natimortos jamais poderá ser contabilizado. Mulheres negras com crianças a bordo de navios negreiros eram ridicularizadas, menosprezadas e tratadas com desprezo pela tripulação de escravizadores. Com frequência, os escravizadores violentavam crianças para assistir ao sofrimento da mãe. Em seu relato pessoal sobre a experiência a bordo de um navio negreiro, os Weldon contaram um episódio em que uma criança de 9 meses foi açoitada continuamente por se recusar a comer. Como o espancamento não fez a criança comer, o capitão ordenou que a colocassem em pé dentro de uma panela de água fervendo. Depois de, sem sucesso, tentar outros métodos de tortura, o capitão jogou a criança ao chão, provocando sua morte. Não suficientemente satisfeito com esse ato sádico, ele mandou que a mãe jogasse a criança ao mar. A mãe se recusou, mas foi espancada até ceder.

As experiências traumáticas de mulheres e homens a bordo de navios negreiros foram apenas as primeiras etapas de um processo de doutrinação que transformaria o ser humano africano livre em escravo. Um aspecto importante no trabalho do escravizador era efetivamente transformar a personalidade africana a bordo dos navios, para que fosse comercializada como um "escravo dócil" nas colônias americanas. O espírito orgulhoso, arrogante e independente das pessoas africanas precisava ser quebrado, para que estivesse em conformidade com o conceito que o colonizador branco tinha de comportamento escravo apropriado. Eram cruciais, no preparo das pessoas africanas para o mercado de escravos, a destruição da dignidade humana, a eliminação de nomes e status, a dispersão de grupos, para não haver uma língua comum, e retirada de qualquer sinal evidente de herança africana. Os métodos que os escravizadores usavam para desumanizar mulheres e homens africanos eram diversas torturas e variados castigos. Um escravizado poderia ser severamente espancado por cantar uma música triste. Quando considerava necessário, o escravizador assassinava com crueldade um escravizado para inspirar terror naqueles a que assistiam. Esses métodos de aterrorizar eram bem-sucedidos no propósito de forçar as pessoas africanas a reprimir a consciência de sua liberdade e adotar a identidade de escravizado que lhe era imposta. Escravizadores registraram em diários que eram sádicos e cruéis com africanos a bordo dos navios negreiros como forma de "amansá-los" ou "domá-los". Mulheres africanas recebiam a pior parte dessa violência e desse terror em massa, não somente porque poderiam ser vitimadas pela sexualidade, mas também porque eram mais propensas a trabalhar intimamente com a família branca do que os homens negros. O escravizador considerava a mulher negra cozinheira, ama de leite, governanta comercializável; por isso, era crucial que ela fosse tão aterrorizada a ponto de se submeter passivamente à vontade do senhor, da senhora e das crianças brancas. A fim de tornar seu produto vendável, o escravizador precisava garantir que nenhuma criada negra recalcitrante envenenasse a família, matasse crianças, incendiasse a casa ou oferecesse resistência de qualquer outra forma. A única garantia que ele poderia dar era baseada em sua habilidade de domar a pessoa escravizada. Sem dúvida, a experiência vivida no navio negreiro tinha um impacto psicológico tremendo nas mulheres negras e nos homens negros. A rota da África para a América era tão horrível que somente sobreviviam as mulheres e os homens que conseguiam manter o desejo de viver, apesar da condição opressora em que estavam. As pessoas brancas que observavam os africanos escravizados enquanto desembarcavam de navios nos litorais da América percebiam que eles pareciam ser felizes e alegres. Pensavam que a felicidade dos africanos escravizados era devida ao prazer de chegar a terras cristãs. No entanto, os escravizados apenas expressavam alívio. Acreditavam que nenhum destino que os esperasse nas colônias estadunidenses poderia ser tão horrível quanto a experiência no navio negreiro.

Tradicionalmente, acadêmicos têm destacado o impacto da escravidão na consciência do homem negro, argumentando que homens negros, mais do que mulheres negras, eram as "verdadeiras" vítimas da escravidão. Historiadores e sociólogos sexistas deram ao público estadunidense a perspectiva de que o impacto mais cruel e mais desumano da escravidão na vida de pessoas negras foi terem arrancado dos homens negros a masculinidade, o que, segundo eles, resultava na dissolução e desmembramento geral de qualquer estrutura da família negra. Acadêmicos ainda argumentaram que ao não permitir que homens negros assumissem seu tradicional status patriarcal, os homens brancos efetivamente os emascularam, reduzindo-os a um estado afeminado. Implícito nessa afirmação está o pressuposto de que o pior que pode acontecer a um homem é ser forçado a assumir o status social de uma mulher. Sugerir que homens negros foram desumanizados apenas como resultado da incapacidade de serem patriarcas implica que a subjugação das mulheres negras era essencial para o desenvolvimento de um autoconceito positivo do homem negro, ideia que serviu apenas para apoiar uma ordem social sexista. Arrancaram dos homens negros escravizados o status patriarcal que havia caracterizado sua situação social na África, mas não tiraram deles a masculinidade. Apesar de todos os argumentos alegando que homens negros foram, de modo figurado, castrados, ao longo da história da escravidão nos Estados Unidos, era permitido a eles manter alguma semelhança com seu papel masculino definido socialmente. No período colonial, assim como na contemporaneidade, a masculinidade denotava atributos de força, virilidade, vigor e proeza física. Era precisamente a "masculinidade" do homem africano que o escravizador branco pretendia explorar. Homens africanos jovens, fortes, saudáveis eram seu principal alvo. Porque era com a venda de homens, "futuros trabalhadores" africanos viris, que o homem branco comerciante de escravizados esperava lucrar em grandes quantidades com seu investimento. Fica óbvio, pelas tarefas atribuídas à maioria dos homens negros escravizados, que pessoas brancas reconheciam a "masculinidade" de homens negros. Não há anais da história que registrem o fato de que homens negros escravizados eram forçados a executar tarefas tradicionalmente realizadas com exclusividade por mulheres. Existem indícios que comprovam o contrário, que registram o fato de que havia várias tarefas que homens africanos escravizados não realizavam, porque eram consideradas trabalho "de mulher". Se mulheres e homens brancos realmente tivessem sido obcecados pela ideia de destruir a masculinidade de negros, eles poderiam ter fisicamente castrado todos os homens negros a bordo de navios negreiros, ou ainda, poderiam ter facilmente forçado homens negros a vestirem trajes "femininos" ou realizar tarefas conhecidas como "de mulher". Proprietários brancos de pessoas escravizadas tinham sentimentos ambivalentes em relação ao tratamento dado a homens negros, porque enquanto exploravam a masculinidade deles, institucionalizavam medidas para controlar essa masculinidade. Individualmente, homens negros foram castrados pelo proprietário ou por grupos, mas o objetivo era, em geral, dar um exemplo para outros homens escravizados, de forma que não resistissem à autoridade branca. Ainda que homens negros escravizados pudessem ter mantido completamente o status patriarcal no relacionamento com mulheres negras escravizadas, isso não teria tornado a realidade da vida escravizada menos sofrível, menos brutal ou menos desumana.

A opressão do homem negro durante a escravidão tem sido descrita como emasculação, pelo mesmo motivo que praticamente nenhuma atenção acadêmica tem sido dispensada à opressão de mulheres negras durante o período da escravidão. Subjacente a ambas as tendências está o pressuposto sexista de que as experiências de homens são mais importantes do que as de mulheres, e de que o mais importante entre as experiências de homens é a habilidade deles de se afirmarem patriarcalmente. Acadêmicos têm relutado em debater a opressão contra mulheres negras durante o período da escravidão devido à falta de vontade de examinar com seriedade o impacto da opressão sexista e racista em seu status social. Infelizmente, essa falta de interesse e de preocupação os leva a deliberadamente subestimar a experiência da mulher negra escravizada. Apesar de isso de maneira alguma diminuir o sofrimento de homens negros escravizados e a opressão contra eles, é óbvio que as duas forças, sexismo e racismo, intensificaram e aumentaram os sofrimentos das mulheres negras e a opressão contra elas. A área que com mais clareza revela a diferença entre o status do homem escravizado e o da mulher escravizada é o trabalho. O homem negro escravizado foi primordialmente explorado como trabalhador do campo; a mulher negra foi explorada como trabalhadora do campo, em atividades domésticas, como reprodutora e como objeto para o assédio sexual perpetrado pelo homem branco.

Enquanto os homens não eram forçados a assumir um papel que a sociedade colonial estadunidense considerasse "feminino", mulheres negras eram forçadas a assumir um papel "masculino". Mulheres negras trabalhavam no campo junto com homens negros, mas poucos – se é que algum – homens negros tinham empregos domésticos junto com mulheres negras no lar de brancos (uma possível exceção seriam os mordomos, que tinham um status mais elevado do que o das criadas domésticas). Sendo assim, seria mais correto que acadêmicos estudassem a dinâmica da opressão sexista e racista durante a escravidão, à luz do comportamento de masculinização de mulheres negras e não de emasculação de homens negros. Na sociedade colonial estadunidense, mulheres brancas privilegiadas raramente trabalhavam no campo. Ocasionalmente, mulheres brancas em sistema de servidão por contrato eram forçadas a trabalhar no campo como castigo por delitos, mas isso não era uma prática comum. Aos olhos dos estadunidenses brancos do período colonial, somente indivíduos do sexo feminino que fossem depravados e humilhados trabalhavam no campo. E qualquer mulher branca forçada pelas circunstâncias a trabalhar no campo era considerada indigna do título "mulher". Apesar de mulheres africanas escravizadas terem trabalhado no campo em comunidades africanas, lá essas tarefas eram vistas como extensão do papel feminino de uma mulher.

As mulheres africanas realocadas logo se deram conta de que eram vistas por homens brancos escravizadores como "substituições" de homens.

Em qualquer plantação com grande número de escravizadas, mulheres negras realizavam as mesmas tarefas que os homens negros; elas aravam, plantavam e faziam a colheita. Em algumas plantações, mulheres negras trabalhavam mais horas no campo do que homens negros. Ainda que fosse uma crença generalizada entre os brancos donos de plantações que mulheres negras com frequência eram trabalhadoras melhores do que seus companheiros, somente um homem escravizado poderia subir para o posto de capataz ou feitor. Devido à herança africana, era fácil para mulheres negras escravizadas se adaptarem ao trabalho em fazendas, nas colônias. Os homens africanos deslocados de sua origem não só não estavam acostumados com vários tipos de trabalho na fazenda como também frequentemente percebiam várias tarefas como "femininas" e ficavam ofendidos por terem que realizá-las. Nos estados onde algodão era o principal produto do mercado, a colheita dependia muito do trabalho de mulheres negras. Apesar de tanto as mulheres negras quanto os homens negros trabalharem para catar o algodão maduro, acreditava-se que os dedos mais delicados e finos da mulher negra facilitavam tirar o algodão do caroço. Os feitores brancos esperavam que as trabalhadoras negras trabalhassem tão bem quanto seus companheiros homens, quiçá melhor do que eles. Se uma mulher negra trabalhadora não cumprisse a quantidade de trabalho esperado, ela seria punida. Pode ser que os homens brancos tenham discriminado mulheres negras escravizadas quando decidiram permitir que apenas homens fossem capatazes ou feitores, mas não as discriminavam quando o assunto era punição. Mulheres escravizadas eram tão severamente espancadas quanto os homens escravizados. Estudiosos da escravidão afirmam que era comum na plantação ver uma mulher negra amarrada em uma estaca, com as roupas arrancadas, ser espancada com um serrote ou um taco.

Em grandes plantações, nem todas as mulheres negras trabalhavam no campo. Elas trabalhavam como enfermeiras, cozinheiras, costureiras, lavadeiras e criadas domésticas. O conhecimento popular de que as escravizadas negras que trabalhavam em casas de brancos automaticamente recebiam tratamento preferencial nem sempre é corroborado por relatos pessoais de escravizadas. Escravizadas domésticas eram menos sujeitadas às dificuldades que assolavam os trabalhadores do campo, mas eram mais propensas a sofrerem infindáveis crueldades e torturas, porque estavam constantemente na presença de senhoras e senhores exigentes. Mulheres negras que trabalhavam em contato direto com senhoras brancas eram com frequência maltratadas como punição a pequenas ofensas. Mungo White, um ex-escravizado do Alabama, relembrou as condições sob as quais sua mãe trabalhava:

> A tarefa dela era muito pesada para qualquer pessoa sozinha. Era obrigada a servir como criada doméstica da filha do Sr. White, cozinhar para todas as pessoas, fiar e cardar quatro novelos por dia e então lavar. Tinha 144 novelos para dobrar. Se ela não fizesse isso tudo, recebia cinquenta chicotadas naquela noite.

Escravizadas domésticas repetidas vezes reclamavam do estresse e da tensão de estar sob constante vigilância dos proprietários brancos.

A exploração racista de mulheres negras como trabalhadoras, tanto no campo quanto no ambiente doméstico, não era tão desumana e desmoralizante quanto a exploração sexual. O sexismo dos patriarcas brancos do período colonial poupou homens negros escravizados da humilhação do estupro homossexual e de outras formas de assédio sexual. Enquanto o sexismo institucionalizado era um sistema social que protegia a sexualidade dos homens negros, ele legitimava (socialmente) a exploração sexual das mulheres negras. A mulher escravizada vivia sempre atenta a sua vulnerabilidade sexual e em permanente medo de que qualquer homem, fosse ele branco ou negro, pudesse escolhê-la para assediá-la e vitimizá-la. Linda Brent expressou consciência da condição angustiante da mulher negra ao narrar sua experiência como escravizada: "A escravidão é terrível para os homens, mas é muito mais terrível para as mulheres. Além do fardo comum a todos, há maldades, sofrimentos e humilhações peculiares a elas."

Esses sofrimentos peculiares às mulheres negras eram diretamente ligados à sexualidade e envolviam estupro e outras formas de assédio sexual. Mulheres negras escravizadas eram habitualmente estupradas quando tinham entre 13 e 16 anos. Uma mulher escravizada declarou em sua autobiografia:

> A menina escravizada é criada em uma atmosfera de depravação e medo. O chicote e a conversa fiada do senhor e de seus filhos são seus professores. Quando ela faz 14 ou

> 15 anos, seu proprietário ou os filhos dele, ou o capataz, ou talvez todos eles começam a suborná-la com presentes. Se isso não os leva a alcançar o objetivo, ela é açoitada ou eles a fazem passar fome até se submeter à vontade deles.

As narrativas de mulheres negras escravizadas que fornecem informação referente à educação sexual de garotas sugerem que elas sabiam pouco sobre o próprio corpo, de onde vinham os bebês ou sobre relação sexual. Poucos pais e mães escravizados advertiam as filhas sobre a possibilidade de estupro ou as ajudavam a se preparar para essas situações. O desinteresse de pais e mães escravizados em expressar abertamente a preocupação com a realidade da exploração sexual reflete o comportamento geral do período colonial estadunidense, no que diz respeito a sexualidade.

A exploração sexual de jovens garotas escravizadas, em geral, ocorria depois que deixavam a barraca ou cabana dos pais para trabalhar no lar dos brancos. Era prática comum para uma jovem garota escravizada ser forçada a dormir no quarto com o senhor e a senhora, uma situação conveniente para ocorrer assédio sexual. Linda Brent registrou em sua autobiografia um relato detalhado do desejo obsessivo de seu senhor branco de afirmar seu poder sobre ela, por meio de constantes ameaças de estupro. Quando Linda começou a servir seu proprietário, Dr. Flint, ela estava com 13 anos. Ele não a estuprou, mas começou a aterrorizá-la de forma constante e a persegui-la, anunciando verbalmente suas intenções de estar com ela sexualmente. Logo que se encontraram, informou que, se ela não se submetesse por vontade própria, ele a forçaria. Relatando que tinha 15 anos, Linda escreveu:

> Eu era obrigada a viver debaixo do mesmo teto que ele – onde eu via um homem quarenta anos mais velho que eu diariamente violentar o mais sagrado mandamento da natureza. Ele disse que eu era propriedade dele; que eu deveria me sujeitar ao desejo dele em relação a todas as coisas [...].

Homens brancos proprietários de pessoas escravizadas, em geral, tentavam subornar as mulheres negras como preparação para futuras propostas sexuais, a fim de colocá-las no papel de prostitutas. Desde que o proprietário branco "pagasse" pelos serviços sexuais de sua escravizada negra, ele se sentia livre da responsabilidade de seus atos. Devido às duras condições da vida como escrava, qualquer argumento sugerindo que a mulher negra podia escolher seu parceiro sexual é ridícula. Uma vez que o homem branco podia estuprar a mulher negra que não atendia, por vontade própria, às demandas dele, submissão passiva por parte das mulheres negras escravizadas não pode ser vista como cumplicidade. As mulheres que não atendiam por livre vontade às propostas sexuais do senhor e de capatazes eram violentadas e punidas. Qualquer demonstração de resistência por parte delas aumentava a determinação de proprietários brancos ávidos por demonstrar poder. Em um relato sobre sua experiência como escravizada, Ann, uma jovem mulata, registrou a luta por poder entre senhores brancos, capatazes, castigadores e a mulher escravizada. No caso dela, foi o castigador profissional que planejou estuprá-la. Ele exigiu que ela se despisse completamente antes de açoitá-la. Quando Ann se deu conta de que ele tinha intenção de estuprá-la, resistiu. Sua resistência o enfureceu e ele respondeu: "Garota, você precisa se render a mim. Eu terei você agora; ainda que seja só para te mostrar que posso [...]. Você tem que ser minha. Eu te dou um vestido de chita bonito e um par de brincos!" Ann conta para os leitores:

> Isso foi demais para eu continuar resistindo. O quê! Eu teria que abrir mão da minha honra por minha vida, selada por um anjo, em troca de bugigangas. Onde está a mulher que não teria se ofendido amargamente com tal insulto? Fui para cima dele com fome de leoa, e na hora que a mão atrevida dele estava prestes a encostar em mim, tive habilidade para mirar e arremessar a garrafa contra a têmpora esquerda dele. Com um lamento de dor ele caiu ao chão, e o sangue escorreu livre pelo machucado.

O castigador profissional não morreu com o ataque de Ann, portanto, ela foi punida apenas com uma condenação à prisão e chicotadas diárias. Se ele tivesse morrido, ela teria sido acusada por assassinato e condenada à morte.

Lydia Marie Child, humanista branca do século XIX, resumiu de forma precisa o status social das mulheres negras durante o período da escravidão com a seguinte declaração:

> A mulher negra está desprotegida tanto pela lei quanto pela opinião pública. Ela é propriedade de seu senhor, e suas filhas são propriedade dele. A eles é permitido não ter qualquer escrúpulo consciencioso, qualquer senso de vergonha, qualquer consideração ao sentimento do marido, do pai ou da mãe: elas devem ser completamente subservientes à

> vontade de seu proprietário, sob pena de serem açoitadas até quase a morte, de acordo com o interesse dele, ou até a morte, se atender aos desejos dele.

Homens brancos proprietários de pessoas escravizadas queriam que mulheres negras escravizadas passivamente aceitassem exploração sexual como direito e privilégio daqueles no poder. A mulher negra escravizada que se submetesse, por livre vontade, aos avanços sexuais do senhor e que recebesse presentes como pagamento era recompensada por sua aceitação da ordem social existente. As mulheres negras que resistissem à exploração sexual desafiavam diretamente o sistema; a recusa delas em se submeter passivamente ao estupro era uma denúncia contra o direito à pessoa delas, garantido ao proprietário de pessoas escravizadas. Elas eram brutalmente punidas. O objetivo político desse estupro categórico de mulheres negras por homens brancos era obter absoluta submissão e obediência à ordem imperialista branca. A ativista negra Angela Davis, em um argumento convincente, afirmou que o estupro de mulheres negras escravizadas não era, como outros acadêmicos sugeriram, caso de satisfação de desejo sexual dos homens brancos, mas sim, na realidade, um método de terrorismo institucionalizado que tinha como objetivo desmoralizar e desumanizar as mulheres negras. Davis afirma:

> Ao confrontar a mulher negra como adversária em uma contenda sexual, o senhor a submeteria à forma mais elementar de terrorismo, especialmente adequada à mulher: estupro. Dada a essência terrorista da vida na plantação,

> era como vítima em potencial de estupro que a mulher escravizada estaria mais vulnerável. Além disso, ela poderia ser muito convenientemente manipulada se o senhor criasse um sistema aleatório de classes, forçando-a a pagar com o corpo por comida, diminuição da severidade do tratamento, segurança de suas crianças etc.

Em 1839, o livro *American Slavery: As It Is* [Escravidão estadunidense: como ela é] foi publicado anonimamente por abolicionistas brancos que acreditavam poder derrubar os argumentos a favor da escravidão, expondo por meio impresso os horrores da vida escravizada. Eles contaram com os relatos de pessoas brancas que observaram em primeira mão a escravidão ou que receberam informação de proprietários de pessoas escravizadas e seus amigos. O livro foi compilado e organizado primeiramente por Angelina e Sarah Grimke, duas eloquentes abolicionistas. Devido ao fato de o irmão delas ter sido pai de uma criança, filha de escravizada negra, estavam especialmente preocupadas com a exploração sexual de mulheres negras escravizadas. Para várias outras mulheres brancas abolicionistas, a única força motivadora por trás de seus esforços contra a escravidão era o desejo de acabar com o contato sexual entre homens brancos e mulheres negras escravizadas. Não estavam preocupadas com a condição difícil de mulheres negras escravizadas, mas em salvar a alma de homens brancos que elas acreditavam ter pecado contra Deus por meio de ações de depravação moral. Várias mulheres brancas escravocratas acabaram por denunciar a escravidão porque sentiam-se ofendidas pela barbaridade sexual dos homens brancos. Sentiam-se pessoalmente desonradas e humilhadas por aquilo que denominavam adultério de homem branco (o que, na verdade, era estupro). Para comentar o comportamento de sua senhora direcionado à exploração sexual de mulheres negras, Linda Brent escreveu:

> Logo fiquei convencida de que suas emoções surgiam da raiva e do orgulho ferido. Ela sentiu que seus votos de casamento estavam profanados, e sua dignidade, insultada; mas ela não teve compaixão pela pobre vítima da deslealdade de seu marido. Ela teve pena de si como mártir; mas foi incapaz de sentir qualquer coisa em relação à vergonha e à miséria nas quais suas escravizadas desamparadas se encontravam.

As mulheres Grimke tiveram empatia pelas mulheres negras nessa situação tão desfavorável, mas a convenção social vitoriana determinante do comportamento não permitiu a elas expor com clareza as várias crueldades infligidas por homens brancos às mulheres negras escravizadas. A compostura apropriada as impedia de falar diretamente e com honestidade sobre as maldades secretas da escravidão. Angelina Grimke escreveu:

> Evitamos levantar o véu da vida privada a qualquer altura. Que essas pequenas dicas sejam suficientes para dar a vocês alguma ideia do que diariamente se passa por trás da cortina que foi, com tanto cuidado, fechada diante das cenas da vida doméstica nos Estados Unidos escravocrata.

Se Angelina e Sarah Grimke tivessem levantado o véu da vida privada a qualquer altura, elas teriam exposto não somente proprietários de pessoas escravizadas que geravam crianças em mulheres negras, mas atos sádicos e misóginos de crueldade e brutalidade que foram muito além de sedução – chegando a estupro, tortura e até mesmo a assassinatos orgíacos e necrofilia.

Historiadores modernos tendem a subestimar a importância da exploração sexual das mulheres negras durante o período da escravidão. Em seu livro *Daughters of the Promised Land* [Filhas da terra prometida], Page Smith escreveu:

> A maioria dos homens jovens do Sul, sem dúvida, teve sua primeira experiência sexual com uma garota escravizada complacente. Era natural que muitos deles continuassem a se satisfazer depois do casamento. Além disso, havia, sem dúvida, atração pelo perverso, pelo tabu, a associação da maldade com prazerosa perversidade, a ausência de qualquer perigo para o explorador sexual, independentemente do quanto suas atenções pudessem ser indesejáveis. Além disso, havia a tradição da sensualidade negra que pode ter trabalhado para fazer a esposa branca uma parceira sexual mais contida. Assim, quando o homem do Sul pensava em escravizar mulheres para satisfazer a suas necessidades sexuais básicas, cada vez mais ele as encontrou à disposição. Uma vez que parece haver na sexualidade masculina certa medida de agressividade e até mesmo sadismo, passividade e indefensibilidade parecem, com frequência, destacar a mulher negra como objeto sexual de desejo para seu senhor branco.

O leitor é incentivado por Smith a considerar a brutalidade dos homens brancos como mero caso de "meninos sendo meninos". Assim como vários outros historiadores, ele cria uma imagem da escravidão em que homens brancos tinham desejos sexuais "normais", os quais satisfaziam com garotas escravizadas submissas. Enquanto reconhece o sadismo que com frequência incitava exploração sexual de mulheres negras escravizadas, ele minimiza isso ao sugerir que era uma extensão da expressão "normal" da sexualidade masculina.

O tratamento brutal de mulheres negras escravizadas por homens brancos expôs a intensidade do ódio de homem à mulher e ao corpo da mulher. Tal tratamento foi uma consequência direta de comportamentos misóginos direcionados às mulheres que prevaleciam na sociedade estadunidense do período colonial. Na educação fundamentalista cristã, a mulher era representada como uma sedutora má, aquela que trouxe o pecado ao mundo. A luxúria sexual se iniciou com ela; homens foram meramente vítimas de seu poder devasso. A socialização dos homens brancos para considerar as mulheres a sua queda moral levou a desenvolver sentimentos antimulher. Professores brancos religiosos ensinavam que a mulher era uma criatura por natureza pecadora da carne, cuja perversidade somente poderia ser purgada com a intervenção de um ser mais poderoso. Identificando-se como agentes pessoais de Deus, eles se tornaram os juízes e vigias da virtude da mulher. Eles fomentavam leis para controlar o comportamento sexual das mulheres brancas, para assegurar que elas não se sentissem tentadas a se desviar do estreito caminho em retidão. Castigos severos eram dispensados a essas mulheres que ultrapassavam os limites que homens brancos definiram como o espaço da mulher. Os julgamentos das bruxas de Salem representam uma expressão extrema da perseguição da sociedade patriarcal contra as mulheres. Foram uma mensagem a todas as mulheres para permanecerem em funções passivas e subordinadas, para que não fossem punidas e até mesmo condenadas à morte.

As inúmeras leis promulgadas para administrar o comportamento sexual entre jovens brancos estadunidenses levaram alguns acadêmicos a concluir que o movimento a favor da repressão sexual na sociedade colonial ocorreu como reação contra a permissividade sexual dos colonizadores. Andrew Sinclair comentou:

> A terrível liberdade do isolamento e a região selvagem fizeram alguns dos primeiros colonizadores descartarem o controle moral europeu. Casos de bestialidade, de acordo com Cotton Mather, não eram desconhecidos [...]. Como disseram aos primeiros missionários do Oeste, a barbárie era o primeiro perigo para os pioneiros, "eles pensaram não ser degradação fazer na floresta e com animais selvagens o que, na presença de um estado social desenvolvido, eles ficariam envergonhados de perpetrar". Até que uma opinião pública austera pudesse governar a ética de uma sociedade dispersa e imigrante, pequenos governos tentaram fazer o que podiam para manter os padrões de civilização.

Colonizadores brancos tentavam reprimir a sexualidade, devido a seu profundo medo de sentimentos sexuais, sua crença de que tais sentimentos eram pecaminosos e o medo deles do castigo eterno. Homens brancos do período colonial responsabilizaram as mulheres pela lascívia sexual e, consequentemente, nutriram por elas a mesma suspeita e desconfiança que associavam à sexualidade em geral. Medo e desconfiança tão intensos em relação às mulheres cultivaram sentimentos misóginos. Em seu livro *The Troublesome Helpmate* [A ajudante problemática], Katherine Rogers oferece uma explicação para o aparecimento da misoginia:

> Das causas culturais da misoginia, rejeição ou culpa em relação ao sexo são as mais óbvias. Naturalmente, isso leva à degradação da mulher como objeto sexual e à projeção nela da lascívia e do desejo de sedução, o que o homem deveria reprimir nele. Ao mesmo tempo que ele depreciava a função sexual da mulher, a preocupação com o sexo resultar da tentativa de reprimir o desejo tende a fazer com que ele a enxergue exclusivamente como um ser sexual, mais lasciva do que o homem e nada espiritualizada [...].
>
> A misoginia também pode se desenvolver como idealização com a qual homens glorificaram mulheres como amantes, esposas e mães. Isso levou a uma reação natural, um desejo de destruir o que foi erguido exageradamente alto.

Homens brancos do período colonial expressaram seu medo e ódio pela mulheridade ao institucionalizar discriminação sexista e opressão sexista.

No século XIX, a crescente prosperidade econômica dos estadunidenses brancos os levou a se desviarem dos ensinamentos religiosos severos que configuraram a vida dos primeiros colonizadores. Com o distanciamento da doutrina fundamentalista cristã, veio a mudança na percepção que os homens tinham das mulheres. As mulheres brancas do século XIX já não eram retratadas como sedutoras sexuais; eram exaltadas como "a metade mais nobre da humanidade", cujo dever era elevar os sentimentos dos homens e inspirar os mais altos impulsos deles. A nova imagem da mulheridade branca era diretamente oposta à velha imagem. Ela era representada como deusa, em vez de pecadora; era virtuosa, pura, inocente e não era sexual nem mundana. Ao elevar a mulher branca ao status de quase deusa, homens brancos foram eficazes em remover o estigma que o cristianismo colocou sobre elas. A idealização do homem branco sobre a mulher branca como inocente e virtuosa serviu como exorcismo, o que teve como propósito transformar a imagem dela e afastá-la da maldição da sexualidade. A mensagem da idealização foi esta: enquanto as mulheres brancas tivessem sentimentos sexuais, elas seriam vistas como criaturas degradadas, imorais; retirados os sentimentos sexuais, elas se tornariam seres merecedores de amor, consideração e respeito. Uma vez que a mulher branca foi transformada em mito de pureza e virtuosidade, uma simbólica Virgem Maria, homens brancos puderam percebê-la como isenta de negativos estereótipos sexistas de mulher. O preço pelo qual ela teve que pagar foi a supressão dos impulsos sexuais naturais. Dada a tensão de seguidas gestações e as dificuldades do parto, é compreensível que a mulher branca do século XIX não sentisse grande apego a sua sexualidade e de bom grado aceitasse sua nova, glorificada identidade assexuada que os homens brancos lhe impuseram. A maioria das mulheres brancas absorveu com avidez a ideologia sexista defensora de que as mulheres virtuosas não tinham impulsos sexuais. Eram tão convencidas da necessidade de esconder a sexualidade que não se dispunham a se despir para mostrar a médicos partes do corpo que estivessem doentes. Um francês em visita aos Estados Unidos observou: "Mulheres estadunidenses dividem o corpo em duas partes; do topo à cintura é a barriga, dali ao pé, os tornozelos." Sobre esse mesmo assunto, Page Smith comentou:

> Elas eram muito modestas para deixar o médico tocar o corpo delas e nem conseguiam, em alguns casos, descrever um incômodo. Como uma jovem mãe, com uma ulceração no seio, que, muito pudica para falar com franqueza ao médico, descreveu seu estado como dor de barriga.

Forçar mulheres brancas a negar seu ser físico era uma expressão do ódio dos homens tanto quanto considerá-las objeto sexual. A idealização das mulheres brancas não mudou o desprezo que os homens brancos sentiam por elas. Visitantes de países estrangeiros com frequência notavam a hostilidade velada de homens brancos em relação às mulheres brancas. Um visitante comentou:

> Homens estadunidenses concediam às mulheres mais deferência, esbanjavam dinheiro com elas, tratavam-nas com mais respeito do que era dispensado às mulheres em outros países. Mas não gostavam mesmo delas. Eles não apreciavam a companhia delas; não pensavam que elas eram, em si, interessantes. Eles as valorizavam como esposas e mães, e as tratavam com sentimentalismo; parabenizavam-se por seu comportamento iluminado direcionado a elas. Mas não gostavam (e não gostam) mesmo delas.

A mudança da imagem da mulher branca como pecadora e sexual para mulher branca como senhora virtuosa ocorreu concomitantemente à massiva exploração sexual das mulheres negras escravizadas – assim como a rígida moral sexual da Inglaterra vitoriana criou uma sociedade na qual a exaltação da mulher como mãe e cuidadora ocorreu concomitantemente à formação de um massivo submundo de prostituição. Enquanto os homens brancos idealizavam a mulheridade branca, eles assediavam e brutalizavam sexualmente as mulheres negras. O racismo de jeito algum foi a única causa de vários atos de violência cruéis e sádicos perpetrados por homens brancos contra mulheres negras escravizadas. Tanto o ódio profundo contra as mulheres, que havia sido cravado na psique do colonizador branco pela ideologia patriarcal, quanto os ensinamentos religiosos contra a mulher incentivaram e sancionaram a brutalidade do homem branco contra as mulheres negras. Quando chegaram às colônias estadunidenses, mulheres e homens negros encararam uma sociedade ansiosa para impor a identidade de "selvagem sexual" sobre os africanos que haviam sido deslocados. À medida que colonizadores brancos adotavam uma moral sexual presunçosa, com ainda mais entusiasmo rotulavam pessoas negras como pagãs sexuais. Como a mulher foi designada criadora do pecado sexual, mulheres negras eram naturalmente vistas como a personificação do mal feminino e da luxúria. Eram rotuladas de Jezebel e de sedutoras, além de serem acusadas de desviar os homens brancos da pureza espiritual para o pecado. Um político branco insistia para que negros fossem enviados de volta para a África, evitando assim que homens brancos fornicassem ou cometessem adultério. Nas palavras dele: "livrem-nos dessa tentação". Apesar de mulheres brancas religiosas e de homens brancos e homens negros argumentarem que homens brancos eram moralmente responsáveis por assédios sexuais contra mulheres negras, a tendência era que aceitassem a ideia de que os homens sucumbiram à tentação sexual da mulher. Porque doutrinas religiosas sexistas ensinaram-lhes que mulheres seduziam homens, eles acreditavam que as mulheres negras não estavam totalmente livres de culpa. Com frequência usavam a palavra "prostituição" para se referirem a comprar e vender mulheres negras para fins de exploração sexual. Uma vez que prostitutas e prostitutos são mulheres e homens que se envolvem em relações sexuais em troca de dinheiro ou qualquer forma de pagamento, esse é um termo inadequado quando direcionado a mulheres negras escravizadas, que raramente recebiam compensação pelo uso de seu corpo como latrina sexual. Mulheres e homens abolicionistas rotularam mulheres negras de "prostitutas", porque eles caíram na armadilha da língua do *éthos* vitoriano. Ao falar sobre o massivo abuso sexual de mulheres negras, o conhecido orador negro Frederick Douglass disse a uma plateia abolicionista em Rochester, Nova York, em 1850, que "todo proprietário de pessoa escravizada é o guardião legal de um bordel". Mas suas palavras não iniciaram uma descrição precisa da exploração sexual das mulheres negras. Douglass informou sua plateia:

> Considero-me pronto para provar que mais de um milhão de mulheres nos estados do Sul desta União estão, pelas leis da terra, e não por sua própria culpa, entregues a uma vida de repugnante prostituição; que por essas leis, em vários dos estados, se uma mulher, em defesa de sua

> própria inocência, levantar a mão contra o brutal agressor, ela poderá ser, por lei, condenada à morte [...]. Sabe-se também que as mulheres escravizadas que são quase brancas são vendidas nos mercados a preços que proclamam, alto e bom som, o maldito propósito ao qual deverão ser destinadas. Juventude e elegância, beleza e inocência são expostas para venda, no leilão, enquanto monstros vilões as rodeiam, com os bolsos cheios de ouro, encarando, com os olhos cheios de luxúria, sua futura vítima.

Era difícil para abolicionistas debaterem sobre estupro de mulheres negras, por medo de ofender a plateia, então se concentravam no tema da prostituição. Mas o uso da palavra prostituição para descrever a massiva exploração sexual por homens brancos de escravizadas negras não só desviou a atenção da prevalência da investida sexual forçada, como também deu ainda mais credibilidade ao mito de que mulheres negras eram devassas por natureza, portanto, responsáveis pelo estupro.

Acadêmicos contemporâneos sexistas minimizam o impacto da exploração sexual de mulheres negras na psique da mulher negra e argumentam que homens brancos usavam o estupro de mulheres negras para emascular ainda mais os homens negros. O sociólogo negro Robert Staples afirmou:

> O estupro da mulher escravizada trouxe para casa, para o homem escravizado, a inabilidade de proteger sua mulher. Quando sua masculinidade estava enfraquecida para esse propósito, ele começava a ter fortes dúvidas sobre seu poder até mesmo para romper com as correntes da escravidão.

O argumento de Staples é baseado no pressuposto de que homens negros escravizados se sentiam responsáveis por todas as mulheres negras e eram desmoralizados devido à inabilidade de agir como protetores – uma suposição não comprovada por evidências históricas. Uma análise do comportamento de várias sociedades africanas tradicionais em relação às mulheres revela que homens africanos não eram ensinados a se verem como protetores de todas as mulheres. Eram ensinados a assumir responsabilidade pelas mulheres específicas de sua tribo ou comunidade. A socialização de homens africanos para que se vissem como "proprietários" de todas as mulheres negras e considerá-las uma propriedade que eles deveriam proteger ocorreu após o longo período da escravidão e como resultado de se relacionar com base em cor, em vez de conexão mútua tribal ou língua. Antes de adotarem o comportamento sexista branco estadunidense em relação às mulheres, não havia motivo para homens africanos escravizados se sentirem responsáveis por todas as mulheres africanas escravizadas. Seguramente, a violência sexual contra mulheres negras teve impacto na psique de homens negros escravizados. É provável que o homem negro escravizado não tenha se sentido desmoralizado ou desumanizado, porque as mulheres "dele" eram estupradas, mas que ele tenha se sentido aterrorizado pela consciência de que homens brancos que estavam dispostos a violentar e vitimizar mulheres e garotas (que não representavam qualquer ameaça à autoridade deles) negras, provavelmente, não teriam escrúpulos de aniquilar totalmente os homens negros. A maioria dos homens negros escravizados permanecia calada enquanto senhores brancos violentavam sexualmente e brutalizavam mulheres negras, e não se sentiam compelidos a agir como protetores. O instinto primário deles era de autopreservação. Em sua narrativa de escravizada, Linda Brent conta aos leitores que homens negros escravizados, como grupo, não se viam como protetores de mulheres negras escravizadas. Ela comentou:

> Há alguns que se esforçam para proteger esposa e filhas dos insultos de senhores; mas esses com tais sentimentos têm vantagens sobre a massa geral de escravizados [...]. Algumas pobres criaturas já foram tão brutalizadas pelo chicote que se retiram da casa para que o senhor tenha livre acesso a sua esposa e suas filhas.

Ao longo dos anos, durante o período da escravidão, alguns homens negros se posicionaram individualmente em defesa das mulheres negras que lhes eram importantes. Ao defenderem essas mulheres, eles não estavam motivados pelo senso de que eles eram, por natureza, protetores de todas as mulheres negras.

O historiador Eugene Genovese debateu a exploração sexual de mulheres negras escravizadas em *Roll, Jordan, Roll* [Role, Jordan, Role] e afirmou:

> Estupro significava, por definição, estupro de mulheres brancas, porque não existia na lei o crime de estupro de uma mulher negra. Mesmo quando um homem negro atacava uma mulher negra, ele somente poderia ser punido por seu senhor; não havia como levá-lo a julgamento ou condená-lo se fosse levado.

O estupro de mulheres negras por homens negros escravizados é mais um indício de que, em vez de assumir o papel de protetor, homens negros imitavam o comportamento de homens brancos. Genovese conclui:

> Alguns capatazes forçavam a mulher escravizada praticamente da mesma forma que alguns senhores e feitores faziam. Qual dos poderosos homens brancos e negros com mais frequência forçava as mulheres escravizadas permanece sem resposta. No sistema por tarefas, o capataz determinava a tarefa do dia para cada escravizado e não tinha o menor problema em tornar miserável a empreitada da mulher, se ela o recusasse. No predominante sistema por grupo, capatazes tinham licença para açoitar – quando tinham o poder de açoitar – o que vários faziam – ou podiam encontrar várias outras maneiras de recompensar e punir.

Devido à barbárie da vida como escrava, é provável que mulheres negras escravizadas se aliassem a homens negros poderosos que pudessem protegê-las de indesejadas investidas sexuais de outros escravizados. Ciúmes e rivalidades sexuais eram a principal causa da maioria das discussões entre homens negros escravizados.

A mulher negra escravizada não podia contar com nenhum grupo de homens, negros ou brancos, para protegê-la contra a exploração sexual. Com frequência desesperadas, mulheres escravizadas tentavam recrutar a ajuda das senhoras brancas, mas essas tentativas, em geral, eram frustradas. Algumas senhoras reagiam à angústia das escravizadas perseguindo-as e as atormentando. Outras incentivavam o uso de mulheres negras como objeto sexual, porque permitia a elas ter um descanso das indesejadas investidas sexuais. Em casos raros, senhoras brancas que relutavam em ver o filho se casar e deixar o lar compravam criadas negras com o propósito de serem companheiras sexuais para eles. As mulheres brancas que lamentavam a exploração sexual de mulheres escravizadas, em geral, eram relutantes em se envolver com os apuros de uma escravizada, por medo de prejudicar sua própria posição no papel doméstico. A maioria das mulheres brancas tratava com hostilidade e raiva as mulheres negras que eram objeto da violência sexual de seu marido. Como foram educadas por ensinamentos religiosos de que mulheres eram sedutoras natas, senhoras com frequência acreditavam que a mulher negra escravizada era culpada, e o marido, a vítima inocente. Em *Once a Slave* [Uma vez escravo], um livro que contém uma coleção resumida de informação recolhida a partir de narrativas de escravizadas, o autor, Stanley Feldstein, conta um episódio em que uma senhora branca inesperadamente voltou para casa de um passeio, abriu as portas de seu quarto e encontrou seu marido estuprando uma garota escravizada de 13 anos. Ela reagiu espancando e trancando a garota em um defumadouro. A garota foi açoitada diariamente por várias semanas. Quando escravizados mais velhos defenderam a menina e ousaram sugerir que o senhor branco era culpado, a senhora simplesmente respondeu: "no futuro, ela vai saber se comportar melhor. Depois do que eu fiz com ela, jamais ela fará o mesmo por ignorância." Mulheres brancas responsabilizavam mulheres negras escravizadas pelo estupro, porque foram socializadas, dentro da moral sexual do século XIX, a considerar a mulher como tentação sexual. Essa mesma moral sexual era adotada por escravizados. Companheiros escravizados com frequência tinham pena da quantidade de mulheres sexualmente exploradas, mas não as viam como vítimas inocentes. Uma mulher abolicionista afirmou:

> De todas as pessoas abatidas e mortificadas pelo sofrimento desse sistema horrível, os maiores sofredores eram as mulheres indefesas. Porque, para o homem escravizado, por mais que fosse tratado com brutalidade, havia algum recurso, mas para a mulher escravizada não havia nem proteção nem piedade.

Estupro não era o único método usado para aterrorizar e desumanizar mulheres negras. As chibatadas sádicas no corpo nu das mulheres negras escravizadas eram outro método empregado para acabar com a dignidade delas. No mundo vitoriano, onde mulheres brancas, seguindo a religião, cobriam cada parte do corpo, mulheres negras eram diariamente despidas e publicamente açoitadas. Proprietários de pessoas escravizadas estavam bem conscientes de que a degradação e a humilhação das mulheres aumentava quando elas eram forçadas a aparecer nuas perante os castigadores e a plateia. Um escravizado do Kentucky recordou:

> As mulheres são sujeitadas a esses castigos com tanto rigor quanto os homens – nem mesmo a gravidez as livra disso; nesse caso, antes de amarrá-las ao tronco, um buraco é feito no chão para acomodar a forma aumentada da vítima.

Susan Boggs recordou:

> Eles despiam e espancavam a mulher se ela fizesse qualquer coisa que eles não gostassem. Talvez se o pão não crescesse adequadamente, a senhora contaria ao senhor quando ele chegasse em casa; ela seria enviada à prisão dos traidores para ser espancada. É terrível pensar em mulheres, em seres humanos, sendo expostos dessa maneira.

Chibatadas sádicas em mulheres negras nuas eram socialmente aceitas, porque eram vistas como abuso racial, um senhor punindo uma escravizada recalcitrante; mas eram também expressões de desprezo e ódio do homem à mulher. Solomon Bradley, um ex-escravizado, contou para um jornalista que o entrevistou:

> Sim, senhor; a coisa mais chocante que eu vi foi nas terras do Sr. Farrarby, na linha do trem. Fui até a casa dele, certa manhã, do trabalho para beber água e ouvi uma mulher gritando demais. Quando fui para a cerca, e olhei por cima dela, vi uma mulher esticada, com o rosto para baixo, suas mãos e seus pés estavam amarrados a estacas no chão. O Sr. Farrarby estava em pé, por cima dela, batendo com uma tira de couro do arreio da carruagem dele. Quando ele batia nela, a pele de suas costas e pernas levantava em vergões e sulcos pela força dos golpes. Algumas vezes, quando a pobre mulher gritava muito alto de dor, Farrarby a chutava na boca. Depois que ele se exauriu açoitando ela, ele mandou que viesse, da casa dele, cera para lacre e uma vela acesa, derreteu a cera e derrubou sobre as costas laceradas da mulher. Ele então pegou um chicote de equitação e, montado

> na mulher, tirou a cera endurecida chicoteando-a. As filhas mais velhas do Sr. Farrarby estavam assistindo a isso de uma janela da casa, através das persianas. Esse castigo foi tão terrível que me levou a perguntar qual ofensa a mulher havia cometido, e os criados colegas dela me contaram que seu único crime foi queimar as beiradas dos waffles que ela fez para o café da manhã.

É preciso pouca imaginação para compreender o significado de uma mulher negra oprimida sendo brutalmente torturada enquanto as mulheres brancas mais privilegiadas assistem passivamente ao seu sofrimento. Episódios dessa natureza revelaram às mulheres brancas a crueldade do marido, do pai e dos irmãos, além de servir como aviso do que poderia ser o destino delas, caso não mantivessem uma postura passiva. Certamente, deve ter ocorrido às mulheres brancas que, se as mulheres negras escravizadas não estivessem disponíveis para suportar a violência das intensas agressões dos homens contra as mulheres, elas mesmas poderiam ter sido as vítimas. Na maioria das casas onde havia escravizados, mulheres brancas eram tão ativas no papel de agressoras físicas de mulheres negras quanto os homens brancos. Enquanto mulheres brancas raramente agrediam fisicamente homens negros escravizados, elas torturavam e atormentavam mulheres negras. Sua aliança com homens brancos no interesse comum, o racismo, fez com que ignorassem o impulso antimulher que também motivava ataques às mulheres negras.

Reprodução era outro método socialmente legitimado para a exploração sexual das mulheres negras. Mencionei anteriormente que homens brancos, nos Estados Unidos durante o período colonial, definiam a principal função de todas as mulheres como trabalhadoras para reprodução. Acadêmicos contemporâneos com frequência descartam a reprodução das mulheres escravizadas, com base no fato de que ocorria em tão pequena escala que não merecia atenção. Ainda assim, um conjunto de evidências um tanto quanto convincentes existe, fundamentando não só a existência da reprodução de escravizados, como também o fato de que era uma prática difundida e comum. Ao relatar o comércio de pessoas escravizadas no estado da Virgínia, em 1819, Frances Corbin escreveu: "nosso principal lucro depende do aumento de nossos escravizados". Durante o início do período da escravidão, a reprodução de mulheres africanas era um processo difícil. Nas comunidades africanas tradicionais, mulheres negras amamentavam suas crianças e as desmamavam em idade avançada, aos 2 anos de idade. Nesse período, a mulher africana não tinha relações sexuais e, por conseguinte, espaçava as gestações. Essa prática permitia às mulheres tempo para se recuperar fisicamente antes de uma nova gravidez. Os brancos proprietários de escravizados não compreendiam os motivos pelos quais mulheres não tinham gestações consecutivas. A resposta deles para essa situação era a ameaça de violência, como meio de coagir as mulheres escravizadas a reproduzir. Frederick Olmstead, um homem branco do Sul, estudioso da prática de reprodução de escravizados, comentou:

> Nos estados de Maryland, Virgínia, Carolina do Norte, Kentucky, Tennessee, tanta atenção é dispensada à reprodução e criação de negros quanto à de cavalos e mulas. Mais para o sul, criamos ambos para uso e comércio. Latifun-

> diários ordenam que suas garotas e mulheres (casadas ou não) tenham filhos; e eu conheci uma grande quantidade de garotas que seriam vendidas por preço mais baixo, porque elas não tiveram filhos. Uma mulher reprodutora vale de um sexto a um quarto a mais do que uma que não reproduz.

Anúncios de venda de mulheres negras escravizadas usavam os termos "escrava reprodutora", "parturiente", "período de reprodução", "muito velha para reproduzir", para descrever individualmente as mulheres. Moncure Conway, o filho de um proprietário de escravizados da Virgínia, recordou:

> De modo geral, o principal recurso pecuniário nos estados de fronteira* é a reprodução de escravizados; e lamento dizer que há fundamentos para as acusações de que a depravação geral entre os escravizados, com o propósito de aumentarem bastante em número, é forçada por alguns senhores e encorajada por muitos. O período da maternidade é antecipado, sendo as mães negras, em média, quase três anos mais novas do que aquelas de qualquer raça livre, e uma criada velha é bastante conhecida entre as mulheres.

Mulheres escravizadas que se recusavam a escolher um homem e se unir sexualmente com ele eram forçadas a estar com homens escolhidos pelo feitor ou pelo senhor. Alguns proprietários de escravizados preferiam que as mulheres negras se reproduzissem com homens brancos, já que os mulatos, em geral, tinham preços mais altos no mercado ou

* No contexto da guerra civil estadunidense, os estados de fronteira eram escravocratas, localizados entre a União; os estados livres do Norte e a Confederação, os estados escravocratas do Sul. [*N. da T.*]

eram mais fáceis de serem vendidos. Em uma carta datada de 13 de março de 1835, um pastor metodista residente na Virgínia observou:

> Mulatos são mais garantidos do que negros puros. Por isso, latifundiários não se opõem a qualquer homem ou garoto branco ser livre para ter relações sexuais com todas as mulheres; e já foi o caso de um feitor ser incentivado a fazer de todo o grupo seu harém, e foi pago por sua façanha.

Mulheres negras estéreis eram as que mais sofriam no sistema de reprodução. Em um relatório apresentado à Convenção Geral Antiescravista, que aconteceu em Londres, em junho de 1840, testemunhas declararam que mulheres negras estéreis eram vítimas de graves abusos físicos e psicológicos. O relatório declarava:

> Onde a fecundidade é a maior das virtudes, a esterilidade será considerada, pior do que um infortúnio, um crime, e o indivíduo será exposto a toda forma de privação e sofrimento. Dessa maneira, uma deficiência muito além do poder da escravizada torna-se motivo de sofrimento inconcebível.

Nesse mesmo relatório, um cidadão da Carolina do Norte repetiu uma história que seu amigo lhe contou sobre a reprodução de escravizados nas plantações da Carolina.

> Certo dia, o proprietário ordenou que as mulheres entrassem no celeiro; ele então entrou com elas, chicote na mão, e disse que pretendia açoitá-las até a morte. Imediatamente, elas começaram a gritar: "O que eu fiz, sinhô? O que eu fiz?"

> Ele respondeu: “Malditas, vou dizer o que vocês fizeram. Vocês não se reproduzem; não tenho um jovem vindo de vocês há vários meses.”

Alguns proprietários de escravizados idealizaram um sistema de recompensa para induzir mulheres a se reproduzir. Mas tais recompensas raramente eram proporcionais ao serviço prestado. Em algumas plantações, uma mulher poderia receber um porco pequeno, cada vez que desse à luz uma criança. Prometiam às mulheres um novo vestido ou um novo par de sapatos, na ocasião do nascimento da criança. Uma pequena quantia em dinheiro, de um a cinco dólares, poderia ser dada à mulher escravizada quando ela desse à luz sua quarta ou quinta criança. Poucos proprietários de escravizados prometiam liberdade às mulheres negras que tinham uma família grande. No tribunal da Virgínia, em 1761, surgiu um caso litigioso envolvendo um testamento que incluía a prescrição de libertar a escravizada Jenny, se ela tivesse dez filhos vivos. Algumas mulheres escravizadas desejavam engravidar, porque percebiam isso como meio de obter certas vantagens, sendo a principal a diminuição da carga de trabalho. Frances Kemble, em seu *Journal of a Residence on a Georgian Plantation in 1838-1839* [Diário de uma residência em uma plantação da Geórgia de 1838-1839], supôs:

> Ao nascimento de uma criança, algumas roupas adicionais e provisão semanal adicional eram concedidas à família; e essas coisas, ainda que possam parecer insignificantes, serviam como forte incentivo para criaturas que não tinham inclinação a se conter, o que faz parte da relação parental entre outros povos, civilizados ou selvagens. Além disso,

> todos eles tinham um conhecimento distinto e perfeito do valor que tinham como propriedade para seu dono; e uma mulher pensa, não tanto sem propósito, que quanto mais ela contribuir para aumentar o rebanho do senhor, trazendo novos escravizados para o mundo, mais ela pode reivindicar a consideração e a boa vontade dele.

A reprodução era opressora para todas as mulheres negras férteis escravizadas. Subnutridas, sobrecarregadas de trabalho, as mulheres raramente tinham uma condição física que proporcionasse um parto fácil e seguro. Gestações repetidas e sem cuidados apropriados resultavam em vários abortos espontâneos e morte. O relato que segue é de Frances Kemble sobre a condição de mulheres negras nas terras de seu marido – mulheres que se consideram afortunadas, em comparação com escravizadas de terras vizinhas:

> Fanny teve seis crianças; com todas mortas, exceto uma, ela suplicou que seu trabalho no campo fosse amenizado.
>
> Nanny teve três crianças; duas delas estão mortas. Ela implorou que alterassem a regra de enviá-las ao campo três semanas após o confinamento.
>
> Leah, esposa de Caesar, teve seis crianças; três estão mortas.
>
> Sophy, esposa de Lewis, veio implorar por algum lençol antigo. Ela estava sofrendo apreensiva; teve dez crianças, cinco delas, todas mortas. O principal favor que ela pediu foi por um pedaço de carne, que eu dei.
>
> Sally, esposa de Scipio, teve dois abortos espontâneos e três crianças que nasceram, uma delas morreu. Ela veio reclamar de uma dor incessante e de fraqueza nas costas.

> Essa mulher era filha mulata [mulatto] de uma escravizada chamada Sophy, que engravidou de um homem branco de nome Walker, que visitou a plantação.
>
> Charlotte, esposa de Renty, teve dois abortos espontâneos e estava grávida novamente. Estava quase aleijada pelo reumatismo e me mostrou um par de miseráveis joelhos inchados, o que partiu meu coração. Prometi a ela calças de flanela, o que devo fazer sem demora.
>
> Sarah, esposa de Stephen. O caso e a história dessa mulher são igualmente deploráveis. Ela teve quatro abortos espontâneos, trouxe sete crianças ao mundo, cinco delas estavam mortas, e estava grávida de novo. Ela reclamou de dores terríveis nas costas e de um tumor interno que aumenta com o esforço do trabalho no campo; imagino que provavelmente tenha rompido [...]. Suponho que suas gestações seguidas, associadas ao trabalho pesado no campo, tenham resultado em [...] insanidade temporária [...].
>
> Pergunto sobre as crianças delas, porque penso que a quantidade de crianças que elas geram comparada à quantidade que elas criam é indicação fiel do efeito do sistema na saúde delas e na da prole. Dificilmente houve uma dessas, como você verá nos detalhes que eu observei sobre as doenças delas, que não tenha sido candidata a ficar de cama em um hospital, e elas vieram a mim depois de trabalhar o dia inteiro no campo.

Kemble admirava a paciência com a qual mulheres negras escravizadas em sofrimento aguentavam sua condição pesada, mas ela não ignorava o "desespero absoluto" que, em geral, estava mascarado pela aceitação silenciosa delas.

Exploração sexual em massa de mulheres negras escravizadas foi consequência direta da política sexual antimulher durante o período colonial nos Estados Unidos patriarcal. Como a mulher negra não era protegida nem por lei nem pela opinião pública, ela era alvo fácil. Enquanto racismo claramente foi o mal que decretou que pessoas negras seriam escravizadas, sexismo foi o que determinou que o destino da mulher negra seria mais pesado, mais brutal do que o do homem negro escravizado. Aquele sexismo não estava limitado apenas aos homens brancos. O incentivo do escravizador para que mulheres e homens negros se relacionassem levou ao estabelecimento de uma subcultura negra escravizada. Dentro dessa subcultura negra escravizada, surgiu uma política sexual semelhante. Inicialmente, mulheres escravizadas eram forçadas por seus senhores a se relacionar indiscriminadamente. Não era incomum que um senhor garantisse a um negro escravizado de sua preferência o privilégio de se casar com uma garota ou mulher escravizada de sua escolha, ainda que ela fosse uma parceira relutante. Essa prática não era bem-sucedida. A resistência ao relacionamento forçado, com frequência, levou a revoltas sociais, de tal maneira que a maioria dos senhores considerava mais prudente permitir que mulheres e homens negros escravizados escolhessem seus próprios parceiros. O casal informava seu comprometimento aos demais, instalando um núcleo familiar em uma barraca ou cabana vazia. Quando pessoas africanas deslocadas assimilavam os valores estadunidenses, elas queriam ter as cerimônias eclesiásticas e civis que seus senhores e senhoras tinham; desejavam que sua união fosse publicamente reconhecida. Apesar de jamais haver qualquer reconhecimento legal dos casamentos entre escravizados, eles queriam os mesmos rituais de matrimônio que seus proprietários brancos realizavam. Em algumas terras, escravizados realizavam cerimônias africanas de casamento – o pedido da mão da mulher a parentes e a oferta de um pequeno dote. Vários latifundiários brancos incorporaram a tradição de o casal de noivos, de mãos dadas, pular a vassoura, como um ritual de casamento de escravizados, da mesma maneira que já havia sido um ritual popular entre os primeiros colonizadores brancos dos Estados Unidos. Em algumas terras, senhores permitiam que cerimônias de casamento fossem celebradas por um ministro ordenado, apesar do fato de que o serviço não tinha qualquer valor legal. A maioria dos escravos queria que um ministro celebrasse o casamento, porque notavam que essa era a norma na cultura dominante. Sem dúvida, namoros e casamentos entre escravizados eram importantes, porque a felicidade dessas ocasiões melhorava a realidade dura da vida escravizada. Em sua narrativa de escravizado, Thomas Jones declarou que o escravizado que era:

> desprezado e esmagado por uma cruel raça de homens insensíveis iria morrer no início de sua vida miserável, se não encontrasse refúgio em um lar amoroso, onde amor e empatia o encontrariam, partindo de corações que se tornariam para ele sagrados, a partir de suas próprias irreprimíveis afeições e ternura por eles.

Papéis sexuais na subcultura negra escravizada espelhavam aqueles dos Estados Unidos branco patriarcal. Dentro da subcultura negra escravizada, era a mulher negra quem cozinhava para a família, limpava a barraca ou cabana, cuidava dos doentes, lavava e consertava as roupas e dava atenção às necessidades das crianças. Homens negros escravizados consideravam trabalho de mulher as tarefas como cozinhar, costurar, cuidar de pessoas e até mesmo alguns trabalhos menores na fazenda. Em seu estudo sobre a mulher branca do Sul, *The Southern Lady* [A mulher do Sul], Anne Scott descreveu um episódio em que um homem negro escravizado se recusou a fazer uma tarefa que considerava inferior à dignidade masculina:

> Em uma fazenda em momento de crise, quando a mãe e todas as crianças estavam doentes, um escravizado negro rejeitou perplexo a sugestão de ele tirar leite da vaca, fundamentado na ideia de que todo mundo sabia que aquilo era trabalho de mulher e, portanto, impossível para ele assumir.

Ainda que homens negros escravizados não estivessem na posição de serem completamente aceitos como figura autoritária patriarcal com direito a controlar mulheres, mulheres negras escravizadas obedeciam a padrões de papéis sexuais existentes que garantiam aos homens um status melhor do que o das mulheres. Frances Butler Leigh (filha de Fanny Kemble) observou que, entre escravizados em Sea Islands, na Geórgia, "a boa e velha lei de submissão da mulher à vontade do marido em todos os pontos permaneceu válida". A aceitação da superioridade masculina era enfatizada principalmente nos ensinamentos religiosos pregados aos escravizados. Mulheres escravizadas cristãs acreditavam piamente que era natural que fossem subservientes ao homem. Sr. William Ervin, um latifundiário de Lounders Count, no Mississippi, determinou regras para controlar seus escravizados, baseado em padrões de papéis sexuais estabelecidos pelo patriarcado. Uma das regras dizia:

> Cada família deve morar em sua própria casa. Os maridos devem prover a madeira para o fogo, verificar se todos têm o que precisam e servir à esposa. A esposa deve cozinhar e lavar para o marido e suas crianças e suprir o conserto das roupas. Quando provado o fracasso em cumprir qualquer dessas tarefas, pode-se e deve-se corrigir, primeiro, por meio de palavras, mas, se não solucionado, deve-se corrigir por meio do chicote.

A prática de senhores e senhoras de identificar as mulheres escravizadas pelo nome do marido (Jane de Scipio ou Sue de John) indica que os brancos concederam ao homem negro escravizado um status maior do que o da mulher escravizada. O historiador Eugene Genovese argumenta:

> Senhores sensatos, na verdade, incentivavam uma mínima divisão do trabalho por papel sexual entre seus escravizados, e viam algumas vantagens em fortalecer o poder do homem na casa.

No que diz respeito à hierarquia baseada somente em raça, o status social de mulheres e de homens negros era o mesmo, mas distinções sexistas fizeram com que a situação do homem fosse distinta da situação da mulher. Uma medida de equidade social existia entre os sexos em uma área de trabalho, mas em nenhum outro espaço. Mulheres e homens negros com frequência realizavam exatamente a mesma tarefa no trabalho agrícola, mas mesmo nessa área mulheres negras não conseguiam subir à posição de liderança. Fora do contexto de trabalho, no cotidiano, mulheres escravizadas recebiam tratamento diferente dos homens escravizados e eram, em alguns casos, subordinadas a eles.

Em uma tentativa de explicar o impacto da escravidão em padrões de papéis sexuais entre os negros, vários acadêmicos contemporâneos concluíram que, em um lar escravizado, a mulher negra era figura mais importante do que o homem negro, e que, em consequência disso, a masculinidade estava comprometida. Uma ênfase excessiva na "masculinidade" negra surgiu quando sociólogos e historiadores tentaram explicar os efeitos nocivos da opressão racista nas pessoas negras. A desinformação começou a circular quando acadêmicos desviaram o peso da responsabilidade da instituição escravidão e de seus defensores brancos para as pessoas negras. Como parte desse esforço para explicar o impacto negativo da escravidão na família negra, sem colocar culpa ou responsabilidade no racismo dos brancos, eles argumentaram que ele poderia ser compreendido em uma estrutura de política sexual para homens e mulheres negros. O raciocínio deles era de que, como o papel da mulher negra dentro do lar escravizado era mais importante do que o do homem negro, a masculinidade dele foi comprometida, e, como consequência, o tecido da estrutura da família negra, dissolvido. Consideram que a culpa é da mulher negra dominadora. Colonizadores brancos racistas distorceram a realidade quando falaram sobre a emasculação de homens negros. Na verdade, não havia nada de incomum em mulheres escravizadas assumirem papel dominante no lar estadunidense do século XIX. Ao fazerem isso, estavam meramente imitando o comportamento das senhoras brancas. O papel dominante das mulheres brancas no lar do século XIX não levou acadêmicos a criarem teorias sobre a ineficaz masculinidade branca; exatamente o oposto disso ocorreu. O século XIX é, em geral, visto como um período na história estadunidense em que o patriarcado branco era o reduto da família estadunidense. Mas esse patriarcado branco e forte não impediu mulheres brancas de assumirem o papel dominante em casa. Nancy Cott, autora de *Bonds of Womanhood* [Laços de mulheridade], descreveu a discrepância entre o ideal do patriarcado que colocava o homem branco como o líder supremo do lar e a realidade do século XIX:

> Dos pontos de vista legal e econômico, o marido/pai controlava a família, mas, retoricamente, a vocação doméstica deu às mulheres a esfera do lar para seu controle e influência. A maternidade era explicada como sendo o eixo com o qual as mulheres conectavam o mundo e, na prática, oferecia a elas a melhor oportunidade para aumentar seu poder doméstico. Autores de livros sobre "educação doméstica" partiam do pressuposto de que crianças viviam, sobretudo, na presença da mãe e não do pai, ainda que a autoridade final (na lei e por convenção) fosse patriarcal.

É seguro afirmar que, se o fato de as mulheres brancas exercerem papel dominante no lar do século XIX não levou à emasculação e à sabotagem do poder do homem branco, a mulher negra escravizada exercendo um papel dominante no lar escravizado não representava ameaça alguma ao homem negro que já não tinha poder. A principal distinção entre o papel doméstico de homens brancos proprietários de pessoas escravizadas e o de homens negros escravizados dentro da subcultura era o fato de que aos homens era negada a oportunidade de agir como provedores para a família. De acordo com alguns acadêmicos, foi a inabilidade de os homens negros proverem adequadamente, associada ao papel dominante das mulheres negras em lares escravizados, que resultou na emasculação. Eles ignoram duas realidades. Primeiro, que nos Estados Unidos do século XIX, a ênfase no lar e na família como "esfera da mulher" era bastante difusa, de tal maneira que não era incomum o papel das mulheres negras preceder ao dos homens negros. E a realidade era que homens negros eram trabalhadores e provedores capazes; no entanto, pessoas brancas ceifaram os benefícios trabalhistas deles. É ridículo reconhecer que homens negros que trabalhavam em diversas tarefas de 12 a 16 horas por dia tivessem dúvidas quanto a sua habilidade de prover – e provavelmente é mais correto afirmar que homens negros escravizados não se sentiam emasculados, mas sim ultrajados e irritados pelo fato de que a opressão racista os impedia de colher os benefícios de seu trabalho. Acompanhando a política sexual do século XIX nos Estados Unidos, vários homens negros escravizados tinham convicção de que era obrigação deles prover o bem-estar econômico da família, e tinham ressentimento amargo e remorso, porque o sistema de escravidão não lhes permitia realizar esse papel. Sentir remorso, raiva e ressentimento não pode ser visto como sinônimo de se sentir emasculado.

As pessoas negras escravizadas aceitaram as definições patriarcais do papel sexual de homens e de mulheres. Assim como seus proprietários brancos, eles acreditavam que o papel das mulheres acarretava permanecer no lar, criando os filhos e obedecendo às vontades do marido. Anne Scott resumiu a imagem da mulher idealizada, no século XIX, no seguinte trecho:

> Essa maravilhosa criação foi descrita como uma esposa submissa cuja razão de ser era amar, honrar, obedecer e ocasionalmente entreter o marido, criar os filhos dele e administrar o lar dele. Fisicamente fraca e "concebida para ocupações menos laboriosas", ela dependia de proteção masculina. A fim de assegurar essa proteção, ela era dotada de uma capacidade de "criar um feitiço mágico" para qualquer homem nas proximidades. Era tímida e modesta, bonita e graciosa, "o mais fascinante ser da criação [...] encanto e charme de todos os círculos por onde ela se move".
>
> Parte de seu charme está em sua inocência [...]. Ela era capaz de percepções aguçadas sobre relacionamentos humanos, e era uma criatura de tática, discernimento, empatia e compaixão. Era sua natureza ser abnegada, e ela era dada ao sofrimento em silêncio, uma característica que cativava os homens. Menos cativante, talvez, mas não menos natural, era sua devoção e sua tendência a "conter o vício e a imoralidade do homem". Pensava-se que ela estava muito interessada no sucesso de todos os planos voltados para conter paixões e reforçar a verdadeira moralidade.

O "culto à verdadeira mulheridade", que surgiu durante o século XIX, teve impacto intensamente desmoralizante nas mulheres negras escravizadas. Elas não tinham orgulho da habilidade de trabalhar com os homens no campo e queriam mais que tudo ter um destino igual ao das mulheres brancas.

Mulheres brancas proprietárias de escravizados e feitores pensavam que mulheres escravizadas pudessem ser mais facilmente manipuladas por promessas de novos vestidos, fitas para os cabelos ou um guarda-sol - qualquer coisa que enfatizasse sua feminidade. Tão grande era o desejo da mulher escravizada de parecer feminina e igual às senhoras que muitas delas escolhiam usar vestidos para trabalhar no campo, em vez de vestir calças, que, apesar de mais práticas, eram vistas como traje masculino. Mulheres africanas deslocadas de sua origem não estigmatizavam o trabalho da mulher no campo, mas à medida que assimilavam valores estadunidenses brancos, aceitavam a noção de que era aviltante e degradante para mulheres trabalhar no campo. Como trabalhador na fazenda, o homem negro escravizado realizava a mesma tarefa que realizaria se fosse uma pessoa livre, mas mulheres negras estavam muito conscientes de que não era considerado comportamento de senhora ou de mulheres respeitáveis trabalhar no campo. Henry Watson, um fazendeiro no Alabama, reclamou com sua filha, em 1865, das trabalhadoras negras em suas terras:

> As mulheres dizem que jamais pretendem exercer qualquer trabalho externo, que os homens brancos sustentam a esposa; querem dizer que devem ser sustentadas pelo marido.

Apesar de mulheres negras escravizadas terem se vangloriado de sua habilidade para o trabalho, elas ansiavam por serem tratadas com o mesmo respeito e a mesma consideração que acreditavam serem devidos como um privilégio da mulher na sociedade patriarcal. Watson relatou mais tarde:

> As mulheres trabalhadoras são quase invariavelmente ociosas – não vão ao campo, mas querem fazer o papel da senhora e ser sustentadas pelo marido "como o pessoal branco faz".

O fato de que mulheres negras escravizadas eram forçadas a trabalhar como "homem" e a existir independentemente da proteção e da provisão deles não levou ao desenvolvimento de uma consciência feminista. Elas não defendiam equidade social entre os sexos. Em vez disso, carregavam um ressentimento amargo por não serem consideradas "mulheres" na cultura dominante e, portanto, não receberem a consideração e os privilégios dados às mulheres brancas. Modéstia, pureza sexual, inocência e um jeito submisso eram as qualidades associadas à mulheridade e à feminilidade que mulheres negras escravizadas se empenhavam para adquirir, ainda que as condições em que moravam continuamente sabotassem seus esforços. Quando a liberdade chegou, mulheres negras resolveram parar com o trabalho no campo. Os fazendeiros brancos ficaram chocados quando muitas mulheres negras trabalhadoras se recusaram a trabalhar no campo quando a escravidão acabou. Uma análise dos relatórios de uma plantação entre 1865 e 1866 levou Theodore Wilson a supor que "a maior perda para a força de trabalho era resultado da decisão de aumentar o número de mulheres negras a dedicarem seu tempo ao lar e às crianças". Nessas plantações, onde as mulheres negras continuaram a trabalhar no campo, os proprietários reclamaram que elas demoravam a sair da cabana de manhã e paravam de trabalhar muito cedo, à tarde. Sulistas brancos expressaram espanto por ser uma questão de orgulho entre pessoas negras que homens sustentassem a esposa e a família. Em alguns casos, os brancos ressentiam tanto a perda de trabalhadoras mulheres que eles cobravam dos homens negros um extra pela comida e pelo abrigo, se a esposa não trabalhasse. Ao aceitar completamente o papel da mulher conforme definido pelo patriarcado, mulheres negras escravizadas aceitaram e confirmaram uma ordem social sexista e opressora e se tornaram (junto com as irmãs brancas) tanto cúmplices nos crimes perpetrados contra as mulheres quanto vítimas desses crimes.

2. A desvalorização contínua da mulheridade negra

Acadêmicos que escrevem sobre exploração sexual em massa de mulheres negras durante o período da escravidão raramente debatem o impacto político e social na condição das mulheres negras. Em sua importante análise feminista sobre o estupro, *Against Our Will* [Contra nossa vontade], Susan Brownmiller ignora essa questão na parte sobre escravidão. Ela comenta:

> Estupro, no período da escravidão, foi mais do que uma ferramenta casual de violência. Era um crime institucionalizado, elemento essencial da ação do homem branco de subjugar um povo por ganhos econômicos e psicológicos.

Parece que Brownmiller reconhece a importância de debater o estupro de mulheres negras durante o período da escravidão ao incluir essa seção no livro; no entanto, ela efetivamente se dispersou disso ao enfatizar que faz parte da história, é passado, acabou. Seu capítulo é intitulado "Two Studies in American Experience" [Dois estudos sobre a experiência estadunidense], e ela o inicia com a afirmação:

> A experiência estadunidense do Sul escravocrata, que durou dois séculos, é um estudo perfeito sobre estupro, em todas suas complexidades, porque a integridade sexual da mulher negra era deliberadamente destruída, para que a escravidão durasse, sendo lucrativa.

Enquanto Brownmiller, com sucesso, expõe para leitores o fato de que homens brancos violentavam com brutalidade mulheres negras durante o período da escravidão, ela ameniza o impacto que a opressão teve em todas as mulheres negras, nos Estados Unidos, ao colocar isso somente no contexto histórico limitado de um "crime institucionalizado" durante a escravidão. Ao fazer isso, ela não consegue enxergar que o significado do estupro de mulheres negras escravizadas não era simplesmente que "deliberadamente destruía" a integridade sexual delas para fins econômicos, mas que levou a uma desvalorização da mulheridade negra que permeava a psique de todos os estadunidenses e moldava o status social de todas as mulheres negras, quando o período da escravidão terminou. Basta assistir à televisão nos Estados Unidos 24 horas por dia durante uma semana inteira para aprender qual é a percepção que se tem das mulheres negras na sociedade estadunidense – a imagem predominante é a da mulher "decaída", a meretriz, a devassa, a prostituta.

O sucesso do condicionamento sexista-racista de pessoas estadunidenses para considerarem mulheres negras criaturas de pouca dignidade ou valor é evidente quando feministas brancas politicamente conscientes amenizam a opressão sexista de mulheres negras, como faz Brownmiller. Ela não informa os leitores que homens brancos continuaram a violentar sexualmente mulheres negras por muito tempo depois do término do período da escravidão e que esses estupros eram socialmente aceitos. Ela não destaca o fato de que um motivo importante para o estupro de mulheres negras jamais ter recebido a pouca atenção que o estupro de mulheres brancas recebe é o fato de o público branco sempre ter visto mulheres negras como permissivas em relação ao sexo, como disponíveis e ansiosas por receber violações sexuais de quaisquer homens, negros ou brancos. A designação de todas as mulheres negras como depravadas, imorais e sexualmente desinibidas surgiu no sistema de escravidão. Mulheres e homens brancos justificaram a exploração sexual de mulheres negras escravizadas, argumentando que elas iniciavam o envolvimento sexual com homens. Desse pensamento, emergiu o estereótipo de mulheres negras como selvagens sexuais e, em termos sexistas, uma selvagem sexual, não humana, animal não é estuprada. É difícil acreditar que Brownmiller ignore essas realidades; só posso então pressupor que ela julgue serem desimportantes.

No período da escravidão, pessoas brancas criaram uma hierarquia social baseada em raça e sexo que posicionou homens brancos em primeiro lugar, mulheres brancas em segundo, apesar de às vezes serem colocadas na mesma posição dos homens negros, que estavam em terceiro lugar, e as mulheres negras eram as últimas. O que isso significa em termos de política sexual de estupro é que, se uma mulher branca for estuprada por um homem negro, o episódio é visto como mais importante, mais significante do que se milhares de mulheres negras forem estupradas por um homem branco. A maioria dos estadunidenses, e isso inclui pessoas negras, reconhecem e aceitam essa hierarquia; já a internalizaram, seja consciente ou inconscientemente. E por essa razão, ao longo de toda a história estadunidense, o estupro de mulheres brancas perpetrado por homens negros atraiu muito mais atenção e é visto como muito mais significante do que o estupro de mulheres negras, por homens brancos ou negros. Brownmiller perpetua ainda mais a crença de que o real perigo da exploração sexual inter-racial na sociedade estadunidense, para mulheres, é o estupro de mulheres brancas perpetrado por homens negros. Um dos mais longos capítulos em seu livro trata desse tema. É digno de nota ela ter intitulado seu debate sobre o estupro de mulheres nativas estadunidenses e de mulheres negras por homens brancos "um estudo sobre a história estadunidense", mas intitula a seção sobre estupro de mulheres brancas perpetrados por homens negros "uma questão de raça". No primeiro parágrafo dessa seção, ela escreveu: "racismo e sexismo e a luta contra ambos convergem no ponto estupro inter-racial, a desconcertante encruzilhada de um dilema autêntico e peculiar estadunidense." Brownmiller não menciona termos como "estupro inter-racial" ou "sexismo" nos capítulos que abordam o estupro de mulheres não brancas.

A desvalorização da mulheridade negra resultou da exploração sexual de mulheres negras durante o período da escravidão, e isso não mudou ao longo de centenas de anos. Mencionei anteriormente que enquanto vários cidadãos preocupados empatizaram com a exploração sexual de mulheres negras tanto durante quanto depois do período da escravidão, assim como todas as vítimas de estupro em uma sociedade patriarcal, elas eram vistas como tendo perdido valor e dignidade, resultado da humilhação que sofreram. Anais do período da escravidão revelam que o mesmo público abolicionista que condenou o estupro de mulheres negras as considerou cúmplices, em vez de vítimas. Em seu diário, a sulista branca Mary Boykin Chesnut registrou:

> (14 de março, 1861) Sob o sistema de escravidão, vivemos rodeados de prostitutas, ainda assim, uma mulher abandonada é colocada para fora de qualquer casa decente. Quem pensa mal de uma mulher negra ou mulata por ser uma coisa para a qual não temos nome? Deus, perdoe-nos, mas o nosso sistema é monstruoso, um erro e uma injustiça! Como os patriarcas de tempos remotos, nossos homens vivem todos em uma casa com esposas e concubinas; e os mulatos que se veem em todas as famílias se assemelham parcialmente a crianças brancas. Qualquer senhora está pronta para lhe dizer quem é o pai de todas as crianças mulatas na casa de todo mundo, exceto na dela. Esses, ela parece pensar, caíram das nuvens. Minha repugnância já está passando dos limites. Agradeço a Deus por minhas mulheres do campo, mas, pelos homens, ai de mim! Provavelmente não são piores do que os homens de todos os lugares, mas quanto mais baixa a senhora, mais degradados eles são.
>
> (20 de abril, 1861) Livros ruins não têm permissão para serem guardados, a não ser trancados na biblioteca, a chave fica no bolso do senhor; mas mulheres ruins, se não são brancas e servem com capacidade para serem subalternas, podem pulular pela casa em paz. Dar uma de avestruz é considerado um ato cristão. Essas mulheres não são consideradas contingente perigoso mais do que canários seriam.
>
> (22 de agosto, 1861) Odeio a escravidão. Você diz que não há mais mulheres decaídas em uma plantação do que em Londres, guardadas as devidas proporções, mas

> o que você diz disto? Um magnata que tem um horrível harém negro e as consequências disso sob o mesmo teto, com sua adorável esposa branca e suas filhas bonitas e bem-sucedidas?

Essas anotações de diário indicam que Chesnut considerava as mulheres negras escravizadas responsáveis por seu destino. Sua ira e raiva é direcionada a elas e não aos homens brancos. Apesar de os estereótipos de mulheridade negra durante o período da escravidão terem sido baseados no mito de que todas as mulheres negras eram imorais e sexualmente desinibidas, as narrativas e os diários de escravizados do século XIX não comprovam que elas eram de alguma forma mais sexualmente "libertas" do que mulheres brancas. A maioria das mulheres negras escravizadas aceitou a moral sexual da cultura dominante e a adaptou a suas circunstâncias. Garotas negras escravizadas foram ensinadas, assim como suas companheiras brancas, que virtude era a natureza espiritual ideal da mulher e virgindade, seu estado físico ideal, mas conhecimento da moral sexual aceitável não alterou a realidade de que não existia ordem social para protegê-la da exploração sexual.

Quando o período da escravidão acabou, mulheres e homens negros acolheram a liberdade que tinham acabado de adquirir, para expressar sua sexualidade. Assim como os primeiros colonizadores brancos, pessoas negras recentemente alforriadas não tinham qualquer ordem social para controlar e restringir seu comportamento sexual e se satisfaziam com a naturalidade apropriada. Deve ter sido um sentimento bom para os alforriados de repente ter liberdade para escolher um parceiro sexual e se comportar da maneira que desejassem. Nenhuma mulher negra alforriada exerceu sua recente liberdade sexual, envolvendo-se livremente em relacionamentos sexuais com homens negros. Os brancos viram a atividade sexual de mulheres alforriadas como mais uma evidência para fundamentar sua afirmação de que mulheres negras eram por natureza sexualmente desinibidas e depravadas moralmente. Escolheram ignorar o fato de que a grande maioria das mulheres e dos homens negros tentou adaptar valores e padrões comportamentais considerados aceitáveis por brancos. Durante os anos da Reconstrução Negra, 1867–1877, mulheres negras lutaram para mudar a imagem negativa da mulheridade negra, eternizada por brancos. Na tentativa de dissipar o mito de que todas as mulheres negras eram sexualmente desinibidas, emularam a conduta e os maneirismos de mulheres brancas. Mas enquanto mulheres e homens negros alforriados lutavam para mudar o estereótipo da sexualidade da mulher negra, a sociedade branca resistiu. Em todos os lugares aonde mulheres negras iam, nas ruas públicas, em lojas ou no local de trabalho, eram abordadas e sujeitadas a comentários obscenos e até mesmo violência física pelas mãos de homens e mulheres brancos. As mulheres negras que mais sofriam eram aquelas cujo comportamento mais se aproximava do da "senhora". Uma mulher negra bem-vestida e limpa, portando-se de maneira digna, era, com frequência, objeto de insultos vindos de homens brancos que ridicularizavam e zombavam de seus esforços para progredir. Eles a lembravam de que, aos olhos das pessoas brancas em geral, ela jamais seria digna de consideração ou respeito.

Jornalistas brancos diariamente ridicularizavam os esforços de pessoas negras para melhorarem sua imagem em revistas e jornais de destaque. Eles tinham prazer em entreter leitores brancos com estereótipos negativos de pessoas negras. Rayford Logan avalia até que ponto os principais jornais e revistas deliberadamente imortalizaram mitos negativos e estereótipos de pessoas negras, em seu estudo sobre o período de 1877 a 1918, *The Betrayal of the Negro* [A traição do negro]. Logan reconhece que os brancos se juntaram em um esforço para disseminar o mito de que todas as mulheres negras eram sexualmente desinibidas e imorais. Ele afirma:

> A suposta falta de castidade das mulheres negras em geral foi analisada em um artigo na *Atlantic*.* O comportamento foi atribuído à falta de interesse pela pureza sexual e ao uso livre que os homens brancos fizeram delas. O autor acrescentou que a imoralidade sexual das mulheres negras era impedimento para a liberdade moral entre homens brancos e mulheres brancas.

Artigos desse tipo tinham por objetivo manter as raças separadas. Convenciam leitores brancos de que eles não iriam gostar de viver como pessoas socialmente iguais a pessoas negras, ao argumentarem que o contato com a moral desinibida dos negros (e especialmente de mulheres negras) levaria à ruína de todos os valores morais. O público branco justificava a violência sexual dos homens brancos contra

---

* *The Atlantic* é uma revista cultural, política e literária fundada em 1857, em Boston. Segundo a descrição de sua linha editorial, surgiu como uma publicação abolicionista, apartidária, com o objetivo de superar preconceitos a partir da livre troca de ideias, publicando "os mais urgentes artigos, a mais vital literatura", em busca da verdade. A revista pode ser acessada online. [*N. da T.*]

mulheres negras, alegando que mulheres incitavam o abuso sexual com sua falta de moral.

A exploração sexual de mulheres negras enfraqueceu a moral das pessoas negras recentemente alforriadas. Porque para eles parecia que, se não conseguissem mudar as imagens negativas da mulheridade negra, jamais conseguiriam erguer a raça como um todo. Casada ou solteira, criança ou adulta, a mulher negra era um alvo suscetível para estupradores brancos. Jovens meninas negras eram aconselhadas, por pais e mães preocupados, a evitar andar por ruas isoladas e evitar contato com homens brancos, sempre que possível. Ainda que essas práticas reduzissem a exploração sexual, não a eliminavam, porque a maioria dos episódios de violência sexual ocorria no trabalho. Uma jovem negra, recentemente casada, contratada como cozinheira por uma mulher branca, relatou que demorou pouco para ser abordada pelo marido branco:

> Eu me lembro muito bem do primeiro e do último local de trabalho de onde fui dispensada. Perdi meu lugar, porque me recusei a deixar o marido da madame me beijar. Ele devia ser acostumado a ter uma intimidade indevida com seus empregados, ou ele entendeu aquilo como uma prática habitual, porque sem qualquer envolvimento sexual, logo depois que me instalei como cozinheira, ele se aproximou de mim, me abraçou e estava no ato de me beijar, quando exigi saber qual era a intenção dele e o empurrei para longe de mim. Na ocasião, eu era jovem e recentemente casada, e não conhecia o que, desde então, tem sido um fardo em minha mente e no meu coração, que a virtude de uma mulher de cor nesta parte do país não tem proteção. Imediatamente, voltei para casa e contei para meu marido. Quando meu marido foi até o homem que me insultou, o homem o xingou, bateu nele e

> o mandou prender! A polícia determinou uma multa de 25 dólares para meu marido. Eu estava presente no julgamento e declarei sob juramento o insulto a mim direcionado. O homem branco, obviamente, negou a denúncia. O velho juiz olhou para cima e disse: "Este tribunal jamais tomará a palavra de um negro contra a palavra de um branco."

Mulheres negras eram, com frequência, coagidas a terem contato sexual com empregadores brancos, que ameaçavam demiti-las, caso elas não rendessem às demandas sexuais. Uma mulher negra declarou:

> Acredito que quase todos os homens brancos tomam e esperam tomar liberdades indevidas com empregadas negras – não só o pai, mas em vários casos os filhos também. As empregadas que se rebelam contra tais intimidades devem ir embora ou esperar momentos muito difíceis, se ficarem. Em comparação, aquelas que, sem resistência, aceitam essas relações impróprias vivem tranquilas. Elas sempre têm um pouco de dinheiro, usam roupas melhores e conseguem uma folga do trabalho uma vez por semana – algumas vezes, com mais frequência. Nem sempre a mulher branca nesses lares desconhece essa depreciação moral. Sei de mais de uma mulher negra que era abertamente importunada por mulheres brancas para que se tornasse amante do marido branco, com o argumento de que elas, as esposas brancas, tinham medo de que, se o marido não tivesse uma ligação com mulheres negras, ele certamente faria isso com mulheres brancas, fora de casa, e a esposa branca, por motivos que devem ser perfeitamente óbvios, preferia que o marido fizesse coisa errada com mulheres negras, de forma que pudesse manter o marido na linha.

A violência sexual contra mulheres negras era tão comum tanto no Norte quanto no Sul depois do fim do período da escravidão que, indignadas, mulheres e homens negros escreveram artigos em jornais e revistas suplicando ao público estadunidense que agissem contra os brancos e negros transgressores que violentavam mulheres negras. Um artigo publicado na edição de janeiro de 1912 da *Independent*,* escrito por uma enfermeira negra, implorou pelo fim da violência sexual:

> Nós, pobres mulheres negras, assalariadas do Sul, estamos lutando uma terrível batalha [...]. Por um lado, somos atacadas por homens brancos e, por outro, somos atacadas por homens negros, que deveriam ser nossos protetores naturais; e, seja na cozinha, no tanque de roupas, sobre a máquina de costura, atrás do carrinho de bebê ou na tábua de passar roupa, somos apenas um pouco mais do que cavalos de carga, mulas de carga, escravas! No futuro distante, pode ser, daqui a séculos e séculos, um monumento de latão ou pedra será erigido para as Velhas Mamães Pretas do Sul, mas o que precisamos é de ajuda no presente, empatia no presente, melhores salários, melhor carga horária, mais proteção e a oportunidade de respirar de vez, enquanto vivas, como mulheres livres.

Quando as pessoas negras insistiram para que o público branco as ajudasse nas lutas para proteger a mulheridade negra, seus apelos caíram em ouvidos moucos. Era tão difusa a tendência dos brancos para considerar mulheres negras

---

* *The Independent* foi uma revista sobre religião, política e literatura publicada em Nova York, de 1848 a 1928. [*N. da T.*]

sexualmente desinibidas e indignas de respeito, que suas realizações eram ignoradas. Mesmo que uma mulher negra se tornasse advogada, médica ou professora, era provável que ela fosse rotulada, por brancos, de meretriz, prostituta. Todas as mulheres negras, independentemente de sua circunstância, eram agrupadas na categoria de objetos sexuais disponíveis. Mais tarde, nos anos 1960, a dramaturga negra Lorraine Hansberry, em *To Be Young, Gifted, and Black* [Ser jovem, talentosa e negra], escreveu cenas que dramatizavam o fato de que pessoas brancas (especialmente os homens brancos) enxergavam todas as mulheres negras como objetos sexuais disponíveis, como prostitutas.* Na peça, uma jovem empregada doméstica negra diz:

> Tudo bem. Então agora você sabe uma coisa sobre mim que você não sabia! Nessas ruas aí fora, qualquer menininho branco de Long Island ou Westchester me vê e se debruça para fora do carro, gritando, "Ei, você, chocolate quente! Diga aí, Jezebel! Ei, você – mal-entendido de cem dólares!** VOCÊ! Aposto que sabe qual é a boa da noite..."

---

* Lorraine Hansberry foi a primeira dramaturga negra a ter uma peça encenada na Broadway. *To be Young, Gifted, and Black* é uma peça autobiográfica que narra sua trajetória, desde a infância em um gueto de Chicago, à vida adulta, como dramaturga. A música homônima, composta por Nina Simone e cuja letra foi escrita por Weldon Irvine, é uma homenagem à amiga e foi hino do Movimento por Direitos Civis. O texto de Hansberry foi publicado pela Vintage Books, em 1996. A obra é inédita no Brasil. [*N. da T.*]

** A autora se refere ao romance estadunidense *One Hundred Dollar Misunderstanding* [Mal-entendido de cem dólares], de Robert Gover. Na história, um estudante de graduação passa o fim de semana com uma prostituta negra de 14 anos. Ele diz que foi seduzido por ela, que o acha irresistível; ela acredita que aquilo não passa de um trabalho. Quando ele se recusa a pagar os cem dólares que deve à garota, ela rouba do bolso da calça dele o valor devido. [*N. da T.*]

> Me segue um dia e verá se estou mentindo. Pode ser que eu esteja voltando para casa depois de oito horas em uma linha de montagem ou catorze horas na cozinha da Sra. Halsey. Pode ser que eu esteja, naquele dia, cheia, com trezentos anos de raiva acumulada, tanto que parece que tem uma luz branca nos meus olhos e minha carne está tremendo – e os meninos brancos nas ruas, eles olham para mim e pensam em sexo. Eles olham para mim e isso é tudo o que pensam... Querido, você poderia ser Jesus travestido, mas se for marrom, eles vão ter certeza de que você está à venda!

Hansberry mostra que esse comportamento direcionado às mulheres negras vai além da classe social. Mais adiante, na peça, uma profissional negra chique, de meia-idade, diz:

> Ei, você, chocolate quente! Diga aí, Jezebel! VOCÊ! Os garotos brancos nas ruas, eles me olham e pensam em sexo. Eles me olham e isso é tudo em que pensam!

Assim como Susan Brownmiller, a maioria das pessoas tende a ver a desvalorização da mulheridade negra como algo que ocorreu somente no contexto da escravidão. Na verdade, a exploração sexual das mulheres negras continuou por muito tempo depois do fim do período da escravidão e foi institucionalizada por outras práticas opressivas. A desvalorização da mulheridade negra depois do término da escravidão foi um esforço consciente e deliberado dos brancos para sabotar a construção da autoconfiança e do autorrespeito da mulher negra. Em *Black Women in White America* [Mulheres negras na América branca], Gerda Lerner debate o "complexo sistema de mecanismos de apoio e mitos sustentáveis" que mulheres e homens brancos criaram para incentivar a exploração sexual de mulheres negras e garantir que nenhuma mudança acontecesse no status social:

> Um desses era o mito da mulher negra "má". Ao assumir para todas as pessoas negras um nível de sexualidade que fosse diferente daquele das pessoas brancas e criar o mito de que sua potência sexual era maior, a mulher negra passaria a personificar a liberdade e a naturalidade sexual. Foi criado o mito de que todas as mulheres negras ansiavam por proezas sexuais, eram voluntariamente "desinibidas dentro de sua moral e, portanto, não merecedoras da consideração e do respeito garantido às mulheres brancas. Todas as mulheres negras eram, por definição, vagabundas, de acordo com essa mitologia racista; sendo assim, violentá-las e explorá-las sexualmente não era repreensível e não tinha como consequência qualquer das sanções comunais normais contra tal comportamento. Uma grande variedade de práticas reforçava esse mito: as leis contra casamento inter-racial; a negação do título "Srta." ou "Sra." para qualquer mulher negra; os tabus contra uma digna mistura social de raças; a recusa em permitir que clientes negras experimentassem roupas nas lojas antes de fazerem a compra; a determinação de um banheiro para pessoas negras de ambos os sexos; a diferença em sanções legais contra estupro, abuso de menores e outros crimes sexuais, quando cometidos contra mulheres brancas ou negras.

A sistemática desvalorização da mulheridade negra não foi uma simples consequência do ódio racial, foi um método calculado de controle social. Durante os anos da Reconstrução, pessoas negras alforriadas demonstraram que, se recebessem as mesmas oportunidades que eram dadas aos brancos, poderiam ser bem-sucedidas em todas as áreas. Suas realizações desafiavam diretamente as noções racistas sobre a inferioridade nata de raças de cor. Naqueles anos gloriosos, parecia que pessoas negras rapidamente e com sucesso assimilavam a corrente dominante da cultura estadunidense e se amalgamavam a ela. Pessoas brancas reagiram ao progresso de pessoas negras, tentando retomar a ordem social antiga. A fim de manter a supremacia branca, estabeleceram uma nova ordem social baseada no *apartheid*. Esse período da história estadunidense é comumente conhecido como a Era Jim Crow ou "Separados, mas iguais"; no entanto, ambas as denominações desviam a atenção do fato de que separação de raças depois do fim da escravidão era uma ação política deliberada de supremacistas brancos. Como a miscigenação representava a maior ameaça à solidariedade racial branca, um sistema complexo de leis e tabus sociais foi declarado para manter a separação das raças. Na maioria dos estados, leis foram promulgadas para proibir casamento inter-racial, mas essas leis não impediram negros e brancos de se unirem. Um número notável de homens negros alforriados e mulheres brancas em estados do norte se casaram. Homens bancos, que assim desejaram, legalizaram o relacionamento com mulheres ex-escravizadas. O relato de um casamento entre um homem branco e uma mulher negra, publicado no *Tribune*, jornal de Nova Orleans, trouxe como manchete "O mundo se move". No artigo, o jornalista aconselhou outros homens brancos: "aceite o conselho e, agora que a lei permite isso, legitime suas crianças" Casamentos inter-raciais entre mulheres negras e homens brancos provocaram medo e ira no público branco. As uniões sexuais legalizadas entre homens brancos e mulheres negras e as uniões sexuais legalizadas entre homens negros e mulheres brancas ameaçavam todo o fundamento do *apartheid*. Como as leis contra a amalgamação não eram suficientes para impedir o casamento inter-racial, homens brancos usavam da guerra psicológica para reforçar o ideal de supremacia branca. Usavam dois importantes mitos na lavagem cerebral de todas as pessoas brancas, para que fossem contra os negros recentemente alforriados: o mito da mulher negra "má" e sexualmente desinibida e o mito do homem negro estuprador. Nenhum dos mitos foi baseado em fatos.

Em nenhum momento no início do século XX houve um número grande de homens negros estuprando mulheres brancas ou procurando se relacionar ilicitamente com elas. A obra de Joseph Washington Jr. sobre união inter-racial, *Marriage in Black and White* [Casamento em preto e branco], registra o fato de que homens negros que buscavam relacionamentos com mulheres brancas queriam muito se casar. Pessoas brancas não estavam reagindo a qualquer incidente grave de estupro inter-racial durante a Reconstrução; simplesmente queriam evitar o casamento inter-racial. Usavam de linchamentos, castração e outros castigos brutais para evitar que homens negros iniciassem relacionamentos com mulheres brancas. Sustentaram o mito de que todos os homens negros queriam muito estuprar mulheres brancas, para que mulheres brancas não tentassem estabelecer amizade com homens negros, por medo de ataques brutais. A terrível natureza de ataques violentos aos homens negros levou historiadores e sociólogos a assumirem que brancos eram quem mais temiam uniões entre mulheres brancas e homens negros. Na realidade, temiam a mistura racial aceita legalmente pelos sexos de ambos os grupos, mas como homens negros tinham mais probabilidade de buscar a legalização do relacionamento por meio de casamento com mulheres brancas, eles recebiam a maior parte dos ataques por supremacistas brancos. Ao fazer lavagem cerebral em mulheres brancas, para que enxergassem os homens negros como bestas selvagens, supremacistas brancos foram capazes de implantar medo suficiente na psique de mulheres brancas, de forma que elas evitassem qualquer contato com homens negros. No caso de mulheres negras e homens brancos, sexo inter-racial era tanto incentivado quanto tolerado, desde que não resultasse em casamento. Ao sustentar o mito de que mulheres negras eram incapazes de serem fiéis e eram sexualmente desinibidas, os brancos esperavam desvalorizá-las a tal ponto que nenhum homem branco se casasse com uma mulher negra. Depois da alforria, homens brancos que tratavam mulheres negras com respeito ou que buscavam integrar uma mulher negra em sua sociedade branca respeitável eram perseguidos e caíam no ostracismo. Durante o período da escravidão, era fato comum que um homem de classe alta ou média tivesse uma amante negra e vivesse abertamente com ela, sem incorrer em muita desaprovação pública. Em *Roll, Jordan, Roll*, Eugene Genovese comenta:

> Alguns dos eminentes latifundiários exibiam suas amantes escravizadas e crianças mulatas. David Dickson, da Geórgia, um dos líderes mais conhecidos do movimento de reforma agrária do Sul, perdeu a esposa cedo, arrumou uma amante e aceitou certa porção de desaprovação social para viver abertamente com ela e suas crianças. Bennett H. Barrow, da Louisiana, teve uma explosão de fúria causada

> por conduta similar dos vizinhos. Seus companheiros latifundiários da Paróquia de West Feliciana eram, segundo ele, obviamente adversários dos abolicionistas. "Mas as pessoas se submetem à amalgamação em sua pior maneira, nesta Paróquia. Josias Grey leva suas crianças mulatas a locais públicos etc. e tem companhia semelhante de Nova Orleans [...]." O primeiro prefeito de Memphis, Marcus Winchester, tinha uma bela amante *quadroon*,* que levou para a Louisiana depois de se casarem. Seu sucessor, Ike Rawlins, viveu com uma mulher escravizada. Ele não se casou com ela, mas sustentou muito bem os filhos que tiveram. E os arrogantes nababos de Natchez tinham seus próprios escândalos. Outros estudiosos brancos relataram relacionamentos assim, públicos e aceitos pela sociedade, sem nada pior do que murmúrios e um pequeno ostracismo social. Várias filhas de negros livres e ricos se casaram com homens brancos respeitáveis.

Casamentos entre mulheres negras e homens brancos podiam ser tolerados durante o período da escravidão, porque eram poucos em quantidade e não representavam qualquer tipo de ameaça ao regime de supremacia branca. Depois da alforria, já não eram tolerados. No estado de Kentucky, foi solicitado à suprema corte que julgasse insano um homem branco que queria se casar com uma mulher escravizada de quem ele fora proprietário. Uma vez que o período da escravidão acabou, e os brancos declararam que nenhuma

---

* Conforme o dicionário Collins, *quadroon* (do latim, *quartus*) provavelmente surgiu na segunda metade do século XVIII para denominar pessoas que eram consideradas 1/4 negras, ou seja, o ascendente negro mais próximo seria uma avó ou um avô. O termo é hoje considerado antiquado e ofensivo. [*N. da T.*]

mulher negra, independentemente de status social ou cor de pele, jamais poderia ser uma "senhora", deixou de ser socialmente aceito que homens brancos tivessem amantes negras. Em vez disso, a institucionalizada desvalorização da mulheridade negra incentivou todos os homens brancos a considerar mulheres negras vagabundas ou prostitutas. Homens brancos da classe mais baixa, que tiveram pouco contato sexual com mulheres negras durante o período da escravidão, eram motivados a acreditar que tinham direito ao corpo das mulheres negras. Nas cidades grandes, o desejo por mulheres negras objetos sexuais levou à criação de várias casas de prostituição, que forneciam corpos negros para atender à crescente demanda de homens brancos. O mito sustentado por brancos, de que mulheres negras tinham a sexualidade exacerbada, incentivava estupradores e exploradores sexuais brancos. Esse mito dominou tanto a psique dos brancos que um escritor branco do Sul afirmou:

> Eu sabia tudo sobre a arte do sexo, mas só quando fiz 12 anos de idade aprendi que era feito com mulheres brancas por prazer; eu pensava que somente mulheres negras se envolviam no ato do amor com homens brancos por diversão, porque eram as únicas com o desejo animal de se submeter dessa forma.

Integração racial na segunda metade do século XX resultou na derrubada de várias barreiras contra casamentos inter-raciais. Ainda assim, a amalgamação de raças que sociólogos previram ser possível acontecer não aconteceu. Enquanto o número de homens negros que se casavam com mulheres brancas aumentava, muitos homens brancos não se casavam com mulheres negras. Essa diferença de reação não foi acidental. Ainda que tenham ocorrido mudanças no comportamento público direcionado aos homens negros, não houve qualquer mudança na imagem negativa das mulheres negras. O mito de que todos os homens negros eram estupradores parou de dominar a consciência pública do estadunidense nos anos 1970. Uma explicação para a mudança foi o conhecimento crescente sobre como esse mito era utilizado por pessoas brancas no poder para perseguir e torturar homens negros. Uma vez que o mito parava de ser aceito como verdade absoluta, mulheres brancas que desejassem poderiam se envolver livremente em relacionamentos com homens negros e vice-versa.

O sucesso de filmes como *Adivinha quem vem para jantar* e *A grande esperança branca* revelou que o público branco estadunidense não era avesso a reconhecer atrações entre homens negros e mulheres brancas que levavam ao casamento. A aceitação do público desses filmes indica que já não se temia a união entre homens negros e mulheres brancas. Enquanto o mito de que todos os homens negros são estupradores não é mais disseminado pela maioria dos brancos, o mito de que todas as mulheres negras são sexualmente desinibidas continua a ser disseminado, e a desvalorização da mulheridade negra é usada como forma de desencorajar casamentos entre uma grande quantidade de homens brancos e mulheres negras. Estadunidenses brancos renunciaram legalmente à estrutura do *apartheid,* que caracterizava as relações entre raças, mas não desistiram das normas brancas. Uma vez que poder, na sociedade capitalista e patriarcal dos Estados Unidos, está nas mãos dos homens brancos, na atualidade a ameaça evidente contra a solidariedade branca é casamento inter-racial entre homens brancos e mulheres não brancas, especialmente, mulheres negras. Como os brancos têm sido muito mais interessados – por voyeurismo ou por fobia – em relações sexuais entre mulheres brancas e homens negros, a existência de tabus sociais rígidos proibindo homens brancos de se casarem com mulheres negras é com frequência totalmente ignorada, ainda que se comprove que esses tabus têm muito mais impacto em nossa sociedade do que os tabus contra o encontro homens negros-mulheres brancas. O público branco estadunidense que conseguiu dispensar com desinteresse exibições contemporâneas de filmes como *Adivinha quem vem para jantar*, que retratam na televisão nacional o casamento entre homem negro e mulher branca, reagiu ofendido e com raiva quando uma novela exibida em horário diurno, *Days of Our Lives* [Dias da nossa vida], apresentou um respeitável jovem branco se apaixonando por uma mulher negra.

Tabus contra mulheres brancas unindo-se sexualmente a homens negros eram mantidos por homens brancos, porque tinham interesse em limitar a liberdade sexual das mulheres brancas e assegurar que sua "propriedade" feminina não fosse invadida por homens negros. Agora que contraceptivos mais desenvolvidos, criados por homens, diminuíram a ênfase na pureza sexual das mulheres e proporcionaram a todos os homens maior acesso ao corpo da mulher, homens brancos têm demonstrado menos interesse em vigiar as atividades sexuais de mulheres brancas. Na contemporaneidade, casamentos entre homens negros e mulheres brancas são mais prontamente aceitos e ocorrem cada vez mais. Explicações para o porquê de casamentos entre mulheres brancas e homens negros serem mais prontamente aceitos do que casamentos entre homens brancos e mulheres negras podem ser encontradas na política sexual patriarcal. Uma vez que mulheres brancas representam um grupo sem poder, quando não aliado a homens brancos poderosos, o casamento delas com homens negros não é uma ameaça forte à regra patriarcal branca existente. Em nossa sociedade patriarcal, se uma mulher branca rica se casa com um homem negro, ela legalmente adota o status dele. Por conseguinte, uma mulher negra que casa com um homem branco adota o status dele; ela assina o nome dele e as crianças são herdeiras dele. Consequentemente, se a maioria desse pequeno grupo de homens brancos, que dominam corpos formadores de opinião na sociedade estadunidense, fosse se casar com mulheres negras, as bases do poder branco estariam ameaçadas.

Um sistema complexo de mitos negativos e estereótipos diariamente socializam homens brancos para considerarem mulheres negras parceiras inadequadas para casamento. Na história estadunidense, homens brancos jamais buscaram se casar com mulheres negras em quantidade tão grande quanto homens negros procuraram se casar com mulheres brancas. Acadêmicos têm argumentado que como homens brancos sempre tiveram acesso "livre" e ilimitado ao corpo de mulheres negras, eles não veem qualquer necessidade em legitimar esses relacionamentos por meio do casamento. Esse argumento não mostra consideração dos vários fatores que determinam a adequação do casamento. Joseph Washington comenta:

> Homens brancos não conseguiram ser sérios no relacionamento com a mulher negra, em comparação com a seriedade dos relacionamentos entre o homem negro e a mulher branca.

Ele oferece como explicação para esse comportamento o fato de que homens brancos percebem mulheres negras como "bestas", selvagens sexuais que não são adequadas para o casamento. Washington não discute o fato de que pessoas brancas deliberadamente disseminam mitos sobre bestialidade sexual das mulheres negras, para desencorajar homens brancos a enxergarem mulheres negras como parceiras adequadas para o casamento. Brancos aceitam relacionamentos inter-raciais entre mulheres negras e homens brancos somente no contexto de sexo degradante. A mídia de massa, sobretudo a televisão, é um meio que ainda imprime em nossa psique imagens negativas da mulheridade negra. Na novela diurna, em que o jovem branco se apaixona por uma mulher negra, ela é representada somente por meios de estereótipos negativos. Seus traços físicos são distorcidos por maquiagem; utilizam uma substância oleosa nos lábios dela para fazê-los parecerem mais grossos do que são; ela usa peruca e veste roupas que a fazem parecer um pouco acima do peso. Na vida real, a mulher negra, de maneira alguma, assemelha-se à personagem que ela representa na novela, e é o único personagem trabalhado para parecer radicalmente diferente, cujas características são grosseiramente distorcidas. Sem as distorções, ela é uma mulher saudável e atraente, que de maneira alguma se assemelha ao estereótipo negativo de mulheres negras, criado por pessoas brancas. É significativo que os traços físicos da mulher branca que é sua rival não tenham sido alterados de qualquer maneira. Recentemente, a mais revoltante imagem de mulheridade negra na televisão foi representada em uma *sitcom* chamada *Detective School* [Escola de detetives]. Nela, a mulher negra é constantemente ridicularizada por sua feiura, seu temperamento ruim etc. Na série, homens brancos estão ou zombando dela ou atacando-a fisicamente. As mulheres brancas com as quais se contrasta são loiras e estereótipos de mulher atraente. Em outras séries de televisão, a imagem predominante das mulheres negras é a de objeto sexual, prostituta, vagabunda etc. A segunda imagem é a de figura maternal ranzinza e acima do peso. Até mesmo séries que têm no elenco meninas negras as representam dentro desse padrão de estereótipos negativos. A pequena garota negra na *sitcom What's Happening* [O que está acontecendo] foi representada como uma Sapphire* miniatura – constantemente ranzinza e falando mentiras sobre o irmão dela. Mulheres negras não se saíram muito melhor no cinema estadunidense. Um filme recente com outra imagem de mulheridade negra foi *Lembre meu nome*; ele glorifica o fato de a mulher branca "liberta" de hoje ser durona. É notável que uma grandeza de sua determinação seja a de ser capaz de atacar e espancar uma mulher negra que, por acaso, tem um namorado branco. As imagens de mulheres negras que são vistas como positivas, em geral, são aquelas que as retratam como resignadas, religiosas, maternais, cuja característica mais cativante é se sacrificar e de se anular pelas pessoas que ela ama.

Imagens negativas de mulheres negras na televisão e no cinema não são simplesmente impressas na psique dos homens brancos, elas afetam todos os estadunidenses. Mães e pais negros com frequência reclamam que a televisão di-

* Sapphire é o estereótipo racista da mulher negra e raivosa que não tem carinho nem pelos filhos nem pelo companheiro. Foi criado para denominar mulheres afro-estadunidenses que seriam agressivas, dominadoras e usurpadoras do papel do homem. Sapphire Stevens era o nome de uma personagem no seriado *Amos'n'Andy* [Amos e Andy], do canal de televisão CBS, que estava sempre brava com o marido George "Kingfish" Stevens por ele ser preguiçoso. [*N. da T.*]

minui a autoconfiança e a autoestima de meninas negras. Até mesmo em comerciais na televisão, a criança negra raramente é visível – sobretudo, porque estadunidenses sexistas e racistas tendem a ver o homem negro como representante da raça negra. Portanto, comerciais e propagandas em revistas podem retratar uma mulher e um homem brancos, mas sentem ser suficiente ter um homem negro para representar as pessoas negras. A mesma lógica está presente em seriados de televisão. Em vários deles há a figura do homem negro solteiro ou da mulher negra solteira, mas raramente mulher e homem negros estão juntos. Em algumas situações, como com frequência no *Saturday Night Live*, homens negros se vestem em roupas de mulher e retratam mulheres negras, em geral, zombando e ridicularizando a mulher. Brancos que controlam a mídia excluem mulheres negras para enfatizar que elas não são desejáveis nem como amigas nem como parceiras sexuais. Isso também promove hostilidade entre homens negros e mulheres negras, porque as pessoas brancas estão dizendo, por meio de sua manipulação dos papéis de pessoas negras, que aceitam homens negros, mas não mulheres negras. E mulheres negras não são aceitas porque elas são vistas como uma ameaça à hierarquia de raça e sexo existente.

Enquanto imagens negativas da mulheridade negra são usadas para imprimir nos homens brancos a noção de que elas são parceiras indesejáveis para casamento, a crença de que todos os homens brancos desejam sexo ilícito com as mulheres negras as previne de procurarem essas uniões. Assim como brancos não tiveram interesse em mitos e estereótipos que pessoas negras disseminaram sobre eles, há pouco debate sobre o fato de que a ideia de que todos os homens brancos têm desejo de estuprar mulheres negras continua sendo espalhada nas comunidades negras. Obviamente, essa crença já foi baseada no fato real de que, por muitos anos, uma grande quantidade de homens brancos podia explorar mulheres negras e fazia isso. O fato de talvez já não ser mais o caso não levou pessoas negras (em especial homens negros) a mudar o comportamento, sobretudo porque várias pessoas negras são tão dedicadas à solidariedade racial quanto pessoas brancas, e elas acreditam que isso pode ser mais bem mantido ao se desencorajar a união legal entre homens brancos e mulheres negras.

Homens negros têm forte interesse em manter barreiras existentes que desencorajam casamentos entre mulheres negras e homens brancos, porque isso elimina competição sexual. Assim como pessoas brancas sexistas usaram a ideia de que todos os homens negros eram estupradores, para limitar a liberdade sexual de mulheres brancas, pessoas negras usaram a mesma estratégia para controlar o comportamento sexual de mulheres negras. Por muitos anos, pessoas negras advertiram mulheres negras para que tomassem cuidado no envolvimento com homens brancos, por medo de que um relacionamento desses pudesse levar à exploração e degradação da mulheridade negra. Ainda que não haja necessidade de negar o fato histórico de que homens brancos exploraram sexualmente mulheres negras, esse conhecimento é usado por pessoas brancas e negras como arma psicológica para limitar e impedir a liberdade de mulheres negras. A mulher negra que foi socializada por seu pai e/ou sua mãe para se sentir ameaçada ou até mesmo aterrorizada pelo contato com homens brancos, com frequência, tem dificuldade de se relacionar com empregados, professores, médicos etc. brancos.

Há várias mulheres negras que têm um medo irracional da sexualidade do homem branco, como o medo que mulheres brancas, tradicionalmente, têm em relação a homens negros. Fobia não é solução para o problema da exploração sexual ou do estupro. É sintoma. Enquanto a consciência do poder do homem de estuprar mulheres com impunidade em uma sociedade patriarcal é necessária para a sobrevivência da mulher, é ainda mais importante que mulheres se deem conta de que podem evitar essas violências e se proteger caso elas ocorram.

Em uma disciplina sobre mulheres negras que lecionei na University of Southern California, estudantes negras debateram o medo que tinham de homens brancos e a raiva e a ira com as quais homens brancos lidavam com elas no trabalho, em restaurantes, em corredores ou em elevadores, além de fazerem a elas propostas sexuais. A maioria das mulheres na sala concordou que, para evitar esses encontros negativos, elas nunca são amigáveis com homens brancos, ignoram-nos ou emanam para eles vibrações hostis. Elas também reconheceram que várias propostas sexuais agressivas feitas por homens brancos, vistas como negativas ou como insultos, eram dispensadas casualmente ou até mesmo vistas como positivas, quando feitas por homens negros. Uma vez que perceberam as investidas sexuais do homem branco como racistas, elas não puderam compreender como o sexismo que motiva essas ações seria diferente daquele que motiva propostas sexuais agressivas de homens negros.

A ênfase no homem branco como explorador sexual em comunidades negras com frequência tira a atenção dispensada à exploração sexual das mulheres negras por homens negros. Vários pais e mães negros que advertiam filhas quanto às investidas sexuais de homens brancos não as advertiam sobre homens negros exploradores. Uma vez que homens negros eram vistos como possíveis candidatos ao casamento, era mais aceitável para eles persuadir e seduzir mulheres negras a se envolverem em relacionamentos potencial e sexualmente abusivos. Ainda que pais e mães avisassem às filhas que não cedessem às violências sexuais perpetradas por homens brancos, eles não as incentivavam a rejeitar abordagens similares de homens negros. Esse é apenas mais um indicativo de como a preocupação geral das pessoas negras em relação ao racismo lhes permite convenientemente ignorar a realidade da opressão sexista. Não há vontade de reconhecer que, enquanto o racismo levou homens brancos a transformarem mulheres negras em alvos, o sexismo foi e é o que leva todos os homens a pensarem que podem verbal ou fisicamente atacar mulheres, com intenções sexuais, sem serem punidos. Em uma análise final, no caso da exploração sexual de mulheres negras por homens brancos, o importante é o sexismo motivando essas violências e não apenas a origem racial dos homens que as iniciaram. Era comum, durante o movimento Black Power [Poder negro] dos anos 1960, que homens negros enfatizassem a exploração sexual da mulheridade negra por homens brancos, como forma de explicar sua desaprovação de relacionamentos inter-raciais envolvendo os dois grupos. Em geral, estavam simplesmente interessados em controlar sexualmente as mulheres negras. Enquanto os autoproclamados líderes nacionalistas negros sentiam que não era contraditório à sua visão política ter mulheres brancas como companheiras (afinal de contas, estavam apenas exercendo seu poder de "homem" em uma sociedade patriarcal, fazendo o que desejassem em sua vida particular), ficaram horrorizados, indignados e irritados com mulheres negras que aceitaram companheiros brancos. Ainda não houve uma ativista política negra proeminente que tivesse demonstrado forte preferência por companheiros brancos, e se houvesse, esse relacionamento de jeito algum seria aceito por pessoas negras.

Homens brancos que desejam amizade ou casamento com mulheres negras com frequência vivem rejeição ou recusa de sua amigável investida pela mulher em questão. Acadêmicos negros e brancos que escreveram sobre casamentos inter-raciais (*Marriage in Black and White, Sexual Racism, Sex and Racism in America* [Casamento em preto e branco, racismo sexual, sexo e racismo nos Estados Unidos]) não mencionaram o fato de que não há mais casamentos entre homens brancos e mulheres negras devido à relutância das mulheres negras. Mulheres negras que namoram ou se casam com homens brancos descobrem que não aguentam o assédio e a perseguição de pessoas negras e brancas. Em alguns casos, homens negros que se envolvem em relacionamentos inter-raciais tratam com desdém as mulheres negras que vivem a mesma liberdade de escolha que eles. Percebem seu próprio comportamento como aceitável, porque enxergam mulheres brancas como vítimas, enquanto percebem os homens brancos como opressores. Portanto, aos olhos deles, uma mulher negra envolvida com um homem branco está se aliando com um opressor racista. Mas a tendência deles de ver mulheres brancas como inocentes, como não racistas, é ainda outro reflexo da aceitação deles da idealização sexista da mulher. Afinal de contas, ao longo da história, mulheres brancas se mostraram tão capazes de serem opressoras racistas quanto homens brancos. Outra estratégia que vários homens negros utilizam para explicar sua aceitação de relacionamentos inter-raciais com mulheres brancas e sua condenação de relacionamentos entre mulheres negras e homens brancos é afirmar que eles estão explorando mulheres brancas como homens brancos exploraram mulheres negras. Eles evocam um falso sentimento de vingança contra o racismo, para mascarar seus sentimentos sexistas exploradores por mulheres brancas e, ao final, por todas as mulheres. O esforço coletivo de pessoas brancas e negras para reduzir casamentos e até mesmo amizades entre mulheres negras e homens brancos serve para ajudar a manter a ordem patriarcal branca e apoiar a contínua desvalorização da mulheridade negra.

A sistemática desvalorização da mulheridade negra levou a degradar qualquer atividade feita por mulheres negras. Várias mulheres negras tentaram tirar o foco de atenção da sexualidade ao enfatizar seu comprometimento com a maternidade. Como participantes do "culto da verdadeira mulheridade", que alcançou seu ápice no início do século XX, nos Estados Unidos, elas se esforçaram em provar seu valor e sua dignidade ao demonstrar que eram mulheres cuja vida estava fortemente fundamentada na família. Trabalharam com diligência em prestação de serviços para sustentar financeiramente as crianças, e demonstraram seu amor com uma incrível abnegação. Ainda que tivessem seus esforços reconhecidos pelo público estadunidense, os brancos deliberadamente as colocaram sob holofotes negativos. Rotularam mulheres negras trabalhadoras e abnegadas, que estavam preocupadas em criar um ambiente amoroso e de apoio à família, de *Aunt Jemimas,** *Sapphires, amazons* [Tia Jemimas, Sapphires, amazonas] – todas imagens baseadas em estereótipos sexistas existentes de mulheridade. Recentemente, o rótulo de matriarca para mulheres negras surgiu como mais uma tentativa da estrutura de poder do homem branco de tornar negativa a contribuição positiva das mulheres negras. Todos os estereótipos utilizados para caracterizar as mulheres negras eram antimulher. Como a ideologia sexista foi aceita pelas pessoas negras, esses mitos negativos e estereótipos com efeito ultrapassaram as fronteiras de classe e de raça e afetaram tanto a forma como mulheres negras eram percebidas por pessoas de sua própria raça quanto a percepção que elas tinham de si mesmas.

Vários dos estereótipos contra as mulheres negras surgiram durante o período da escravidão. Muito antes de os sociólogos disseminarem teorias sobre a existência de matriarcas negras, homens brancos proprietários de escravizados criaram um repertório de mitos para desconsiderar as contribuições de mulheres negras; um deles foi a noção de que todas elas eram criaturas sub-humanas, masculinizadas. Escravizadas negras haviam mostrado que eram capazes de realizar os chamados trabalhos "de homem", que elas eram capazes de aguentar sofrimento, dor e privação, mas que também conseguiam realizar as chamadas tarefas "de mulher", que

* Aunt Jemima é uma marca de produtos para café da manhã (mistura para fazer panqueca, xarope de mapple, e outros) da empresa Quaker. Os produtos dessa marca têm no rótulo a imagem de uma mulher negra, inspirada no estereótipo racista da *Mammy*, usado para falar de mulheres negras que trabalhavam na casa de pessoas brancas e amamentavam as crianças dessa família; eram consideradas cuidadoras perfeitas, sempre descritas como mais velhas, obesas e de cor, além de amáveis, obedientes e submissas. [*N. da T.*]

incluíam cuidar da casa, cozinhar e educar as crianças. A habilidade de lidar bem com os papéis definidos por conceitos sexistas como "de homem" ameaçava os mitos patriarcais sobre a natureza da diferença e inferioridade psicológica nata da mulher. Ao forçar escravizadas negras a realizarem as mesmas tarefas que os escravizados negros, patriarcas brancos contradiziam sua própria ordem sexista que argumentava sobre mulheres serem inferiores, porque não teriam proeza física. Era necessário oferecer uma explicação para o porquê de mulheres negras serem capazes de realizar tarefas que patriarcas diziam ser trabalho que mulheres eram incapazes de realizar. Para explicar a habilidade de mulheres negras de sobreviver sem a ajuda direta de um homem e sua habilidade de realizar tarefas que eram culturalmente definidas como trabalho de "homem", homens brancos diziam que mulheres negras escravizadas não eram mulheres "reais", mas criaturas sub-humanas masculinizadas. Não é improvável que homens brancos tivessem medo de que mulheres brancas, ao testemunharem a habilidade de mulheres negras escravizadas para lidar tão bem com o trabalho de força quanto os homens, pudessem alimentar ideias sobre equidade social entre os sexos e encorajar solidariedade política entre mulheres negras e brancas. Qualquer que fosse a razão, mulheres negras representaram uma ameaça tão grande ao patriarcado existente que homens brancos espalharam o conceito de que mulheres negras tinham características masculinas incomuns para a espécie feminina. Para comprovar seu ponto de vista, com frequência, eles forçavam mulheres negras a trabalhar em tarefas difíceis enquanto escravizados negros ficavam à toa.

A falta de vontade de acadêmicos contemporâneos de aceitarem a equidade social entre os sexos como um passo positivo em qualquer esfera levou à elaboração da teoria de que existia uma matriarca negra dentro da estrutura da família negra. Cientistas sociais homens formularam teorias sobre o poder matriarcal das mulheres negras, a fim de oferecerem uma explicação fora do comum para o papel independente e decisivo das mulheres negras dentro da estrutura da família negra. Como seus ancestrais proprietários de escravizados, acadêmicos racistas agiram como se, ao cumprirem seu papel de mãe e provedora financeira, mulheres negras estivessem realizando uma ação peculiar que precisasse de uma nova definição, mesmo não sendo incomum para várias mulheres brancas pobres e viúvas desempenhar essa jornada dupla. Ainda assim, rotularam as mulheres negras de matriarcas - um título que, de jeito nenhum, descrevia com precisão o status social das mulheres negras estadunidenses. Jamais existiu matriarcado nos Estados Unidos.

No exato momento em que sociólogos declararam que existia uma ordem matriarcal na estrutura da família negra, mulheres negras representaram um dos maiores grupos em desvantagem social e econômica nos Estados Unidos, cujo status de forma nenhuma lembrava o de um matriarcado. A ativista política Angela Davis escreveu sobre o rótulo de matriarca:

> A designação de matriarca para a mulher negra é um equívoco cruel, porque ignora os profundos traumas que uma mulher negra deve ter vivenciado quando precisou entregar sua gestação aos interesses econômicos alheios e predatórios.

O termo matriarca implica a existência de uma ordem social na qual mulheres exercem poder social e político, um estado que de jeito nenhum se assemelha à condição das mulheres negras ou de todas as mulheres na sociedade estadunidense. A decisão que determina como mulheres negras devem viver a vida é tomada por outros, em geral, homens brancos. Se sociólogos forem casualmente rotular mulheres negras de matriarcas, eles deveriam também rotular meninas brincando de casinha e fingindo estar no papel de mãe, matriarcas. Afinal, em ambas as situações, não existe poder efetivo que permita às mulheres em questão controlar seu próprio destino.

No artigo "Is the Black Male Castrated" [O homem negro é castrado?], Jean Bond e Pauline Perry escreveram sobre o mito do matriarcado:

> A criação dessa imagem da mulher negra para o corajoso alívio sociológico é tanto consistente quanto lógico em termos racistas, porque a chamada matriarca negra é um tipo de personagem folclórica moldada principalmente por pessoas brancas a partir de meias verdades e mentiras sobre as condições involuntárias de mulheres negras.

A má utilização do termo matriarca levou várias pessoas a identificarem qualquer mulher presente em um lar onde não há homem como matriarca. Apesar de antropólogos discordarem em relação a em algum momento ter realmente existido ou não sociedades matriarcais, uma análise da informação disponível sobre a suposta estrutura social de matriarcados comprova, sem qualquer dúvida, que o status social da matriarca não era, de jeito algum, semelhante ao das mulheres negras nos Estados Unidos. Dentro da sociedade matriarcal, a mulher era quase sempre economicamente segura. A situação econômica das mulheres negras nos Estados Unidos jamais foi segura. Enquanto o rendimento médio de homens negros empregados, nos últimos anos, frequentemente ultrapassou o rendimento médio de mulheres brancas, os salários que mulheres negras recebem em média permanecem consideravelmente mais baixos do que os de ambos, das mulheres brancas e dos homens negros. A matriarca era, sobretudo, dona da propriedade. Uma vez que mulheres negras têm, em média, renda baixa ou mediana, somente poucas são capazes de assegurar e manter uma propriedade. Dentro de uma sociedade centralizada na mulher, a matriarca assume o papel autoritário no governo e na vida doméstica. A antropóloga Helen Diner descobriu em suas pesquisas sobre matriarcados que a posição da mulher era como a do homem em sociedades patriarcais. Ao comentar sobre o papel da matriarca, Diner afirmou que "se alguém a vir realizar um trabalho pesado, enquanto o homem vagueia tranquilo pela casa, é porque a ele não é permitido realizar ou decidir coisas importantes".

Apesar de sociólogos brancos fazerem todos os estadunidenses acreditarem que a mulher negra é, com frequência, o "homem da casa", raramente esse é o caso. Mesmo em lares de mãe solteira, mães negras chegam ao ponto de delegar a responsabilidade de ser "homem" para o filho. Em algumas casas de mães solteiras, onde não há pessoa do sexo masculino, é aceitável que um amigo em visita ou um homem com quem a mulher se relacione assuma o papel de tomar decisões. Poucas mulheres negras, mesmo em lares onde não há homens, se veem assumindo um papel "de homem". Ao mesmo tempo, na vida política estadunidense, poucas mulheres negras exercitam o poder de tomar decisões. Embora seja verdade que na contemporaneidade mais mulheres negras são vistas na arena política do que jamais na História, proporcionalmente à população de mulheres negras, esse número é relativamente baixo. O centro de estudos políticos The Joint Center for Political Studies, localizado em Washington D.C., registrou até que ponto sexismo e racismo levaram à sub-representação das mulheres negras no governo, e o estudo revelou:

> A presença de mulheres negras nos Estados Unidos mais do que dobrou, entre os cargos oficiais eleitos para quatro anos, desde 1969. Ainda assim, até mesmo hoje, elas representam apenas 12% dos cargos oficiais eleitos e são uma porcentagem infinitamente pequena dos titulares de cargos eleitos na nação, a pesquisa revelou. O relatório prossegue, dizendo que há aproximadamente 7 milhões de mulheres negras em idade de votar, no país, mas elas são apenas 336 responsáveis pelos mais de 520 mil mandatos eletivos no país. Ainda assim, a quantidade de mulheres em cargos oficiais hoje representa um aumento por volta de 160% em relação há quatro anos.

Várias características que antropólogos argumentam descrever a estrutura social matriarcal se assemelham a privilégios e direitos pelos quais feministas estão lutando. Uma dessas características de sociedade matriarcal era o controle total que as mulheres tinham sobre o corpo. Diner afirma que, "acima de tudo, a mulher tinha livre uso do corpo e podia interromper uma gravidez quando quisesse ou, ao mesmo tempo, preveni-la". A incapacidade das mulheres, na sociedade moderna, de atingir o controle do corpo no que diz respeito à natalidade tem sido o principal impulso por trás do movimento de libertação das mulheres. Mulheres de classe baixa, consequentemente várias mulheres negras, não têm um mínimo controle sobre o corpo. Na maioria dos estados, mulheres com dinheiro suficiente (sobretudo, mulheres brancas de classe alta e média) sempre puderam se livrar de gestações indesejadas. As mulheres pobres, negras e brancas, são as que tiveram menos oportunidades para exercitar controle sobre suas atividades reprodutivas. Diner cita várias outras características comuns a sociedades matriarcais que, de jeito nenhum, se comparam aos padrões de comportamento comuns às mulheres negras. Ao investigar qual é o sexo preferido para as crianças em uma cultura matriarcal, Diner descobriu que "meninas são preferidas, porque elas continuam a família, o que os meninos não podem fazer". Mulheres negras, assim como a maioria das mulheres em sociedades patriarcais, preferem o nascimento de um filho, uma vez que nossa sociedade respeita o menino e ignora ou repreende a menina. No estado dominado pela mulher, o trabalho doméstico era considerado degradante para a mulher, da mesma maneira que é considerado abaixo da dignidade do homem em uma sociedade dominada pelo homem. Mulheres negras realizam a maior parte do trabalho doméstico em sua própria casa e na casa de outras pessoas. Casamento no sistema matriarcal oferecia às mulheres os mesmos privilégios dados aos homens no sistema patriarcal. Diner argumenta:

> A obediência no casamento é exigida do homem, conforme determinado nos contratos de casamento do antigo Egito. Ele deve também se manter fiel, enquanto a esposa permanece livre. Ela também detém direito a divórcio e a repúdio.

Mulheres negras ficaram limitadas nessas áreas, assim como a maioria das mulheres em sociedades patriarcais.

Como é óbvio, essa comparação superficial do status de matriarcas com o de mulheres negras revela poucas semelhanças. Apesar de várias pessoas terem escrito ensaios e artigos que negam a teoria de que um matriarcado negro existe, o termo continua a ser amplamente empregado para descrever o status de mulheres negras. Ele é prontamente evocado pelas pessoas brancas que desejam disseminar imagens negativas da mulheridade negra. No surgimento do mito do matriarcado, ele era usado para desmerecer mulheres e homens negros. Às mulheres negras falava-se que elas haviam ultrapassado os limites da feminilidade, porque trabalhavam fora de casa para sustentar financeiramente a família e que, ao fazer isso, emascularam os homens negros. Aos homens negros falava-se que eles eram fracos, efeminados e castrados, porque as mulheres "deles" serviam em empregos domésticos.

Acadêmicos brancos que analisaram a família negra, tentando ver de quais maneiras ela se assemelhava à estrutura da família branca, estavam confiantes de que seus dados não eram influenciados por seu próprio preconceito contra mulheres assumirem um papel ativo na tomada de decisão da família. Mas é importante lembrar que esses homens brancos foram educados em um mundo institucional elitista que exclui tanto pessoas negras quanto várias mulheres brancas, instituições que eram racistas e sexistas. Por conseguinte, quando observaram famílias negras, escolheram enxergar independência, força de vontade e iniciativa das mulheres negras como um ataque à masculinidade de homens negros. O sexismo os cegou para os evidentes benefícios, tanto para as mulheres quanto para os homens negros, que surgiram quando mulheres negras assumiram um papel ativo na parentalidade. Argumentaram que o desempenho da mulher negra em um papel ativo na vida em família, tanto como mãe quanto como provedora, privou o homem negro de seu status como patriarca em casa. E esse argumento foi utilizado para explicar o grande número de lares comandados por mulheres, sendo o pressuposto que homens negros tinham abandonado o papel de pai, devido às mulheres negras dominadoras, cujo domínio era atribuído ao fato de serem provedoras financeiras, enquanto os homens negros estavam desempregados.

A crença de que homens, por natureza, desejam prover o bem-estar econômico de sua família e, portanto, sentem-se emasculados, se desemprego ou salários baixos os impedirem de fazer isso, parece um pressuposto deslocado e completamente falso em uma sociedade em que homens são ensinados a esperar recompensas por suas provisões. A estrutura do casamento em uma sociedade patriarcal é baseada em um sistema de troca tal que homens, por tradição, são ensinados a prover financeiramente mulheres e crianças, em troca de serviços sexuais, domésticos e de educação. O argumento de que homens negros foram emasculados porque nem sempre podiam assumir o papel patriarcal de provedor é baseado no pressuposto de que homens negros acreditam que devem sustentar a família e, portanto, sentem-

-se menos homens ou culpados quando não conseguem fazer isso. Ainda assim, esse pressuposto não parece ser baseado em fatos reais. Em vários lares, homens negros que estão empregados não são ávidos por dar dinheiro à esposa e às crianças, e até mesmo ressentem o fato de ser esperado deles que compartilhem o salário baixo e suado com os outros. Ao mesmo tempo, apesar do fato de que a estrutura capitalista estadunidense leva vários homens negros ao desemprego, há alguns homens negros que prefeririam não fazer trabalhos "de merda", com infindáveis aborrecimentos e baixa recompensa financeira, se pudessem sobreviver sem isso; esses homens não têm dúvidas quanto a sua masculinidade. Muitos deles consideram servir em um trabalho subalterno com salário baixo como um ataque maior a sua masculinidade do que não ter trabalho nenhum. Ainda que eu não queira deixar implícito que não houve um grande número de homens negros preocupados em serem provedores, é importante lembrarmos que o desejo de prover não é um instinto masculino nato. Pesquisas com grupos de mulheres de todas as raças e classes que tentam receber de ex-maridos pensão alimentícia para a prole ofereceriam extensa prova da relutância dos homens em assumir o papel de provedor. É mais provável que homens negros de classe média e média baixa que absorveram padrões de masculinidade sentiriam ser importante sustentar financeiramente a família e, consequentemente, ficar envergonhados ou até mesmo sentirem-se emasculados, em caso de inabilidade para assumir o papel de provedor. No entanto, quando surgiu o mito do matriarcado como teoria social popular, a grande maioria dos homens negros eram da classe trabalhadora. E entre homens trabalhadores, que, por definição, recebem baixos salários e quase sempre apresentam dificuldade em prover a família, ter hombridade ou masculinidade não depende somente de questões financeiras.

Uma pessoa ignorante, ao ouvir uma análise sobre a teoria do matriarcado negro, pode facilmente supor que o trabalho que mulheres negras conseguiram adquirir, possibilitando serem provedoras, elevou o status delas acima do dos homens negros, mas isso nunca foi o caso. Na realidade, várias das prestações de serviços nas quais mulheres negras foram empregadas forçaram o contato delas com brancos racistas, que delas abusaram e as humilharam. Elas provavelmente sofreram com muito mais intensidade o sentimento de desumanização e degradação do que os homens negros desempregados, que permaneciam o dia inteiro nas esquinas. Ter um emprego com salário baixo não leva, necessariamente, a um autoconceito positivo. Pode muito bem ter ocorrido que homens negros foram capazes de manter uma dignidade pessoal da qual mulheres negras, em prestação de serviço, foram forçadas a abrir mão no cenário de trabalho. Eu sem dúvida me lembro de homens negros de classe baixa em nosso bairro comentarem o fato de que alguns empregos não valiam a pena, porque levavam à perda da dignidade pessoal, enquanto faziam mulheres negras sentirem que, quando a sobrevivência era uma questão crucial, a dignidade pessoal deveria ser sacrificada. A mulher negra que pensava ser "muito boa" para o trabalho doméstico ou outro tipo de prestação de serviço era, com frequência, ridicularizada por ser convencida. Mas todo mundo tinha empatia pelo homem negro desempregado que dizia não conseguir aceitar "o homem" mandando nele. O pensamento sexista tornou aceitável que homens negros se recusassem a prestar um serviço subalterno, mesmo estando incapacitados de prover a família e as crianças. Vários homens negros que abandonaram a família e as crianças não foram tratados com desprezo, mesmo que um comportamento desses por parte de mulheres negras tivesse sido condenado.

O argumento de que mulheres negras eram matriarcas era prontamente aceito por pessoas negras, ainda que fosse uma imagem criada por homens brancos. De todos os estereótipos e mitos negativos que foram utilizados para caracterizar a mulheridade negra, o rótulo do matriarcado foi o que mais impactou a consciência de várias pessoas negras. O papel independente que mulheres negras foram obrigadas a assumir tanto na força de trabalho quanto na família era automaticamente reconhecido como não apropriado para mulheres. Comportamentos negativos direcionados às mulheres trabalhadoras sempre existiram na sociedade estadunidense e os homens negros não eram os únicos a desaprovar mulheres negras trabalhadoras. Robert Smuts, em seu estudo geral sobre mulheres trabalhadoras (um trabalho preocupado primordialmente com mulheres brancas), *Women and Work in America* [Mulheres e trabalho nos Estados Unidos], debateu os tipos de comportamentos direcionados a mulheres trabalhadoras que, em algum momento, já foram norma na sociedade estadunidense:

> Nas décadas antes e depois da virada do século, emprego de mulheres era uma questão pública vital. Assim como os juízes do tribunal em Wisconsin, vários estadunidenses sentiam que uma mulher querer trabalhar era algo análogo à traição. A maioria dos argumentos desenvolvidos para apoiar esse posicionamento era fundamentada em um

> conceito comum da natureza e do papel das mulheres. No tocante a físico, temperamento e mentalidade, o argumento defendia, mulheres têm preparo requintado para as funções de mãe e guardiã do lar. Empregar uma mulher em outra função seria colocar em risco não só suas qualidades femininas essenciais, como também sua sanidade, sua saúde e até mesmo sua vida. Essa visão da mulher sugeria uma visão complementar do homem. Já que os homens eram deficientes nos ideais femininos de "ternura, compaixão.. beleza e a harmonia da graça" essenciais para a criação de um verdadeiro lar, mas dotados com abundância das qualidades masculinas "energia, desejo, ousadia e posse forçada" necessárias para o mundo dos negócios, governo e guerra [...].

Ainda que seja um exemplo perfeito de sabedoria racista, uma vez que as mulheres às quais Smuts se refere entrando no mercado de trabalho pela primeira vez são brancas, isso proporciona uma imagem precisa dos comportamentos negativos direcionados às mulheres, na força de trabalho.

Assim como os homens brancos enxergaram a entrada das mulheres brancas para o mercado de trabalho como ameaça aos cargos de homens e à masculinidade, homens negros eram socializados para considerar a presença de mulheres negras na força de trabalho com semelhante desconfiança. A teoria do matriarcado proporcionou ao homem negro uma estrutura na qual fundamentar sua condenação do trabalho da mulher negra. Vários homens negros que não se sentiram, de jeito nenhum, pessoalmente emasculados absorveram a ideologia sexista e desprezavam mulheres negras assalariadas. Esses homens afirmavam que o lar comandado por uma mulher era resultado direto de tendências matriarcais de mulheres negras e argumentavam que nenhum homem "real" poderia permanecer em um lar onde não era o único chefe. Usando essa lógica sexista, podemos aceitar com segurança que jamais foi o fato de a mulher negra ter tanto poder dentro de casa o que alienou alguns homens negros, mas o fato de ela ter algum poder. Aqueles homens acadêmicos que rotulam de financeiramente independente uma trabalhadora doméstica que se mata de trabalhar quarenta horas por semana e recebe um salário apenas suficiente para comida, aluguel e outras necessidades estão prestando a ela um desserviço. Para a maioria dos homens na sociedade sexista, ser chefe é sinônimo de ter poder absoluto. Em lares patriarcais, é provável que homens se sintam ameaçados até mesmo se mulheres trabalharem como babá, ganhando dinheiro extra para o mercado. Homens negros foram capazes de usar o mito do matriarcado como arma psicológica para justificar suas demandas para que mulheres negras assumissem um papel mais passivo e subserviente em casa.

Aqueles homens que aceitaram o mito de que mulheres negras eram matriarcas consideravam-nas uma ameaça ao seu poder pessoal. Esse pensamento não é, de maneira alguma, peculiar aos homens negros. A maioria dos homens em uma sociedade patriarcal teme mulheres que não assumem os tradicionais papéis passivos e se ofende com elas. Ao jogar a responsabilidade do desemprego de homens negros nas mulheres negras e para longe deles, opressores racistas brancos conseguiram estabelecer um laço de solidariedade com homens negros, com base em sexismo mútuo. Homens brancos aproveitaram os sentimentos sexistas impressos na psique de homens negros desde o nascimento, para socializá-los de maneira que considerassem não todas as mulheres, mas especificamente mulheres negras, inimigas de sua masculinidade. Mencionei anteriormente que historiadores que estudam a história de pessoas negras tendem a minimizar a opressão de mulheres negras e a se concentrar em homens negros. Apesar do fato de mulheres negras serem vítimas da opressão sexista e racista, elas são, em geral, representadas como tendo recebido mais vantagens do que os homens negros ao longo da história estadunidense, um fato que não é possível provar com evidências históricas. O mito do matriarcado sugeriu que, mais uma vez, às mulheres negras foram garantidos privilégios negados a homens negros. Ainda assim, mesmo que pessoas brancas tivessem vontade de contratar homens negros para prestação de serviço ou para trabalhar como empregados ou em lavanderias, esses empregos teriam sido recusados, porque eles teriam sido considerados uma agressão à dignidade do homem. Sociólogos brancos apresentaram o mito do matriarcado de tal maneira a insinuar que mulheres negras tiveram "poder" na família, e homens negros, não, e apesar de essas conclusões terem sido baseadas somente em dados relacionados apenas ao status econômico, elas alimentaram o distanciamento entre mulheres negras e homens negros.

Algumas mulheres negras estiveram dispostas a aceitar a teoria do matriarcado tanto quanto homens negros. Elas queriam se identificar como matriarcas, porque para elas parecia que finalmente as mulheres negras estavam recebendo o reconhecimento de sua contribuição para a família negra. Jovens negras interessadas em história africana eram atraídas pela teoria de que existiu um matriarcado, porque haviam aprendido que sociedades governadas por uma mulher existiram em nossa terra mãe, portanto, afirmavam o matriarcado como memória cultural africana. Em geral, várias mulheres negras tinham orgulho de serem rotuladas como matriarcas, porque o termo tinha muito mais implicações positivas do que outros rótulos usados para descrever a mulheridade negra. Certamente era mais positivo do que mamãe, vaca ou vagabunda. Se fôssemos matriarcas, sentimentos de honra e orgulho seriam a ordem, no entanto, como o status social das mulheres negras nos Estados Unidos está longe de ser matriarcal, a motivação de pessoas brancas e negras que persistem em rotular mulheres negras de matriarcas deve ser questionada. Assim como os brancos usaram, como meio de desvalorizar a mulheridade negra, o mito de que todas as mulheres negras eram sexualmente desinibidas, eles usaram o mito do matriarcado para imprimir na consciência de todos os estadunidenses a ideia de que mulheres negras eram masculinizadas, castradoras e ameaçadoras.

Ainda assim, mulheres negras aceitaram o rótulo de matriarca porque isso permitia que elas se considerassem privilegiadas. Isso simplesmente indica como, efetivamente, os colonizadores são capazes de distorcer a realidade dos colonizados de forma que estes aceitem conceitos que, na verdade, fazem mais mal do que bem a eles. Uma das estratégias opressivas que escravizadores brancos usaram para prevenir rebeliões e revoltas de escravizados foi a lavagem cerebral, para fazer escravizados acreditarem que pessoas negras eram realmente mais bem cuidadas na condição de escravos do que se fossem pessoas livres. Escravizados negros que aceitaram a imagem de liberdade criada pelo senhor tinham medo de se libertarem das amarras da escravidão. Uma estratégia semelhante tem sido usada como lavagem cerebral de mulheres negras. Colonizadores brancos incentivam mulheres negras, que são economicamente oprimidas e vítimas de sexismo e racismo, a acreditarem que são matriarcas, que exercem algum controle social e político sobre a vida deles.

Uma vez que mulheres negras são iludidas e imaginam que temos um poder que, na realidade, não temos, a possibilidade de nos organizarmos coletivamente para lutar contra a opressão sexista e racista é reduzida. Entrevistei uma mulher negra que, geralmente, trabalhava como atendente e estava vivendo próximo à pobreza; ela ainda enfatizou, continuamente, o fato de que a mulher negra era matriarcal, poderosa, e que estava no controle da própria vida; na verdade, ela estava à beira de um ataque de nervos, tentando manter um equilíbrio financeiro. É significativo que sociólogos que rotulam mulheres negras de matriarcas jamais tenham debatido o status social da mulher dentro do estado matriarcal, porque se tivessem feito isso, pessoas negras teriam sabido imediatamente que de maneira alguma isso se assemelhava ao destino das mulheres negras. Sem dúvida, o falso sentimento de poder que mulheres negras são levadas a ter nos faz pensar que não precisamos de ativismos sociais, como um movimento de mulheres que nos libertaria da opressão sexista. A triste ironia é, obviamente, que mulheres negras são, com frequência, mais vitimadas pelo próprio sexismo que nos recusamos a identificar coletivamente como força opressora.

O mito do matriarcado negro ajudou a disseminar ainda mais a imagem das mulheres negras como criaturas masculinizadas, dominadoras e amazonas. A mulher negra foi representada por brancos como amazona, porque viram sua habilidade para aguentar condições duras, de um jeito que nenhuma "senhora" supostamente seria capaz, como sinal de que possuía força animal sub-humana. Essa crença era perfeitamente compatível com ideias que surgiram durante o século XIX sobre a natureza da mulheridade negra. Como o mito do matriarcado, a crença de que mulheres negras eram amazonas era amplamente fundamentada em mito e fantasia. Amazonas tradicionais eram grupos coletivos de mulheres que se juntaram em um esforço para promover um governo autônomo. Diferentemente de matriarcas, as amazonas estavam interessadas em construir sociedades em que a figura do homem estaria presente apenas em pequeno número. Diner escreveu sobre mulheres amazonas:

> As amazonas negam o homem, destroem a progênie masculina, admitem existência não separada para o princípio ativo, reabsorvem-no e o desenvolvem nelas mesmas de forma andrógina, feminino à esquerda e masculino à direita [...]. Homero desenvolveu o sentimento certo pelas amazonas quando ele as chamou de *antianeirai*, o que pode ser interpretado como "que odeia homem" ou "masculinizado".

A grande maioria das mulheres entrevistadas para este livro desejava reconhecer o sentimento de que o aspecto mais importante da vida de uma mulher era seu relacionamento com um homem. Uma leitura cuidadosa da revista *Essence* revela que há uma preocupação quase obsessiva entre mulheres negras com relacionamentos entre homem e mulher.

A maioria das mulheres negras não teve oportunidade de se satisfazer na dependência parasitária de homens, como é esperado de mulheres e incentivado pela sociedade patriarcal. A instituição da escravidão forçou a mulher negra a se livrar de qualquer dependência da figura do homem que anteriormente tivesse e a obrigou a lutar por sua sobrevivência individual. A equidade social que determinou os padrões de papéis sexuais negros na esfera do trabalho, no período da escravidão, não criou uma situação que permitisse a mulheres negras serem passivas. Apesar dos mitos sexistas sobre a inerente fraqueza da mulher, mulheres negras tiveram que exercer certa independência de espírito, devido a sua presença na força de trabalho. Poucas mulheres negras puderam escolher entre ser ou não trabalhadoras. E a participação das mulheres negras na força de trabalho não levou à construção de uma consciência feminista. Apesar de muitas mulheres negras terem entrado no mercado de trabalho em prestação de serviço, agricultura, indústria e em trabalho clerical, a maioria delas ressentia o fato de não ser sustentada financeiramente por um homem. Nos últimos anos, o comportamento direcionado à mulher entrando no mercado de trabalho mudou radicalmente. Várias mulheres ou querem trabalhar, ou encaram a realidade de que devem estar empregadas para alcançar um equilíbrio financeiro. O aumento na quantidade de trabalhadoras brancas de classe média que entram no mercado de trabalho em números sempre crescentes indica uma mudança de comportamento direcionado às trabalhadoras. Até que fosse aceito que muitas mulheres, negras ou brancas, fariam parte da força de trabalho capitalista, várias mulheres negras ressentiram com amargor as circunstâncias que as forçaram a trabalhar.

É interessante que mulheres brancas tenham sido criticadas e perseguidas quando entraram, em grande quantidade, para o mercado de trabalho estadunidense, mas depois que os ataques iniciais acabaram, houve pouco protesto. E não houve debate sobre elas terem sido masculinizadas por realizarem tarefas tradicionalmente executadas por homens.

Quando, hoje, mulheres brancas entram para a força de trabalho, isso é visto como um passo positivo, um movimento na direção de conquistar independência, enquanto, mais do que nunca em nossa história, mulheres negras que entraram para o mercado de trabalho são levadas a sentir que estão tirando o emprego de homens negros ou os emasculando. Por medo de enfraquecer a autoconfiança de homens negros, várias jovens negras com educação superior reprimem suas próprias ambições profissionais. Ainda que mulheres negras com frequência sejam forçadas pelas circunstâncias a agir de maneira assertiva, a maioria das mulheres negras com quem conversei, preparando este livro, acreditava que homens são superiores às mulheres e que certo grau de submissão à autoridade do homem é parte necessária do papel da mulher. O estereótipo da mulher negra como forte e poderosa domina tanto o consciente da maioria dos estadunidenses que, até mesmo se uma mulher negra estiver claramente em conformidade com noções sexistas de feminilidade e passividade, ela talvez seja descrita como durona, dominadora e forte. Muito do que brancos têm percebido como características de amazona em mulheres negras tem sido mera aceitação estoica de situações que não tivemos poder para mudar.

Mesmo que o mito do matriarcado e o mito da amazona negra tivessem como ingrediente principal a imagem da mulher como ativa, um ser poderoso, o estereótipo da Aunt Jemima representou a mulher negra como passiva, resignada e submissa. O historiador Herbert Gutman argumentou que há poucos indícios para fundamentar a ideia de que a típica criada doméstica era uma velha mãe preta que permaneceu em seu lugar anterior à guerra por lealdade à família branca ou porque os brancos tinham um cuidado especial por mulheres como ela.

Ele sugere que a babá negra no lar branco era, em geral, uma jovem negra com pouco, se é que algum, apego. Gutman não especula sobre as origens da figura da mãe preta, mas ela também era uma criatura fruto da imaginação branca. Não tem importância que existam mulheres negras parecidas com o estereótipo da mãe, é importante o fato de que pessoas brancas criaram uma imagem da mulheridade negra que pudessem tolerar e que de jeito nenhum se assemelhava à grande maioria das mulheres negras. Se, como sugere Gutman, a "babá" em um lar branco típico de antes da guerra era jovem e sem apego, é significante que pessoas brancas tenham se esforçado tanto para criar uma imagem oposta. Não é muito difícil imaginar como os brancos chegaram a criar a figura da mãe preta. Considerando o desejo de homens brancos pelo corpo de mulheres negras, é provável que mulheres brancas não estivessem satisfeitas com o fato de haver jovens negras trabalhando na casa delas, por medo de que pudesse ser formado um laço entre a jovem e o marido delas, portanto, criaram uma imagem da babá negra ideal. Para começar, ela era assexuada e, consequentemente, tinha que ser gorda (de preferência obesa); também precisava dar a impressão de não ser limpa, por isso usava um lenço sujo e engordurado na cabeça; seus sapatos muito apertados, de onde os pés grandes escapavam, eram ainda mais uma confirmação de sua bestialidade e semelhança com uma vaca. Sua maior virtude era, obviamente, seu amor pelos brancos, a quem ela servia de bom grado e passivamente. A imagem da mãe preta era representada com afeição por pessoas brancas, porque resumia a definitiva visão sexista e racista do ideal de mulheridade negra – submissão total ao desejo dos brancos. Em certo sentido, os brancos criaram na figura da mãe preta uma mulher negra que personificava somente aquelas características que eles, como colonizadores, desejavam explorar. Eles enxergavam nela a encarnação da mulher como uma cuidadora passiva, uma figura de mãe que dava tudo sem esperar nada em troca, que não somente reconhecia sua inferioridade em relação aos brancos, mas que os amava. A mãe preta, como representada pelos brancos, não é uma ameaça à ordem social patriarcal branca, porque ela se submete por completo ao regime racista branco. Programas de televisão contemporâneos continuam a apresentar figuras de mãe preta como protótipos de uma mulheridade negra.

Em contrapartida às imagens de Aunt Jemima estão as da Sapphire. Como Sapphires, as mulheres negras eram representadas como más, traiçoeiras, maliciosas, obstinadas e cheias de ódio, em suma, tudo o que a figura da mãe preta não era. A imagem da Sapphire era fundamentada em um dos mais antigos estereótipos negativos de mulher: a imagem da mulher má por natureza. A mitologia cristã representou a mulher como fonte de pecado e mal; a mitologia racista e sexista simplesmente designou as mulheres negras como o epítome da maldade e da pecaminosidade. Homens brancos podiam justificar a desumanização e a exploração sexual das mulheres negras com o argumento de que elas possuíam qualidades demoníacas inerentes. Homens negros podiam alegar que não se davam bem com mulheres negras porque elas eram muito más. E mulheres brancas podiam usar a imagem da mulher negra má e pecaminosa para enfatizar sua própria inocência e pureza. Como a figura bíblica de Eva, a mulher negra se tornou o bode expiatório para homens misóginos e mulheres racistas que precisavam ver algum grupo de mulheres como a encarnação do mal feminino. Em um artigo do livro *The Black Woman*, Perry e Bond descreveram a Sapphire como ela era e como é representada na cultura estadunidense:

> Filmes e programas de rádio dos anos 1930 e 1940 invariavelmente usavam a imagem de Sapphire para a mulher negra: ela é representada como obstinada, eficaz, traiçoeira e desprezível com os homens negros, sendo esta retratada com sorriso exagerado, chicoteando meninos à toa. Certamente, a maioria de nós já encontrou mulheres negras dominadoras (e brancas também). Várias delas não tiveram sorte na vida e no amor e procuram um refúgio amargo para suas frustrações, na fanática autossuficiência.

A imagem da Sapphire foi popularizada pelo programa de rádio e televisão *Amos'n'Andy*, em que ela é a esposa ranzinza, rabugenta de Kingfish. Como o próprio título diz, o programa focava nos personagens negros masculinos. A personalidade rabugenta de Sapphire era, sobretudo, usada para criar empatia do telespectador com o destino do homem negro. A identidade Sapphire tem sido projetada em qualquer mulher negra que manifesta amargura, raiva, ira contra seu destino. Consequentemente, várias mulheres negras reprimem esses sentimentos por medo de serem consideradas rabugentas Sapphires. Ou elas adotam a identidade Sapphire como reação ao tratamento duro dispensado às mulheres negras na sociedade. A "maldade" de uma certa mulher pode simplesmente ser uma fachada dela para o mundo sexista e racista que ela percebe que somente a exploraria se parecesse vulnerável.

Todos os mitos e estereótipos utilizados para caracterizar a mulheridade negra têm origem na mitologia negativa antimulher. Ainda assim, formam a base da maioria das investigações importantes sobre a natureza da experiência da mulher negra. Várias pessoas têm dificuldade em apreciar mulheres negras da maneira que somos, porque querem impor uma identidade a nós, baseada em vários estereótipos negativos. Esforços difundidos para continuar a desvalorização da mulheridade negra torna extremamente difícil, e muitas vezes impossível, para mulheres negras, desenvolver um autoconceito positivo. Afinal, somos diariamente bombardeadas por imagens negativas. De fato, uma força opressora forte tem sido esse estereótipo negativo e nossa aceitação dele como modelo viável a partir do qual podemos padronizar nossa vida.

3. O imperialismo do patriarcado

Quando começou o movimento contemporâneo na direção do feminismo, houve pouco debate sobre o impacto do sexismo no status social de mulheres negras. As mulheres das classes alta e média que estavam na vanguarda do movimento não se esforçaram para enfatizar o fato de que o poder patriarcal, o poder que homens usam para dominar mulheres, não é apenas privilégio de homens brancos das classes alta e média, mas de todos os homens em nossa sociedade, independentemente de classe ou raça. Feministas brancas, tão focadas na disparidade entre o status econômico de homens brancos e mulheres brancas como indicador do impacto negativo do sexismo, não deram atenção ao fato de que homens pobres e de classe baixa têm tanta capacidade de oprimir e violentar mulheres quanto qualquer outro grupo de homens na sociedade estadunidense. A tendência feminista de dizer que o poder econômico do homem é sinônimo de ser opressor levou homens brancos a serem rotulados de "os" inimigos. O rótulo de patriarcas brancos como "porcos chauvinistas" criou um bode expiatório conveniente para homens negros sexistas. Eles podiam se juntar às mulheres brancas e negras para protestar contra homens brancos opressores e desviar a atenção do sexismo deles, do apoio deles ao patriarcado e de sua exploração sexual da mulher. Líderes negros, homens e mulheres, têm relutado em reconhecer a opressão sexista de homens negros sobre mulheres negras, porque eles não querem reconhecer que racismo não é a única força opressora em nossa vida. E também não querem dificultar seus esforços de resistência contra o racismo ao reconhecerem que homens negros podem ser vítimas do racismo, mas, ao mesmo tempo, agirem como opressores sexistas de mulheres negras. Consequentemente, há pouco reconhecimento da opressão sexista em relacionamentos entre mulheres e homens negros como um problema sério. A ênfase exagerada no impacto do racismo contra homens negros evocou a imagem de que eles são fracos, emasculados, incapazes. Essa imagem domina com tal intensidade o pensamento estadunidense que as pessoas são totalmente relutantes em admitir que os efeitos prejudiciais do racismo contra homens negros nem evitam que sejam opressores sexistas nem desculpam ou justificam a opressão sexista que exercem sobre mulheres negras.

O sexismo de homens negros existia bem antes da escravidão estadunidense. A política sexista durante o período colonial nos Estados Unidos comandados por brancos meramente reforçou na mente de pessoas negras as crenças existentes sobre homens serem superiores a mulheres. Em debate anterior, sobre a subcultura negra escravizada, observei que a estrutura social patriarcal deu ao homem escravizado um status mais alto do que o da mulher escravizada. Historiadores relutam em reconhecer ou o alto status, na subcultura negra, do homem escravizado ou o fato de que a diferenciação de funções de trabalho baseada em sexo, conforme designado por senhores brancos, reflete uma tendência voltada para o homem (por exemplo, exigir que mulheres negras realizem tarefas "masculinas", mas não exigir que homens negros realizem tarefas "femininas" – mulheres trabalham no campo, mas homens não cuidam de crianças). Nos tempos modernos, a ênfase na definição sexista do papel do homem como protetor e provedor levou acadêmicos a argumentarem que o impacto mais prejudicial da escravidão em pessoas negras foi não ter permitido aos homens negros assumirem o papel tradicional masculino. Mas a inabilidade de homens negros para assumir o papel do protetor e provedor não mudou o fato de que homens em uma sociedade patriarcal automaticamente têm status mais alto do que as mulheres – eles não são obrigados a conquistar esse status. Por conseguinte, o homem negro escravizado, apesar de obviamente privado do status social que o permitiria proteger e prover para ele mesmo e para os outros, tinha status melhor do que mulheres negras escravizadas, com base apenas no fato de ele ser homem. Esse status mais elevado nem sempre levava a tratamentos preferenciais, mas era manifestamente reconhecido na diferenciação dos papéis sexuais.

A discriminação sexista contra todas as mulheres na força de trabalho e nas mais elevadas esferas da educação, nos Estados Unidos do século XIX, significava que, entre as pessoas negras que aspiravam a papéis de liderança, tanto durante o período de escravidão quanto na alforria, homens negros eram os mais prováveis candidatos. Enquanto homens negros dominaram os papéis de liderança, eles formatavam o primeiro movimento de libertação negra de maneira a refletir uma tendência patriarcal. Líderes negras corajosas, como Sojourner Truth e Harriet Tubman, não representavam o padrão; elas eram indivíduos excepcionais que se atreveram a desafiar a vanguarda masculina para lutar por liberdade. Quando apareciam em público, manifestações, almoços e jantares, homens negros falavam em apoio à regra patriarcal. Eles não falavam diretamente sobre discriminação contra mulheres. O sexismo deles estava embrulhado em visões românticas de homens negros levantando mulheres negras em pedestais. Martin Delaney, um eloquente líder negro nacionalista, em seu tratado político *The Condition, Elevation, Emigration, and Destiny of the Colored People of the United States* [A condição, elevação, emigração e o destino de pessoas de cor nos Estados Unidos], publicado pela primeira vez em 1852, defendeu padrões diferentes para os papéis sexuais de mulheres e de homens negros:

> Que nossos jovens homens e nossas jovens mulheres se preparem para serem úteis e para os negócios; que os homens entrem para o mercado de produtos, negócios e outras coisas importantes; as jovens devem ser professoras de vários tipos, e em outros casos, preencher espaços em que possam ser úteis [...].
>
> Nossas mulheres devem ser qualificadas, porque deverão ser mãe de nossas crianças. Como mães são a primeira enfermeira e instrutora da criança; delas a criança consequentemente recebe a primeira impressão, que, sendo sempre a que permanece por mais tempo, deveria ser a mais correta. Eleve a mãe acima do nível de degradação e a cria será elevada também, com ela. Em suma, em vez de ver nossos jovens homens transcrevendo em seu caderno em branco receitas para cozinhar, queremos que transfiram faturas e mercadorias.

Frederick Douglass enxergou todo o dilema racial nos Estados Unidos como uma luta entre homens brancos e homens negros. Em 1865, ele publicou um ensaio intitulado "What the Black Man Wants" [O que o homem negro deseja], que argumentava em favor de homens negros ganharem o direito ao voto enquanto mulheres permanecessem sem esse direito:

> Devemos, neste momento, justificar a privação do negro ao direito de votar, porque alguém mais é privado desse privilégio? Em minha opinião, as mulheres, assim como homens, têm direito de votar, e meu coração e minha voz estão com o movimento, para estender o sufrágio às mulheres; mas a questão está fundamentada em uma base diferente daquela em que se fundamenta nosso direito. Podem nos perguntar, quero dizer, por que queremos isso. Eu te digo por que queremos isso. Queremos isso, porque é nosso direito, antes de tudo. Nenhuma classe de homens pode, sem insultar a própria natureza, ficar contente com qualquer privação de direitos.

Está evidente nesta afirmação que, para Douglass, "negro" era sinônimo de homem negro. E apesar de alegar em seu ensaio que apoia o sufrágio da mulher, ele claramente acreditava ser mais apropriado e conveniente que homens recebessem o direito ao voto. Ao enfatizar que esse direito era mais importante para homens do que para mulheres, Douglass e outros ativistas negros se aliaram a patriarcas brancos com base no sexismo compartilhado.

Na vida privada, ativistas negros e líderes políticos exigiam que a esposa assumisse papéis subordinados. A feminista negra Mary Church Terrell registrou em seu diário que seu marido, advogado ativista, queria que ela não exercesse qualquer papel em relações políticas. Ela reclamava que ele a tratava como se fosse um objeto frágil de vidro, em constante necessidade de proteção. O marido de Terrell usava seu status patriarcal para sabotar o trabalho político dela. Ele temia que a feminilidade dela fosse "manchada" por demasiados encontros com o mundo fora de casa. O casamento de Booker T. Washington e sua terceira esposa, Margaret Murray, foi carregado de semelhante conflito. Margaret queria ter um papel mais ativo no movimento político negro, mas era incentivada a se confinar na esfera doméstica. Ainda que o marido de Ida B. Wells apoiasse seu trabalho político, ela não abdicou da responsabilidade pelos cuidados dos filhos e em várias ocasiões apareceu em palestras com seus filhos pequenos. Em 1894, Calvin Chase escreveu um editorial para a revista *Bee* intitulado "Our Women" [Nossas mulheres], no qual ele incita homens negros a assumirem o papel de protetor da mulheridade negra. Chase advertiu: "vamos cumprir nossa obrigação de defender nossas mulheres; vamos criar um sistema de reforma não somente de nossas mulheres, mas de tudo o que se relaciona ao avanço da raça". Líderes negros do século XIX, como James Forten, Charles Remond, Martin Delaney e Frederick Douglass apoiavam os esforços de mulheres para ganharem direitos políticos, mas não apoiavam a equidade social entre os sexos. Eram, na verdade, inflexíveis no apoio ao comando patriarcal. Como homens brancos liberais no século XIX, líderes negros não eram contra garantir às mulheres o acesso a direitos políticos, desde que homens permanecessem na posição de autoridade superior reconhecida. Em uma discussão sobre regras relacionadas ao comportamento direcionado às mulheres, um escritor branco observou que "racistas do Sul e ativistas negros olhavam para mulheres da mesma maneira. Ambos viam a mulher como o segundo sexo, com privilégios claramente limitados."

Entre a população negra do século XIX, o pessoal estava completamente comprometido em estabelecer e manter uma ordem social patriarcal em sua cultura segregada. Mulheres negras queriam assumir o papel "feminino" de dona de casa, sustentada, protegida e honrada por um marido amoroso. Havia um problema: poucos empregos disponíveis para homens negros. Brancos racistas se recusavam a dar emprego para homens negros, enquanto mulheres negras conseguiam encontrar trabalho doméstico. Pessoas brancas e negras interpretavam o emprego de mulheres negras pelos brancos, em serviços domésticos, enquanto recusavam oferecer emprego para homens negros, como indicação de que favoreciam mulheres negras mais do que homens negros. Esse pensamento ignora o fato evidente de que empregos domésticos (empregadas, governantas, lavadeiras) não eram considerados trabalhos "de verdade" ou emprego significativo. Pessoas brancas não enxergavam que mulheres negras em prestações de serviço estivessem realizando um trabalho significativo, que merecia recompensa econômica adequada. Viam a prestação de serviços domésticos por mulheres negras como mera extensão do papel "natural" da mulher e consideravam que esses trabalhos não tinham valor. Enquanto os homens brancos podiam se sentir ameaçados pela competição contra homens negros por bons empregos assalariados e usavam o racismo para excluir os homens negros, mulheres brancas estavam bem dispostas a entregar as tarefas domésticas a empregadas negras. Uma vez que as tarefas domésticas eram vistas como trabalho degradante, é improvável que pessoas brancas estivessem demonstrando favoritismo com as mulheres negras ao proporcionarem a elas esses empregos. É mais provável que pensassem que as mulheres negras, que pessoas brancas acreditavam não ter dignidade e autorrespeito, não teriam vergonha de fazer o trabalho doméstico.

Apesar de muitas mulheres negras trabalharem fora de casa, elas permaneceram defensoras leais do patriarcado. Elas tratavam com hostilidade, raiva e desprezo o homem negro que não conseguia livrá-las da força de trabalho. Até mesmo em alguns lares onde homens negros trabalhavam, mas não ganhavam o suficiente para ser o único provedor, esposas negras ressentiam o fato de terem que entrar para o mercado de trabalho. Grande parte da tensão em casamentos e outros tipos de relacionamentos entre mulher e homem negros era consequência da pressão da mulher sobre o homem para que ele assumisse o papel de arrimo de família, chefe de família. Com frequência, homens negros não subiam tanto na vida quanto mulheres negras gostariam. Como as mulheres nos Estados Unidos capitalistas são os principais consumidores, grande parte da pressão sobre todos os homens para ganharem mais dinheiro é imposição das mulheres. E as mulheres negras não têm sido exceção. Diferentemente de vários homens brancos que responderam às demandas materialistas da esposa tornando-se discípulos devotos do culto do trabalho, vários homens negros reagiram com hostilidade a essas demandas. Outros homens negros trabalhavam em dois ou três empregos para atender às demandas materialistas da esposa e dos filhos.

Em 1970, L. J. Axelson publicou um ensaio, "The Working Wife: Difference in Perception Among Negro and White Males" [A esposa trabalhadora: A diferença de percepção entre homens negros e brancos], em que apresentou dados para demonstrar que homens negros, muito mais do que homens brancos, apoiavam e aceitavam o fato de a esposa estar na força de trabalho. Com frequência, eram as mulheres negras que mais tinham raiva e ódio de os homens negros não assumirem o papel de provedor. A edição de 1968 da revista *Liberator* publicou um ensaio escrito pela autora negra Gail Stokes intitulado "Black Woman to Black Man" [De mulher negra para homem negro]. Nesse ensaio ela expressou hostilidade e desprezo pelos homens negros que relutavam em assumir o papel de provedor:

> É claro que você dirá "como posso te amar e querer estar com você, se chego em casa e você está parecendo um trapo? Por que mulheres brancas nunca abrem a porta para o marido, como vocês, suas vacas negras, fazem?"
>
> Eu deveria pensar que não, seu ignorante. Por que deveriam ser assim, elas têm empregadas como eu para fazerem tudo para elas? Para elas não existe gritar com as crianças, esquentar a barriga no fogão; tudo é feito para ela, e independentemente de o homem dela amá-la ou não, ele provê... Provê... Está escutando isso, negro? PROVÊ!

A raiva das trabalhadoras negras que equipararam virilidade com a habilidade do homem de ser, sozinho, o provedor financeiro da família, e que, por consequência, sentem-se enganadas e traídas por homens negros que se recusam a assumir esse papel, nada mais é do que uma outra indicação da extensão da aceitação e do apoio delas ao patriarcado. Elas enxergavam o homem negro que não assumia prontamente o papel de arrimo da família como egoísta, preguiçoso e irresponsável ou, nos termos da sociologia do homem branco, "emasculado". A percepção delas do homem negro como fraco ou efeminado não é indicação de que elas repudiavam o domínio do homem; é um reconhecimento por parte delas de que aceitam o patriarcado por completo, e menosprezam homens negros que não querem assumir o papel de chefe de família.

A ideia de que homens negros se sentiam emasculados porque mulheres negras trabalhavam fora de casa é baseada no pressuposto de que homens descobrem a própria identidade através do trabalho e se sentem realizados pessoalmente quando são o chefe da família. Esse pressuposto não revela qualquer consideração do fato de que a grande maioria dos trabalhos realizados por homens é demorada, desinteressante e consome energia - além de não proporcionar nem um pouco de realização pessoal. Myron Brenton, autor de *The American Male - A Penetrating Look at the Masculinity Crisis* [O homem estadunidense - Uma análise penetrante da crise da masculinidade], argumenta que homens não sentem que o trabalho dá oportunidade de afirmar seu "poder masculino". Ao mesmo tempo que admite que a maioria dos homens estadunidenses é socializada pelo sexismo para considerar o trabalho o seu papel, ele argumenta que homens que aceitam a ideia de trabalho como expressão de seu poder masculino, e que este deveria ser o aspecto mais importante da experiência de vida, em geral se frustram. Ele comenta que "o homem estadunidense olha para seu papel de arrimo de família para confirmar sua virilidade, mas o trabalho mesmo é carregado de influência desumanizadora – por exemplo, é emasculador". Homens negros nos Estados Unidos raramente romantizavam o trabalho, em grande parte porque eles, sobretudo, realizavam tarefas menos desejáveis. Eles sabiam que realizar trabalhos considerados subalternos, com patrões e supervisores os assediando e perseguindo, não era satisfatório. Eles também sabiam que a recompensa financeira pelo trabalho poucas vezes compensava as afrontas que eram forçados a aguentar. Homens negros ambiciosos que absorveram os valores de patriarcas brancos da classe média estiveram mais dispostos a aceitar a teoria da emasculação, uma vez que são os homens que mais se sentem incapacitados pela hierarquia racial na sociedade estadunidense, que, por tradição, negou a homens negros acesso ilimitado ao poder. É comum ouvir homens negros que são celebridades ou homens negros que são financeiramente bem-sucedidos lamentarem a "falta de poder do homem negro" ou se estressarem por serem incapazes de ser um homem "real" na sociedade estadunidense. Eles escolhem ignorar a realidade de que seu próprio sucesso indica que homens negros não estão totalmente presos, incapacitados ou emasculados. Na verdade, de fato, estão dizendo que abraçaram o patriarcado e, com ele, a competitividade entre homens, e que enquanto homens brancos dominarem as estruturas de poder capitalistas na sociedade estadunidense, homens negros se sentirão emasculados.

Vários homens negros que expressam as maiores hostilidades direcionadas à estrutura de poder do homem branco com frequência desejam ganhar esse poder. As expressões de ódio e raiva deles é menos uma crítica à ordem social patriarcal do homem branco do que uma reação contra o fato de que não foi permitida sua participação completa no jogo de poder. No passado, esses homens negros eram grandes defensores da submissão de mulheres por homens. Eles esperavam ganhar reconhecimento público por sua "masculinidade", demonstrando serem a figura dominante na família negra.

Assim como líderes negros do século XIX sentiram que era importante que todos os homens negros se mostrassem dispostos a serem protetores e provedores das mulheres como um sinal para a raça branca de que eles não aceitariam mais a negação de seu privilégio masculino, líderes negros do século XX usaram essa mesma estratégia. Marcus Garvey, Elijah Muhammad, Malcom X, Martin Luther King, Stokely Carmichael, Amiri Baraka e outros líderes negros legitimaram seu apoio ao patriarcado. Todos eles argumentaram que é totalmente necessário para homens negros relegar mulheres negras a uma posição de subordinação, tanto na esfera política quanto na vida doméstica. Amiri Baraka publicou um ensaio na edição de julho de 1970 da revista *Black World*, que anunciou publicamente seu comprometimento em estabelecer um patriarcado negro. Ele não utilizou termos como patriarcado ou domínio dos homens; em vez disso, debateu a formação de um lar dominado pelo homem negro, com sua inerente postura antimulher, como se fosse uma reação positiva contra os valores racistas do branco. Sua retórica romântica era típica da linguagem que líderes negros utilizaram para mascarar as implicações negativas de sua mensagem sexista. Dirigindo-se a todas as pessoas negras, Baraka afirmou:

Falamos sobre a mulher negra e o homem negro como se fôssemos separados, porque estivemos separados, estendemos as mãos um para o outro, buscando proximidade, completude que somos um para o outro, a expansão da consciência que proporcionamos um para o outro. Fomos separados pelo instrumento e pelo processo da escravidão. Internalizamos o processo, permitindo-o criar uma geografia estranha em nosso crânio, um espírito errante que nos fazia sentir falta um do outro, e jamais, jamais, compreender o que era. Depois que estivéssemos distantes um do outro. Minha mão poderia descansar na sua, mesmo assim, você estaria longe. E eu, obviamente não presente, vagando em outro lugar, entre trapaceiros e vagabundas do universo.

E, portanto, essa separação é a causa de nossa necessidade de autoconsciência e eventual cura. No entanto, precisamos apagar essa separação, proporcionando a nós mesmos uma identidade africana saudável. Ao aceitarmos um sistema de valor que desconhece a separação, mas apenas o complemento divino que a mulher negra é para o homem dela. Por exemplo, não acreditamos na "igualdade" entre homens e mulheres. Não conseguimos compreender o que aconteceu e que diabos de significado tem quando dizem igualdade para mulheres. Jamais poderíamos ser iguais... A natureza não nos fez assim. Os irmãos dizem: "Deixem a mulher ser mulher... E deixem o homem ser homem..."*

---

* No original, a frase *Let a woman be a wo-man... and a man be a ma-an...* aborda a ideia de que a mulher veio do homem, já que a palavra *woman* tem em sua composição a palavra *man*. Nessa concepção, homem é original, é o primeiro. [*N. da T.*]

Apesar de Baraka apresentar essa "nova" nação negra que ele visiona como um mundo em que haverá manifestamente valores distintos daqueles do mundo branco que ele está rejeitando, a estrutura social que ele concebeu foi baseada na mesma fundação patriarcal da sociedade estadunidense branca. Suas afirmações sobre o papel da mulher não eram diferentes do que os homens brancos expressavam no mesmo período da história estadunidense. Homens brancos entrevistados para o livro *The American Male* expressaram estar preocupados, porque a crescente presença de mulheres brancas na força de trabalho estava ameaçando o status masculino deles, e expressaram nostalgia sentimental pelo passado, quando os padrões de papéis sexuais eram delineados com mais detalhes. Assim como Baraka, eles comentaram:

> Bons tempos aqueles. Um homem era um homem, e uma mulher era uma mulher, e cada um sabia o que isso significava. O pai era chefe de família, no sentido real do termo. A mãe o respeitava por isso e recebia toda gratificação de que precisasse ou quisesse em casa, fazendo seu bem-definido trabalho [...]. O homem era forte, a mulher era feminina – e havia pouca conversa fiada sobre essa igualdade de araque.

Não é mera coincidência que nesse mesmo momento em que os homens brancos estavam expressando dúvidas e ansiedades sobre seu papel masculino, homens negros escolheram declarar publicamente que subjugaram as mulheres negras. Finalmente, o homem negro que antes se enxergava como o perdedor da grande luta competitiva contra os homens brancos por status e poder pôde mostrar seu trunfo – ele era o homem "real", porque conseguia controlar "sua" mulher. Baraka e outros homens negros podiam rotular homens brancos de efeminados e não masculinos. Em *Home* [Lar], Baraka incluiu um ensaio intitulado "American Sexual Reference: Black Man" [Referência sexual estadunidense: O homem negro], que inicia com esta declaração homofóbica:

> A maioria dos homens brancos estadunidenses é treinada para ser bicha. Por esse motivo, não é de se surpreender que o rosto deles seja fraco e inexpressivo, sem o machucado da realidade – em qualquer tempo. Aquele rubor, aqueles olhos azuis gays... Você consegue, por um segundo, imaginar um homem branco padrão de classe média capaz de fazer algum mal a alguém? Sem a tecnologia que, neste momento, ainda lhe permite governar o mundo? Você compreende a suavidade do homem branco, a fraqueza e, novamente, a estranheza em relação à realidade?

Ironicamente, o "poder" dos homens negros, celebrado por Baraka e outros, era um estereótipo racista do homem negro como primitivo, forte e viril. Apesar de essas mesmas imagens de homens negros terem sido evocadas por brancos racistas para apoiar o argumento de que todos os homens negros eram estupradores, nesse momento eram romantizadas como características positivas. O público estadunidense ficou impressionado com Baraka e outros como ele que anunciaram o surgimento da virilidade negra. Reagiam a grupos como o dos muçulmanos negros, que enfatizavam a força da virilidade negra, com temor, mas também com admiração e respeito.

A partir de seus escritos e discursos, fica claro que a maioria dos ativistas políticos negros dos anos 1960 viu o movimento de libertação negra como um ativismo para ganhar reconhecimento e apoio para um patriarcado negro que surgia. Quando críticos do movimento Black Power argumentaram que uma contradição de valores emergia dos homens negros que se aliavam ao movimento e, ao mesmo tempo, escolhiam companheiras brancas, eles foram informados de que homens "de verdade" demonstravam poder namorando quem eles quisessem. Quando perguntaram a Baraka se um homem negro militante poderia ter uma companheira branca, ele respondeu:

> Jim Brown expressou de forma direta, e isto realmente é verdade. Ele disse que há homens negros e homens brancos, e então há mulheres. Portanto, você pode mesmo estar envolvido com a militância negra e ter a sua mulher. O fato de ela ser negra ou branca já não impressiona as pessoas, mas um homem que tem uma mulher impressiona. A batalha é, na verdade, entre homens brancos e homens negros, quer gostemos de admitir ou não, este é o campo de batalha do momento.

Homens negros anunciavam por meio do movimento Black Power que estavam determinados a obter acesso ao poder, ainda que isso significasse romper com a sociedade convencional estadunidense e criar uma nova subcultura negra. Patriarcas brancos estavam alarmados pela afirmação de homens negros militantes que, eles sabiam, tinham toda razão em estar irritados, hostis e com desejo de vingança, e reagiram com resistência violenta. Apesar do fato de eles serem capazes de resistir e derrotar militantes negros, homens brancos ficavam impressionados com a visão do homem negro usando o distintivo de sua masculinidade recentemente afirmada. O movimento Black Power teve grande impacto na psique de estadunidenses brancos. Joel Kovel argumenta em *White Racism: A Psychohistory* [Racismo Branco: Uma psico-história] que o movimento Black Power mudou por completo como os brancos percebem os negros. Ele afirma:

> Por meio de uma resistência aberta, incentivada por líderes como Malcolm X e seus sucessores radicais, os negros limparam o símbolo da negritude, tirando sua humildade falsa acumulada e, de fato, procederam no sentido de regenerar sua própria matriz simbólica com base em um conceito positivo de negritude. O fato de esse retorno à dignidade ter sido possível comprova a força da humanidade em resistir à opressão, e é um grande sinal de esperança para pessoas negras e pessoas brancas também. Pode parecer deplorável que isso tivesse que se tornar realidade por meio de raiva e destruição, mas infelizmente foi necessário, sob os termos destruidores da matriz simbólica do Oeste que não iria, não poderia, garantir humanidade para quem já foi propriedade. Aqui, nesse ato heroico, há um real rompimento com a dialética sempre destrutiva de nossa matriz.

Vários homens brancos mostraram-se favoráveis às demandas dos defensores do Black Power com ênfase em recuperar para os homens negros a masculinidade perdida, precisamente porque o sexismo deles permitiu que se identificassem e simpatizassem com a causa. Os privilégios patriarcais que os homens negros exigiam em nome do Black Power eram, exatamente, os desejos patriarcais sexistas pelos quais os homens brancos conseguiam empatizar. Embora mulheres e homens brancos não conseguissem se identificar nem ter empatia pela raça negra que exploraram para fins econômicos, o que exigia reparação, eles tinham facilidade para reconhecer o desejo dos homens negros de afirmar a "virilidade". Como estadunidenses, eles não foram ensinados a realmente acreditar que igualdade social é um direito inerente que todas as pessoas possuem, mas foram socializados para acreditar que é da natureza dos homens desejar e ter acesso a poder e privilégio. No controverso livro de Michele Wallace, *Black Macho and the Myth of the Superwoman*, ela repudia o movimento Black Power, como sendo ineficiente e sugere que homens negros estavam principalmente interessados em obter acesso ao corpo de mulheres brancas. Ela não compreendeu que o movimento dos anos 1960 não só erradicou várias barreiras que impediam namoros inter-raciais; ele levou a várias conquistas sociais e econômicas para as pessoas negras. No entanto, as conquistas significativas do movimento Black Power nem justificam nem diminuem o impacto negativo de atitudes antimulher que surgiram em grande parte da retórica do movimento.

Enquanto o movimento Black Power dos anos 1960 foi uma reação contra o racismo, foi também um movimento que permitiu aos homens negros anunciar publicamente seu apoio ao patriarcado. Homens negros militantes atacavam publicamente os patriarcas brancos por seu racismo, mas também estabeleciam uma conexão de solidariedade com eles, baseados na aceitação do patriarcado e no comprometimento com esse sistema que compartilhavam. O elemento mais forte de conexão entre militantes negros e homens brancos era o sexismo compartilhado - ambos acreditavam na inferioridade natural da mulher e apoiavam o domínio do homem. Outro elemento de conexão foi o reconhecimento do homem negro de que ele, assim como o homem branco, aceitava a violência como forma principal de garantir poder. Homens brancos reagiram à violência dos homens negros com o entusiasmo e a satisfação que homens tradicionalmente expressavam quando iam para a guerra. Apesar de terem atacado militantes negros, eles os respeitaram pela demonstração de força. Desde o movimento Black Power dos anos 1960, homens brancos aceitam com mais prontidão os homens negros nas forças policiais e em outras posições de liderança das forças armadas. Tem sido tradicionalmente aceitável que homens coloquem de lado sentimentos racistas nessas esferas onde eles se conectam com base na sexualidade. Apesar do evidente racismo no esporte, foi lá que homens negros receberam pela primeira vez certo grau de reconhecimento positivo de sua proeza masculina. Racismo sempre foi uma força que separa homens negros de homens brancos, e sexismo tem sido uma força que une os dois grupos.

Homens de todas as raças nos Estados Unidos se conectam com base em sua crença comum de que uma ordem social patriarcal é a única fundação viável para a sociedade. Sua postura patriarcal não é simplesmente aceitação de uma etiqueta social baseada em discriminação contra mulheres; é um comprometimento político sério para manter um regime político nos Estados Unidos e no mundo que seja dominado pelo homem. John Stoltenberg debate a estrutura política do patriarcado em seu ensaio "Toward Gender Justice" [Rumo à justiça de gênero], publicado em uma coletânea de textos, *For Men Against Sexism* [Para homens contra o sexismo]. Em seu ensaio, ele descreve características específicas do patriarcado:

> No patriarcado, homens são árbitros de identidade, tanto da masculina quanto da feminina, porque a norma cultural da identidade humana é, por definição, identidade do homem – a masculinidade. E, no patriarcado, a norma cultural da identidade do homem consiste em poder, prestígio, privilégio e prerrogativa acima e contra a classe das mulheres. Isso é masculinidade. Não é qualquer outra coisa.
>
> Já foram feitas tentativas para defender essa norma de masculinidade a partir da ideia de que há uma base natural na biologia sexual do homem. Já foi dito, por exemplo, que o poder do homem na cultura é expressão natural de uma tendência biológica dos machos humanos à agressão sexual. Mas eu acredito que o contrário é a verdade. Acredito que o funcionamento genital masculinista é expressão de poder masculino na cultura. Acredito que agressão sexual masculina seja um comportamento totalmente adquirido, ensinado por uma cultura completamente controlada pelos homens. Acredito, conforme vou explicar, que há um processo social através do qual o patriarcado confere poder, prestígio, privilégio e prerrogativa para pessoas que nascem com pinto, e que há um programa sexual promovido pelo patriarcado (não pela mãe natureza) para determinar como esses pintos devem funcionar.

Stoltenberg também destaca o fato de que o patriarcado é mantido pela conexão entre homens, com base no sexismo compartilhado:

> O processo social através do qual pessoas nascidas com pinto detêm e mantêm masculinidade surge na conexão entre homens. A conexão entre homens é comportamento institucionalizado adquirido pelo qual homens reconhecem e reforçam a genuína participação uns dos outros na classe dos homens e pelo qual homens lembram uns aos outros que não nasceram mulher. A conexão entre homens é política e extensa. Ocorre sempre que dois homens se encontram. Não é restrita a grupos somente de homens. É forma e conteúdo de cada um dos encontros entre dois homens. Garotos aprendem muito cedo que é melhor que se conectem. O que aprendem para criar essa ligação é um elaborado código comportamental de gestos, modo de fala, hábitos e atitudes, que, com efeito, excluem as mulheres da sociedade dos homens. A conexão entre homens é o meio de aprenderem uns com os outros que eles têm direito, no patriarcado, a ter poder na cultura deles. A conexão entre homens é como eles adquirem esse poder, e essa conexão é como eles o mantêm. Portanto, homens reforçam um tabu contra desconectarem-se – um tabu que é fundamental para a sociedade patriarcal.

Racismo não permitiu a completa conexão entre homens brancos e homens negros com base no sexismo compartilhado, mas essa conexão ocorre.

A busca do homem negro por reconhecimento de sua "virilidade" na sociedade estadunidense tem raiz em sua internalização do mito de que, simplesmente nascendo homem, ele tem um direito nato a poder e privilégio. Quando o racismo impediu pessoas negras de alcançarem igualdade social com pessoas brancas, homens negros reagiram como se fossem os únicos representantes da raça negra e, portanto, as únicas vítimas de opressão racista. Eles enxergaram que eram as pessoas a quem liberdade era negada, não as mulheres. Em toda sua ficção de protesto, o romancista negro Richard Wright destacou os efeitos desumanizadores do racismo em homens negros, como se mulheres negras não fossem, de jeito nenhum, afetadas. Em seu conto "Long Black Song" [Longa canção negra], o herói, Silas, que havia acabado de matar um homem branco, grita de ódio:

> O pessoal branco nunca vai me dar uma chance! Eles nunca vão dar chance pra nenhum homem preto! Não tem nada na sua vida inteira que sua família fica sem eles pegarem! Eles pegam sua terra! Eles pegam sua liberdade! Eles pegam sua mulher! E aí eles pegam sua vida!

Wright relega as mulheres à posição de propriedade – elas se tornam, para ele, meras extensões do ego do homem. O comportamento dele é típico do pensamento de um homem patriarcal sobre mulheres.

Homens negros são capazes de desconsiderar os sofrimentos de mulheres negras, como se fossem desimportantes, porque socialização sexista ensina que eles devem ver mulheres como objetos, sem valor humano nem mérito. Esse comportamento antimulher é endêmico no patriarcado. No ensaio de Leonard Schein "All Men are Misogynists" [Todos os homens são misóginos], ele argumenta que o patriarcado incentiva homens a odiarem mulheres:

> A fundação do patriarcado é a opressão contra a mulher. O cimento dessa fundação é a socialização de homens para odiarem mulheres.
>
> Se olharmos para nosso desenvolvimento como homens, é fácil ver como a misoginia surge. Como crianças pequenas, nossa primeira atração é pela mãe, uma mulher. Na medida em que crescemos, aprendemos a transferir o amor pela mãe para uma identificação com o pai.
>
> A família nuclear patriarcal faz todos os membros serem dependentes do homem (pai-marido). É nessa atmosfera opressora que crescemos, e somos extremamente sensíveis a essa hierarquia do poder, mesmo quando crianças. Nós nos damos conta, mais do que os adultos imaginam, que nosso pai (e a sociedade à sua imagem, desde o policial, o médico, o presidente) é poderoso e que nossa mãe não tem poder. Ela precisa criar estratégias e manipular por meio da empatia para conseguir o que quer.

Racismo não impede homens negros de absorverem a mesma socialização sexista em que os homens brancos são mergulhados. Quando bastante jovens, garotos negros aprendem que têm um status privilegiado no mundo, com base no fato de terem nascido meninos; eles aprendem que esse status é superior ao das mulheres. Como consequência da socialização sexista prematura, eles amadurecem aceitando os mesmos sentimentos sexistas que os brancos aceitam. Quando mulheres não afirmam o status de homem de homens negros, assumindo um papel subordinado, eles expressam o desprezo e a hostilidade que os ensinaram a ter por mulheres não submissas.

Homens negros têm sido sexistas ao longo de sua história nos Estados Unidos, mas na contemporaneidade, o sexismo, abertamente, tomou a forma de misoginia – ódio não disfarçado às mulheres. Mudanças culturais nos comportamentos direcionados à sexualidade da mulher afetaram o comportamento dos homens direcionado a elas. Desde que mulheres se dividissem em dois grupos, as virgens, que eram as "boas" moças, e as sexualmente permissivas, que eram as garotas "más", homens eram capazes de manter uma fachada carinhosa com mulheres. Agora que o anticoncepcional e outros métodos contraceptivos dão aos homens acesso ilimitado ao corpo das mulheres, eles pararam de sentir que era necessário demonstrar qualquer consideração ou respeito a elas. Agora podem ver todas as mulheres como "más", como "vagabundas" e revelar seu desprezo e ódio abertamente. Como um grupo, homens brancos expõem seu ódio ao aumentarem a exploração de mulheres como objetos sexuais, para vender produtos e por meio de seu dedicado apoio à pornografia e ao estupro. Homens negros expõem seu ódio aumentando a violência doméstica (homens brancos também) e sua veemente condenação verbal de mulheres negras como matriarcas, castradoras, vacas etc. Era perfeitamente lógico que homens negros começassem a enxergar as mulheres negras como inimigas, dada a estrutura do patriarcado. Schien escreveu sobre o ódio dos homens às mulheres:

> [...] Psicologicamente, objetificamos as pessoas que odiamos e as consideramos inferiores a nós [...].
>
> Uma segunda situação que alimenta, aprofunda e solidifica nosso ódio por mulheres se desenvolve um pouco mais tarde. Começamos a conhecer nossa posição de privilégio como homem na sociedade. O judeu ortodoxo reza

> a Deus, todas as manhãs, agradecendo a "Ele" por não ter nascido mulher. Subconscientemente, intuímos que nosso privilégio é mantido apenas se mulheres permanecerem "em seu lugar". Portanto, vivemos em constante medo, como a ameaça ao poder está em toda parte (até mesmo, e principalmente, em nosso quarto). Esse medo do desafio ao nosso poder explica nosso ódio paranoico à mulher atrevida.

Mulheres negras sempre foram consideradas "muito atrevidas". Os homens brancos decidiram isso durante o período da escravidão. Quando Moynihan publicou pela primeira vez seu relatório sobre a família negra, em 1965, disseminando a teoria da emasculação, homens negros responderam inicialmente expondo os pontos fracos e os equívocos no argumento dele. Primeiro, argumentaram que a afirmação sobre eles estarem emasculados era ridícula e falsa, mas não demorou muito para começarem a fazer a mesma queixa. O endosso deles à ideia de que mulheres negras eram castradoras de homens permitiu que tirassem do armário os comportamentos misóginos. Enquanto, por um lado, aderiram ao mito do matriarcado e o utilizaram para incentivar mulheres negras a serem mais submissas, por outro lado, comunicaram a mensagem de que a masculinidade deles não estava ameaçada pelas mulheres negras, porque poderiam sempre usar força bruta e proezas físicas para subjugá-las.

Sempre foi reconhecido em comunidades negras de classe baixa que a habilidade de atuar como chefe de família não era o padrão dos homens negros para medir sua virilidade. Como um homem negro afirmou:

> Em uma sociedade branca, respeito é, em grande escala, institucionalizado. Você deve respeitar um homem, porque ele é juiz ou professor, ou um empresário executivo. No gueto, sem a presença do respeito institucionalizado, um homem deve conquistar respeito por suas próprias qualidades pessoais, incluindo a habilidade de se defender fisicamente.

É verdade que homens brancos institucionalizaram respeito, mas seu sucesso como homens de poder é medido por sua habilidade de usar força tecnológica para fazer violência contra os outros, ou ainda, por sua habilidade de explorar os outros para fins capitalistas. Portanto, nesse sentido, a maneira de conquistarem respeito por sua virilidade não é tão diferente assim do que homens negros fazem. Enquanto homens brancos demonstram seu "poder viril" organizando e implementando o massacre de japoneses ou de vietnamitas, homens negros se matam, ou matam mulheres negras. Uma das principais causas de morte entre jovens negros é homicídio de negro por negro. O psiquiatra negro Alvin Pouissant argumenta que esses homens negros são "vítimas de seu próprio auto-ódio". Enquanto sentimentos de insegurança em relação a si podem incentivar homens negros a cometerem atos de violência, em uma cultura que justifica a violência dos homens como expressão positiva de virilidade, a habilidade de usar força contra outra pessoa – por exemplo, oprimindo – pode significar menos uma expressão de auto-ódio do que um ato recompensador e satisfatório.

Em várias comunidades negras, jovens garotos, quando se tornam adultos, sentem que devem mostrar a seus pares homens que eles são corajosos – que não têm medo de atos de violência. Andar armado e estar preparado para usar a arma são formas de publicamente afirmar sua força "masculina". Em uma sociedade patriarcal racista imperialista que apoia e justifica a opressão, não é de surpreender que homens e mulheres julguem seu valor, seu poder pessoal com base em sua habilidade de oprimir outros. Recentemente, um jornalista branco de um importante jornal da Califórnia relatou, chocado e ofendido, que jovens negros em Cleveland vibraram quando o corpo de um agente do FBI, assassinado por um garoto negro, foi retirado de um condomínio. No entanto, em uma cultura em que a violência domina a mídia (televisão, filmes, quadrinhos), é perfeitamente compreensível que jovens, homens e mulheres, glorifiquem a violência. E no caso de garotos negros, que aprendem por meio dessa mesma mídia que eles são alvos automáticos de agressão de homens brancos, não é surpreendente que se sintam satisfeitos quando veem um símbolo da lei branca assassinado por um de seus pares. Afinal, ao longo da vida deles, a socialização sexista tem incentivado a sentir que, se não conseguirem cometer atos de violência, "perdem a hombridade".

Com frequência, esquecem que o mesmo relatório de Moynihan que promoveu a ideia de que mulheres negras "tiraram a hombridade" de homens negros os incentivou a entrar para o serviço militar. Moynihan chamou a guerra de "mundo absolutamente masculino", e foi nesse mundo de matança que ele imaginou que homens negros desenvolveriam autoconfiança e orgulho. Como outros brancos patriarcas, endossou violência como expressão positiva de força masculina. Ele argumentou:

> Dada a pressão da vida familiar desorganizada e focada na mãe, na qual tantos jovens negros crescem, as forças armadas são uma necessidade dramática e desesperada: um mundo longe da mulher, um mundo governado pela força de homens fortes de autoridade inquestionável.

O sexismo alimenta, justifica e apoia a violência do homem contra a mulher, assim como incentiva a violência entre homens. Na sociedade patriarcal, homens são incentivados a canalizar agressões frustradas contra as pessoas sem poder - mulheres e crianças. Homens brancos, da mesma forma que homens negros, abusam de mulheres. Ainda que os interesses deste livro me levem a focar na misoginia do homem negro, não pretendo deixar implícito que eles são o perfeito exemplo da opressão sexista em nossa sociedade. Sempre houve maior ênfase nos atos violentos de homens negros na sociedade estadunidense, porque isso desvia a atenção da violência do homem branco. A violência contra mulheres, perpetrada por homens, aumentou nos Estados Unidos, nos últimos vinte anos. Antifeministas argumentam que a mudança no padrão dos papéis sexuais ameaçou os homens, portanto, eles demonstram a raiva por meio de violência doméstica. Como pessoas que apoiam o domínio do homem, antifeministas afirmam que atos violentos contra as mulheres continuarão, até que a sociedade retorne aos bons tempos de papéis sexuais bem delineados.

Apesar de aliados feministas gostarem de pensar que o feminismo tem sido a força motivadora por trás das mudanças no papel da mulher, na verdade, as mudanças na economia capitalista estadunidense representaram o maior impacto no status das mulheres. Mais mulheres do que nunca estão no mercado de trabalho dos Estados Unidos não como resultado do feminismo, mas porque famílias não conseguem mais contar com a renda do pai. O feminismo tem sido usado como ferramenta psicológica para fazer mulheres pensarem que o trabalho, que em outra circunstância enxergariam como entediante, chato e demorado, é libertador. Porque, existindo ou não feminismo, mulheres precisam trabalhar. Ataques de misoginia manifesta contra mulheres ocorriam muito antes do feminismo, e a maioria das mulheres que aguenta a grande parte das agressões e brutalidades perpetradas por homens não é feminista. Muito da violência contra mulheres nesta cultura é promovida pelo patriarcado capitalista que incentiva homens a se verem como privilegiados, enquanto diariamente os destitui de humanidade em trabalhos desumanos e, como consequência, eles usam violência contra mulheres para resgatar o senso de poder e masculinidade que perderam. A lavagem cerebral da mídia encoraja os homens a usarem violência para subjugar as mulheres. Efetivamente, o patriarcado moderno, reestruturado para atender às necessidades do capitalismo avançado, erradicou versões anteriormente romantizadas do papel do herói como o forte cavaleiro, que protege a dama em perigo e provê, trocando essas versões pelo culto ao estuprador, ao homem macho, ao bruto, aquele que usa de força para conseguir o que quer.

Nos anos 1960, os homens negros se dissociaram dos códigos cavalheirescos de virilidade, que em certo tempo ensinaram os homens a lamentarem a violência contra mulheres, para idolatrar os homens que exploravam e brutalizavam mulheres. Amiri Baraka dramatizou sua aceitação da violência como maneira de subjugar mulheres em sua peça *Madheart* [Coração louco]. Em uma cena durante a qual uma mulher negra pede com veemência para um homem negro deixar as mulheres brancas em paz e voltar para ela, o homem negro "herói" da peça demonstra seu poder de usar força, dominando-a:

> HOMEM NEGRO: Eu vou ter você de volta. Se eu precisar.
>
> MULHER *(ri)*: Você precisa, querido... Apenas olhe ao redor. É melhor para você que me tenha de volta, se você sabe o que é bom para você... É melhor.
>
> HOMEM NEGRO *(olhando ao redor e diretamente para ela, ele avança)*: É melhor?... *(uma risada suave)* Sim. Agora é onde sempre estamos... Agora... *(ele se vira e de repente dá um tapa transversal em seu rosto, nas duas faces)*
>
> MULHER: Que isso??? O que... Meu amor... Por favor... Não me bate. *(ele bate nela, dá outro tapa nela)*
>
> HOMEM NEGRO: Eu te quero mulher, como mulher. Abaixe-se. *(ele bate nela novamente)* Abaixe-se, submeta-se, submeta-se... Ao amor... E ao homem, agora e para sempre.
>
> MULHER *(chorando, virando a cabeça de um lado para outro)*: Por favor, não me bata... Por favor... *(ela se curva)* Os anos são tão longos, sem você, homem, eu te esperei... Esperei por você...
>
> HOMEM NEGRO: E eu esperei.
>
> MULHER: Eu te vi humilhado, homem negro, te vi rebaixado para cães e demônios.
>
> HOMEM NEGRO: E eu te vi estuprada por selvagens e bestas e carregar embranquecidas crias de macacos.

MULHER: Você permitiu isso... Você não podia... fazer nada.

HOMEM NEGRO: Mas agora posso. *(ele bate nela e a arrasta para perto dele, beijando-a na boca com intensidade)* Aquela merda acabou, mulher, você comigo, e o mundo é meu.

Baraka não glorificou essa violência contra mulheres sozinho. Suas peças foram encenadas diante de plateias de mulheres e homens que não se mostravam chocados, enojados ou ultrajados pelo que assistiam. Se nos anos 1960 Baraka usou o teatro para encenar a opressão contra mulheres, nos anos 1970 uma mulher negra foi, de fato, assassinada no palco por um dramaturgo negro. A poeta negra Audre Lorde se refere a esse assassinato em um curto ensaio, "The Great American Disease" [A grande doença estadunidense], em que comenta o ódio dos homens negros às mulheres. Ela relembra o caso de Pat Cowan:

> Ela era uma jovem atriz negra em Detroit, tinha 22 anos e era mãe. Respondeu a um anúncio de teste de atuação para atriz negra em uma peça intitulada *Hammer* [Martelo]. Enquanto ela fazia uma cena de discussão, assistida pelo irmão do dramaturgo e por seu filho, o dramaturgo negro pegou uma marreta e a espancou por trás, até a morte.

A maioria dos homens na sociedade patriarcal, apesar de eles serem fanáticos comprometidos com o domínio do homem, gosta de pensar que não usarão brutalidade para oprimir mulheres. Ainda assim, na mais tenra idade, meninos são socializados para considerar mulheres suas inimigas e ameaças ao status viril e ao poder – uma ameaça que, no entanto, eles podem domar por meio de violência. Na medida em que crescem, aprendem que agressão direcionada às mulheres diminui a ansiedade e o medo de que o poder viril seja usurpado. Em seu ensaio sobre misoginia, Schien conclui:

> Devemos compreender que nossa raiva (e ódio) é algo que vem de dentro de nós. Não é culpa da mulher. É o comportamento que a sociedade patriarcal nos incentivou a ter direcionado às mulheres. Quando finalmente confrontados pela realidade do feminismo, que ameaça nosso poder e nossos privilégios, nossa defesa não consegue esconder nossa verdadeira raiva e agimos com incrível violência.
>
> Precisamos aceitar que essa raiva nos pertence e é decorrente de nosso ódio às mulheres. Sei que homens falam que não odeiam, de fato, as mulheres; eles apenas as trataram injustamente devido à socialização ("os outros homens são estupradores, eu não"). Isso pode ser inverídico e uma maneira de se livrar da responsabilidade. Todos os homens odeiam as mulheres, e até que assumamos a responsabilidade por nosso próprio ódio, não seremos capazes de explorar, com seriedade, nossas emoções nem de tratar mulheres como seres humanos iguais.

Mulheres negras formam um dos grupos de mulheres mais desvalorizados na sociedade estadunidense e, portanto, têm sido alvo do abuso e da crueldade de homens sem qualquer noção de limites. Com a criação do estereótipo da mulher negra como "má" por homens, tanto brancos quanto negros, ela não conseguiu se aliar a homens de nenhum dos dois grupos, para ter proteção contra o outro grupo. Nenhum dos grupos sente que ela merece proteção. Um estudo sociológico sobre relacionamento entre homens e mulheres negros de classe baixa demonstrou que a maioria dos jovens negros vê sua companheira somente como objeto a ser explorado. A maioria dos garotos no estudo se referiu a mulheres negras como "vacas" ou "vagabundas". Sua percepção da mulher negra como objeto sexual degradado é semelhante à percepção do homem branco. Com frequência, em comunidades negras, o homem que revela abertamente seu ódio e desprezo por mulheres é admirado. A glorificação contemporânea da violência de homens contra mulheres elevou o cafetão, antes uma figura desprezível na comunidade, ao status de herói. O tratamento misógino do cafetão direcionado às mulheres foi romantizado em filmes como *Sweet Sweetback* [Doce doçura] ou *Cool World* [Mundo proibido], e em livros como a biografia *Iceberg Slim*, que glorificara a exploração que ele praticava. Grande parte da detalhada autobiografia de Malcolm X é dedicada a relatar seus dias como cafetão. Ele conta para os leitores que se sentia confortável no papel de cafetão, porque enxergava as mulheres como inimigas de sua masculinidade, que deveriam ser vencidas por meio de exploração. Ainda que ele tenha repudiado o papel de cafetão, depois de ter se tornado muçulmano, isso é apresentado simplesmente como uma expressão distorcida da busca por "virilidade".

Em 1972, Christina e Richard Milner publicaram um livro intitulado *Black Players* [Jogadores negros], no qual romantizaram e glorificaram a vida dos cafetões. Uma das seções do livro, com o título "Male Dominance – Men Have to Control" [Domínio masculino – Os homens têm que controlar], chama a atenção do leitor para o fato de que o cafetão impressiona as pessoas por ser capaz de subjugar a mulher. Os Milner argumentam:

> Em primeiro lugar, o cafetão deve ter total controle sobre suas mulheres; esse controle fica notável para os outros por uma série de pequenos rituais que expressam simbolicamente o comportamento de suas mulheres. Na companhia de outras pessoas ela deve se esforçar ao máximo para tratá-lo com absoluta deferência e respeito. Deve acender os cigarros dele, atender a todos os caprichos dele e nunca, nunca contradizê-lo. Aliás, jamais espera-se que uma puta converse na presença de cafetões, a menos que falem com ela.

O papel que cafetões esperavam de mulheres é meramente uma imitação do papel que patriarcas esperam da esposa e de filhas. A conduta subordinada e passiva que se espera da prostituta não é diferente da que se espera de todas as mulheres em uma sociedade patriarcal.

Homens negros que se juntaram ao grupo dos muçulmanos negros nos anos 1960 e 1970 estavam comprometidos com os padrões de comportamentos sexuais. Em seu relatório pessoal sobre o movimento dos muçulmanos negros, *Black Nationalism* [Nacionalismo negro], publicado em 1962, E. U. Essien-Udon observou que os homens negros que se juntaram aos muçulmanos eram aqueles que aceitaram o "ideal feminino" como o papel natural da mulher. Essien-Udon observou:

> Mulheres muçulmanas pareciam aceitar seu homem como "o primeiro entre os iguais" e, em tese, pelo menos, considerar o homem como arrimo e chefe da família. As mulheres muçulmanas abordam o homem como "senhor". Esposas abordam o marido da mesma maneira.

Entendia-se que, no relacionamento amoroso dos muçulmanos, a mulher sempre seria diferente do homem, em todas as ocasiões. Várias mulheres negras desejavam se juntar aos muçulmanos, porque queriam que homens negros agissem dentro de um papel dominador. Como outros grupos de libertação dos negros, muçulmanos negros glorificavam a virilidade e, ao mesmo tempo, relegavam mulheres ao status de subordinadas.

Malcolm X era o líder dos muçulmanos negros que várias pessoas viam como figura exemplar da virilidade negra, mas é impossível ler sua autobiografia sem tomar consciência do ódio e do desprezo que ele teve por mulheres durante grande parte da vida. Próximo ao meio do livro, Malcolm escreveu sobre a mulher negra com a qual se casou:

> Acho que agora devo dizer que eu amo Betty. Ela é a única mulher que eu jamais pensei em amar. E ela é uma das poucas – quatro mulheres – em quem eu jamais confiei. É o seguinte: Betty é uma boa mulher e esposa muçulmana [...].
>
> Betty... Me entende. Eu até mesmo diria que não imagino que muitas outras mulheres dariam conta do meu jeito. Despertar esse homem negro que passou por uma lavagem cerebral e dizer para esse homem branco arrogante e perverso a verdade sobre ele mesmo, Betty compreende, é um trabalho em tempo integral. Se tenho trabalho para fazer quando estou em casa, o pouco tempo que estou em

> casa, ela me permite ter a tranquilidade de que preciso para trabalhar. Raramente fico em casa mais do que metade da semana; tenho ficado longe por até cinco meses. Não tenho muita oportunidade para levá-la a qualquer lugar e sei que ela gosta de estar com o marido dela. Ela está acostumada comigo ligando de aeroportos, em qualquer lugar, de Boston a São Francisco, ou de Miami a Seattle, ou ainda, recentemente, enviando um telegrama do Cairo, de Acra ou da cidade sagrada de Meca.

Ainda que Malcolm tenha exaltado as virtudes da esposa, seu comportamento geral direcionado às mulheres era extremamente negativo.

Um aspecto importante do movimento dos muçulmanos negros para vários de seus membros foi a ênfase moralista na purificação e limpeza de pessoas negras, principalmente as mulheres negras, de sua sexualidade imunda. No patriarcado estadunidense, acredita-se que todas as mulheres são a encarnação do mal sexual. O racismo sexual levou mulheres negras a serem as que mais sofrem com a necessidade da sociedade de degradar e desvalorizar mulheres. Enquanto mulheres brancas foram colocadas em um pedestal simbólico, as negras são vistas como mulheres caídas. Na comunidade negra, a mulher negra de pele clara que mais se assemelhasse a mulheres brancas era vista como "lady" e colocada em um pedestal, enquanto as mulheres negras de pele mais escura eram vistas como vacas e vagabundas. Homens negros demonstraram luxúria e desprezo obsessivos pela sexualidade da mulher, como o que é incentivado em toda a sociedade. Porque eles, assim como homens brancos, enxergam as mulheres negras como naturalmente mais sexuais e moralmente depravadas do que outros grupos de mulheres, eles sentiram o maior desprezo por elas. Dentro do movimento muçulmano, os homens negros que já olharam para as mulheres negras como se fossem uma propriedade desvalorizada conseguiram de repente enxergar o status delas elevado a esposa e mulher respeitada, isto é, depois de ela embrulhar a cabeça em um tecido e cobrir todo o corpo com uma longa saia ou vestido.

Essein-Udon relatou que a maioria das mulheres negras foi incentivada a se juntar ao movimento muçulmano com a promessa de que seriam respeitadas como os homens negros. Ele intitulou essa seção "The Negro Women: Journey From Shame" [A mulher negra: A jornada desde a vergonha], e comentou:

> Um dos principais motivos que levam mulheres negras a se juntarem à Nação é o desejo de escapar da posição de mulher, na subcultura negra [...]. A Nação respeita virtudes tipicamente de mulher. O comportamento e o tratamento do homem muçulmano direcionados à mulher negra contrastam muito com o desrespeito e a indiferença com os quais negros de classe baixa as tratam. A exigência semirreligiosa de Muhammad para que seguidores respeitem a mulher negra tem apelo para as mulheres negras que buscam escapar da baixa e humilhante posição dentro da sociedade negra e do *éthos* sexual predatório da classe baixa. A Nação do Islã é refúgio desses abusos e é livre de exploração sexual. É uma jornada da vergonha à dignidade.

Mulheres negras que se juntaram à Nação do Islã foram tratadas com mais respeito do que eram acostumadas a ter antes da conversão, mas esse tratamento melhorado não aconteceu porque o homem muçulmano negro mudou seu comportamento negativo básico direcionado à mulher. Aconteceu porque o líder Elijah Muhammad decidiu que seria do interesse do movimento desenvolver uma base patriarcal forte na qual proteção e consideração seriam oferecidas às mulheres, em troca de submissão. Em vários casos, homens muçulmanos negros que tratavam mulheres negras com respeito, dentro do movimento, continuaram a abusar e explorar mulheres não muçulmanas. Assim como os homens brancos, a ação de rotular um grupo de mulheres como "boas" exigia o rótulo de "más" para outro grupo. A ação dos homens negros para idealizar a mulheridade negra não foi diferente da idealização das mulheres brancas por homens brancos, durante o século XIX. Enquanto homens brancos elevaram o status da mulher branca, rotulando mulheres negras de vagabundas ou prostitutas, os muçulmanos negros do século XX elevaram as mulheres negras rotulando de demoníacas e vagabundas mulheres brancas. Em ambos os casos, nenhum dos dois grupos de homens conseguia se livrar da crença de que mulheres eram, por natureza, más. Eles mantiveram o comportamento desrespeitoso direcionado às mulheres, mas simplesmente canalizaram em uma direção específica.

Vários homens negros não muçulmanos que desvalorizavam mulheres negras procuravam mulheres brancas como companheiras. A idealização da mulheridade branca por homens negros está tão enraizada no comportamento sexista de ódio às mulheres quanto a desvalorização da mulheridade negra. Em ambos os casos, mulheres ainda são reduzidas ao nível de objeto. A mulher idealizada se torna propriedade, símbolo e ornamento; dela são arrancadas as qualidades humanas essenciais. A mulher desvalorizada se torna um diferente tipo de objeto; ela é a escarradeira onde homens se livram dos sentimentos negativos antimulher. Esses homens negros que acreditam piamente no sonho americano, que é, essencialmente, o sonho de domínio e sucesso do homem às custas dos outros, têm mais probabilidade de expressar sentimentos negativos sobre mulheres negras e sentimentos positivos sobre mulheres brancas. Não é de surpreender que os homens negros que se autoafirmam nos termos estabelecidos pelos homens brancos desejem uma mulher branca. Uma vez que ele vive todos os momentos da vida em competição com o homem branco, ele deve também competir por aquela que o homem branco decidiu ser a melhor representante do que é a "Miss America".

Esse conhecimento popular de que homens negros desejam mulheres brancas, porque elas são muito mais "femininas" do que as mulheres negras, tem sido usado para responsabilizar as mulheres negras pelo desejo do homem negro por companheiras brancas. Em termos sexistas, se homens negros rejeitam mulheres negras e buscam outras companheiras, é certo que mulheres negras estão fazendo algo de errado, afinal, homens estão sempre certos. A verdade é que, nos Estados Unidos sexistas, onde mulheres são extensões objetificadas do ego do homem, a mulher negra foi rotulada de hambúrguer, e a mulher branca, costela. E foi o homem branco quem criou essa hierarquia sexo/raça, não o homem negro. Homens negros simplesmente aceitaram e apoiaram isso. Aliás, se homens brancos decidissem, em qualquer momento, que possuir uma mulher roxa era símbolo de status masculino e sucesso, homens negros, competindo com homens brancos, teriam que se esforçar para possuir uma mulher roxa. Ainda que eu pense ser perfeitamente normal que pessoas de raças diferentes se sintam sexualmente atraídas, não penso que homens negros que confessam amar mulheres brancas e odiar mulheres negras, ou vice-versa, estejam simplesmente expressando uma preferência pessoal livre de um preconceito culturalmente construído.

Homens negros querem mostrar o desejo de "possuir" mulheres brancas como uma tentativa de superar a desumanização racial. Na obra *Sex and Racism in America* [Sexo e racismo nos Estados Unidos], Calvin Hernton argumenta que:

> Nos Estados Unidos, no entanto, onde o negro é o azarão e a mulher branca, o maior símbolo de pureza sexual e orgulho, o homem negro é, com frequência, levado a procurar por ela como forma de evitar a piora da autoestima. Ter a mulher branca, que é o prêmio de nossa cultura, é uma forma de triunfar, em uma sociedade que renega a humanidade básica do negro.

Observe que Hernton utiliza a palavra "negro" quando está, na verdade, se referindo apenas aos homens negros. Com muita frequência, homens negros tentaram argumentar (e em muitos casos convenceram a plateia) que a objetificação das mulheres brancas por eles está diretamente ligada ao grau de opressão que vivem na sociedade estadunidense.

Essa lógica permite a eles mascarar os sentimentos básicos antimulher que estimulam a cobiça por possuir mulheres brancas. Muitos homens negros que namoram e se casam com mulheres brancas têm um autoconceito positivo e alcançaram certo status capitalista e sucesso. O desejo deles por companheiras brancas não é tanto indicação da violência do racismo branco contra eles quanto é expressão do fato de que o sucesso deles significa pouco, se eles não conseguirem também possuir o objeto humano que a cultura patriarcal branca oferece ao homem como recompensa maior por suas conquistas masculinas.

Poucos homens negros que debatem o relacionamento entre homem negro e mulher branca questionam por que homens negros não procuram desafiar os valores do patriarcado branco que os incentivam a objetificar e, se possível, explorar mulheres brancas. Em vez disso, apresentam o homem negro como "vítima"que é incapaz de resistir à sedução social que o ensina a desumanizar mulheres negras por meio da desvalorização e desumanizar mulheres brancas por meio da idealização. Na verdade, homens negros não resistem aos esforços dos publicitários e relações públicas brancos que motivam a objetificação de todas as mulheres, especialmente, mulheres brancas, porque para isso eles teriam que desafiar o patriarcado e a opressão contra mulheres. O pressuposto do homem negro de que "possuir" uma mulher branca é triunfar sobre o racismo é uma falsa verdade que mascara a realidade de que aceitá-la como "o" símbolo de status e sucesso indica, sobretudo, o quanto ele aceita e apoia o patriarcado. No afã de ter acesso ao corpo das mulheres brancas, vários homens negros demonstraram que eram muito mais preocupados em exercer o privilégio de homem do que desafiar o racismo. O comportamento deles não é diferente do de patriarcas brancos que, por um lado, afirmaram ser supremacistas brancos, mas, por outro, não conseguiram renunciar o contato sexual com mulheres da raça que eles mesmos afirmavam odiar. O que isso indica é: como homens, eles colocam o privilégio masculino acima de tudo o mais na vida. Além disso, se for necessário para eles abusar e explorar mulheres, a fim de manter o privilégio, eles farão isso sem hesitar.

Na escrita feminista, é frequente que mulheres expressem amargura, ódio e raiva em relação à opressão do homem, porque é um passo que as ajuda a parar de acreditar nas versões romantizadas dos padrões de papéis sexuais que negam humanidade à mulher. Infelizmente, nossa ênfase exagerada na opressão exercida pelo homem, em geral, esconde o fato de que homens também são vítimas. Ser um opressor é desumano e, por natureza, contra os humanos, assim como ser vítima. O patriarcado força pais a agirem como monstros, incentiva maridos e amantes a serem estupradores disfarçados; ensina nossos irmãos de sangue a se sentirem envergonhados por se importarem conosco e nega a todos os homens a vida emocional que agiria como uma força humanizadora e autoafirmadora na vida deles. A velha noção do patriarca que é merecedor de respeito e honra já há muito tempo não tem espaço no mundo capitalista avançado. Desde que o patriarcado se tornou um mero subtítulo abaixo do sistema capitalista imperialista dominante, como patriarcas, homens não servem à família e à comunidade, mas sim aos interesses do Estado. Em consequência disso, eles não se afirmam na vida doméstica. Conforme um psicoterapeuta destaca em *The American Male*:

> Ele pode ter sido um grande herói no Ensino Médio - representante de turma ou atleta de destaque; esse tipo de coisa. Mas então ele parte para o mundo e se torna uma roda dentada na organização e volta para casa sentindo-se derrotado.

Homens são incentivados a pensar em mulheres como suas INIMIGAS a partir de uma fobia, dessa maneira, cegamente permitem que outras forças - os verdadeiros elementos desumanizadores da vida estadunidense - diariamente retirem deles a humanidade. O seleto grupo de mulheres patriarcais (que apoiam e incentivam a ideologia patriarcal) e homens patriarcais que definem o capitalismo estadunidense, na verdade transformaram sexismo em *commodity* que podem vender, ao mesmo tempo que fazem lavagem cerebral nos homens para que sintam que identidade pessoal, dignidade e valor podem ser obtidos através da opressão de mulheres, essa é a arma definitiva com a qual patriarcas mantêm homens submissos.

Ao comentar sobre relacionamentos entre homens e mulheres negros, um autor afirmou:

> Auto-ódio e violência fervilham em relacionamentos sexuais negros. Devido a isso, é raro homens e mulheres negros vivenciarem amor natural quando se relacionam - eles têm sexo, não amor ou têm amor, não sexo. A qualidade do amor e a qualidade do respeito por mulheres são empobrecidas pela síndrome de cafetão/prostituta, que foi imposta por tanto tempo a pessoas negras pelo racismo e pela opressão nos Estados Unidos. Violência mascarada de afeto. Quanto mais profundas, mais as emoções que conectam homem e mulher são mutiladas por exploração mútua, desconfiança,

> desrespeito e busca por engrandecimento pessoal. Na verdade, há milhares e milhares de jovens e idosos negros que não conhecem outra forma, que não têm outra concepção do que é um relacionamento entre homem e mulher, exceto por sexo, dinheiro, automóveis e a política homem/mulher ("guerra dos sexos") disseminada pela violência física ou verbal, ou ainda, por ambas as formas.

Esse escritor enxerga a tensão negativa que existe entre mulheres e homens negros como sendo incentivada somente "pelo racismo e pela opressão nos Estados Unidos". Essa ênfase exagerada em racismo como explicação para os problemas de relacionamento entre mulher e homem negros nos cega para uma realidade de que sexismo tem um impacto muito forte em nossa forma de nos relacionar. A relutância de várias pessoas negras em reconhecer que sexismo alimenta e sustenta a violência e o ódio entre homens e mulheres é devida à relutância deles em desafiar a ordem social patriarcal. Homens e mulheres negros que apoiam o patriarcado e, consequentemente, apoiam a opressão sexista de mulheres, fazem um tremendo sacrifício para apresentar a situação social de pessoas negras, de tal maneira que pareça que somos apenas oprimidos e vitimizados pelo racismo.

Mas vamos encarar os fatos: além da realidade da opressão racista, há outras formas de nós, pessoas negras, sermos vitimadas na sociedade estadunidense. E é também importante que tenhamos atenção a outras forças opressivas, como sexismo, capitalismo, narcisismo etc., que ameaçam nossa libertação humana. De forma alguma diminui nossa preocupação sobre opressão racista reconhecermos que nossa experiência humana é tão complexa que não conseguimos compreendê-la, se apenas compreendermos racismo. Lutar contra opressão sexista é importante para libertação negra, porque enquanto sexismo dividir mulheres e homens negros, não poderemos concentrar nossas energias na resistência ao racismo. Várias das tensões e problemas nos relacionamentos entre homens e mulheres negros são resultado do sexismo e da opressão sexista. E o escritor negro que comentou esses relacionamentos teria sido mais preciso se tivesse falado que:

> Auto-ódio e violência fervilham em relacionamentos sexuais. Devido a isso, é raro homens e mulheres vivenciarem amor natural quando se relacionam – eles têm sexo, não amor ou têm amor, não sexo. A qualidade do amor e a qualidade do respeito por mulheres é empobrecida pela síndrome de cafetão/prostituta, que foi imposta por tanto tempo a pessoas pelo *patriarcado e pela opressão sexista* nos Estados Unidos. Violência mascarada de afeto. Quanto mais profundas, mais as emoções que conectam homem e mulher são mutiladas por exploração mútua, desconfiança, desrespeito e busca por engrandecimento pessoal. Na verdade, há milhares e milhares de pessoas jovens e idosas que não conhecem outra forma, que não têm outra concepção do que é um relacionamento entre homem e mulher, exceto por sexo, dinheiro, automóveis e a política homem/mulher ("guerra dos sexos") disseminada pela violência física ou verbal ou ainda, por ambas as formas.

Mulheres e homens que se sentem preocupados com o aumento do ódio e da violência em relacionamentos mulher/homem não estão mais próximos de compreender a verdadeira dinâmica da agressão quando se recusam a reconhecer sexismo como uma força opressora. O nacionalismo negro, com sua ênfase no separatismo e na formação de novas culturas, levou várias pessoas negras a pensarem que, de alguma forma, vivemos na sociedade estadunidense por centenas de anos e permanecemos ainda intocados, não influenciados pelo mundo ao nosso redor. É essa noção romantizada de nossa negritude (o mito do bom selvagem) que faz várias pessoas se recusarem a enxergar que as ordens sociais que nacionalistas negros propuseram com a fundação do patriarcado não teria mudado em nada os sentimentos negativos entre mulheres e homens negros. Em nome de libertar as pessoas negras de opressores brancos, homens negros puderam apresentar a opressão às mulheres negras como força – um sinal de glória recém-conquistada. Consequentemente, os movimentos de libertação negra tiveram vários resultados positivos no que diz respeito a eliminar opressão racista, mas de nenhuma maneira apresentou programas que fossem direcionados a eliminar a opressão sexista. Relacionamentos mulher/homem negros (assim como todos os relacionamentos homem/mulher na sociedade estadunidense) sofrem a tirania do imperialismo do patriarcado, que faz da opressão contra mulheres ser uma necessidade cultural.

Como pessoas negras, nossa luta contra o imperialismo racial deveria ter nos ensinado que onde quer que haja um relacionamento senhor/escravizado, oprimido/opressor, violência, revolta e ódio permearão todos os elementos da vida. Não é possível haver liberdade para homens negros enquanto eles apoiarem a subjugação das mulheres negras.

Não é possível haver liberdade para homens patriarcas de todas as raças enquanto eles apoiarem a subjugação de mulheres. O poder absoluto de patriarcas não é libertador. A natureza do fascismo é tal que controla, limita e restringe os líderes, tanto quanto as pessoas que os fascistas oprimem. Liberdade (e com esse termo não quero evocar a ideia de um mundo débil, *hang-loose*, do tipo faça o que quiser) como igualdade social positiva, que garante a todos os seres humanos a oportunidade de determinar seu destino da maneira mais saudável e comunalmente produtiva, somente poderá ser totalmente real quando nosso mundo não for mais racista ou sexista.

4. Racismo e feminismo: A questão da responsabilidade

Mulheres estadunidenses de todas as raças são socializadas para pensar em racismo somente no contexto de ódio racial. Especificamente no caso de pessoas negras e brancas, o termo racismo é, em geral, visto como sinônimo de discriminação ou preconceito de pessoas brancas contra pessoas negras. Para a maioria das mulheres, o primeiro entendimento sobre racismo como opressão institucionalizada se dá por experiência pessoal direta ou por informação adquirida em conversas, livros, televisão ou filmes. Consequentemente, a compreensão da mulher estadunidense sobre racismo como ferramenta política do colonialismo e do imperialismo é limitada. Vivenciar a dor do ódio racial ou testemunhar essa dor não significa compreender suas origens, sua evolução ou seu impacto na história do mundo. A inabilidade de mulheres nos Estados Unidos de compreenderem racismo no contexto da política daquele país não é resultante de qualquer deficiência inerente da psique da mulher. Apenas reflete a extensão de nossa vitimização.

Nenhum livro de história usado em escolas públicas nos informou sobre o imperialismo racial. Em vez disso, deram-nos uma noção romântica do "novo mundo", do "sonho americano", dos Estados Unidos como um grande caldeirão de raças em que todas se juntam criando uma. Ensinaram-nos que Colombo *descobriu* a América; que "índios" eram "escalpeladores", assassinos de mulheres e crianças inocentes; que pessoas negras eram escravizadas devido à maldição bíblica de Cam, segundo a qual Deus, "ele mesmo", decretou que elas seriam lenhadoras, lavradoras e responsáveis por carregar a água. Ninguém falava sobre a África como o berço da civilização, sobre as pessoas africanas e as asiáticas que vieram para a América antes de Colombo. Ninguém mencionou os assassinatos em massa de nativos americanos como genocídio ou os estupros de mulheres nativas americanas ou africanas como terrorismo. Ninguém discutia escravidão como o alicerce para o crescimento do capitalismo. Ninguém descreveu a reprodução forçada de mulheres brancas para aumentar a população branca como opressão sexista.

Eu sou uma mulher negra. Fui a escolas públicas para pessoas negras. Cresci no Sul, onde tudo ao meu redor representava discriminação racial, ódio e segregação forçada. Ainda assim, minha educação em relação à política de raça na sociedade estadunidense não foi tão diferente daquela dada às estudantes brancas que conheci no ensino médio integrado, na faculdade ou em vários grupos de mulheres. A maioria de nós entendeu racismo como um mal social disseminado por pessoas brancas preconceituosas, que poderia ser superado através da ligação entre negros e brancos liberais, através de protesto militante, mudanças nas leis ou integração racial. Instituições de ensino superior nada fizeram para desenvolver nosso limitado conhecimento sobre racismo como ideologia política. Em vez disso, professores sistematicamente escondiam a verdade, ensinando-nos a aceitar a polaridade racial como supremacia branca e a polaridade sexual como domínio masculino.

Mulheres estadunidenses foram socializadas, até mesmo sofreram lavagem cerebral, para aceitar uma versão da história dos Estados Unidos que foi criada para apoiar e manter o imperialismo racial como supremacia branca e imperialismo sexual como patriarcado. Uma medida do sucesso dessa doutrinação é o fato de que nós perpetuamos, tanto consciente quanto inconscientemente, os próprios males que nos oprimem. Tenho certeza de que a professora negra do sexto ano que nos ensinou história, que nos orientou a identificarmo-nos com o governo estadunidense, e que amava aqueles estudantes que recitavam melhor o juramento à bandeira dos Estados Unidos, não tinha consciência da contradição: que deveríamos amar o governo que nos segregava e que não fornecia às escolas para negros o material que enviavam para as escolas só de alunos brancos. Sem saber, ela implantou em nossa psique uma semente do imperialismo racial que nos manteria, para sempre, escravizados. Afinal, como alguém derruba, muda ou até mesmo desafia um sistema que foi ensinado a admirar, amar e confiar? Sua inocência não muda a realidade de que ensinava crianças negras a aceitarem o sistema que nos oprimia, de que nos encorajava a apoiá-lo, a demonstrar maravilhamento e a morrer por ele.

O fato de que nós, mulheres estadunidenses, independen temente de educação, situação econômica ou identificação racial, fomos submetidas a anos de socialização sexista e racista, que nos ensinou a confiar cegamente em nosso conhecimento de história e seu efeito na realidade presente, ainda que aquele conhecimento tenha sido formado e moldado por um sistema opressor, nunca ficou mais evidente do que no movimento feminista recente. O grupo de mulheres brancas de classe média e alta com ensino superior que se juntou para organizar um movimento de mulheres trouxe uma nova energia ao conceito de direitos das mulheres nos Estados Unidos. Elas não estavam simplesmente defendendo igualdade social com homens. Elas demandavam transformação da sociedade, revolução, mudança na estrutura social estadunidense. Ainda que tenham tentado levar o feminismo além da esfera da retórica radical para a esfera da vida nos Estados Unidos, elas revelaram não terem mudado, não terem desfeito a lavagem cerebral sexista e racista que as ensinou a considerar mulheres diferentes delas como Outras. Por conseguinte, a sororidade da qual haviam falado não se tornou realidade, e o movimento de mulheres que elas visionaram ter efeito transformador na cultura estadunidense não emergiu. Em vez disso, o padrão hierárquico de raça e relacionamentos sexuais já estabelecido na sociedade estadunidense simplesmente assumiu um formato diferente com nome "feminismo": o formato de mulheres sendo classificadas como grupo oprimido, em programas de ações afirmativas, disseminando ainda mais o mito de que o status social de todas as mulheres nos Estados Unidos era o mesmo; o formato que oferece curso de Estudos de Mulheres elaborado com corpo docente integralmente de pessoas brancas, ensinando literatura quase exclusivamente produzida por mulheres brancas sobre mulheres brancas e, com frequência, a partir de pontos de vista racistas; o formato em que mulheres brancas escrevem livros supostamente sobre a experiência das mulheres estadunidenses, quando, na verdade, concentram-se somente na experiência de mulheres brancas; e, finalmente, a forma de infindáveis discussões e debates sobre o racismo ser ou não uma questão feminista.

Se as mulheres brancas que organizaram o movimento contemporâneo voltado para o feminismo tivessem sido remotamente conscientes da política racial na história dos Estados Unidos, elas saberiam que superar as barreiras que separam mulheres umas das outras implicaria confrontar a realidade do racismo, e não apenas o racismo como um mal genérico na sociedade, mas o ódio racial que elas talvez acolham na psiquê. Apesar da predominância da regra patriarcal na sociedade estadunidense, os Estados Unidos foram colonizados por um fundamento imperialista racista e não por fundamento imperialista sexista. Nenhum grau de conexão entre colonizadores brancos e nativos americanos ofuscou o imperialismo racial branco. O racismo superou as alianças sexuais nas interações do mundo branco tanto com nativos americanos quanto com afro-americanos, assim como o racismo ofuscou qualquer conexão entre mulheres negras e mulheres brancas, com base no sexo. Albert Memmi, autor tunisiano, destacou em seu livro *The Colonizer and the Colonized* [O colonizador e o colonizado] o impacto do racismo como ferramenta do imperialismo:

> O racismo aparece [...] não como detalhe incidental, mas como parte consubstancial do colonialismo. É a mais alta expressão do sistema colonial e uma das características mais significativas do colonialismo. Ele não só estabelece uma discriminação fundamental entre colonizador e colonizado, condição *sine qua non* da vida colonial, mas também estabelece a fundação para a imutabilidade desta vida.

Ainda que as feministas que argumentam que o imperialismo sexual é mais endêmico para todas as sociedades do que imperialismo racial provavelmente estejam corretas, na sociedade estadunidense imperialismo racial suplanta imperialismo sexual.

Nos Estados Unidos, o status social de mulheres negras e brancas nunca foi o mesmo. No século XIX e no início do século XX, poucas, se é que alguma, semelhanças podiam ser encontradas entre a experiência de vida dos dois grupos de mulheres. Apesar de ambos estarem sujeitos à vitimização sexista, como vítimas de racismo, as mulheres negras eram submetidas a formas de opressão que nenhuma mulher branca precisou aguentar. Na verdade, o imperialismo racial branco garantiu a todas as mulheres brancas, independentemente do quão vitimadas eram pela opressão sexista, o direito de assumir o papel de opressora em relacionamentos com mulheres negras e homens negros. Desde o início do movimento contemporâneo direcionado à revolução feminista, as organizadoras brancas tentaram minimizar sua posição na hierarquia de casta racial da sociedade estadunidense. Em seus esforços para se desassociarem dos homens brancos (para negar conexões baseadas em casta racial compartilhada), mulheres brancas envolvidas no movimento direcionado ao feminismo alegaram que racismo é endêmico para o patriarcado do homem branco e argumentaram que não podem ser responsabilizadas pela opressão racista. Ao comentar, em seu ensaio "Disloyal to Civilization: Feminism, Racism, and Gynephobia" [Desleal à civilização: Feminismo, racismo e ginofobia], sobre a questão da responsabilidade da mulher branca, a feminista radical Adrienne Rich argumentou:

> Se feministas negras e brancas forem falar de responsabilidade da mulher, penso que devem se apoderar da palavra racismo, agarrá-la nas mãos, arrancá-la da consciência estéril ou defensiva em que, com muita frequência, cresce, e transplantá-la para que possa produzir novos conhecimentos para nossa vida e nosso movimento. Uma análise que coloca nas mulheres brancas a culpa por dominação ativa e violência física e institucional, além das justificativas intrínsecas ao mito e à linguagem não apenas compõem uma consciência falsa; ela nos permite negar ou negligenciar a conexão carregada entre mulheres negras e brancas desde a condição histórica de escravidão e impede qualquer debate real sobre a ação das mulheres em um sistema que oprime todas elas, e no qual ódio às mulheres está também cravado em mito, folclore e linguagem.

Nenhum leitor do ensaio de Rich poderia duvidar de que ela se preocupa com o fato de que mulheres comprometidas com feminismo trabalham para superar barreiras que separam mulheres negras de mulheres brancas. No entanto, ela não consegue compreender que, do ponto de vista de uma mulher negra, se mulheres brancas negam a existência de mulheres negras, produzindo trabalhos acadêmicos "feministas" como se mulheres negras não fossem parte do grupo coletivo de mulheres estadunidenses, ou discriminando mulheres negras, nesse caso, o fato de os Estados Unidos terem sido colonizados por *homens* patriarcais brancos, que institucionalizaram uma ordem social imperialista racial, importa menos do que o fato de que mulheres brancas que alegam serem feministas disseminam ativamente o racismo antinegros.

Para mulheres negras, a questão não é se mulheres brancas são mais ou menos racistas do que homens brancos, mas o fato de elas serem racistas. Se for para mulheres comprometidas com a revolução feminista, sejam elas negras ou brancas, conquistarem algum conhecimento sobre as "conexões carregadas" entre mulheres brancas e mulheres negras, devemos primeiro estar dispostas a examinar o relacionamento da mulher com a sociedade, com a raça e com a cultura estadunidense, como de fato é e não como idealizamos. Isso significa confrontar a realidade do racismo da mulher branca. A discriminação sexista impediu mulheres brancas de assumirem o papel dominante na disseminação do imperialismo racial branco, mas não impediu mulheres brancas de absorver, apoiar e defender a ideologia racista ou agir individualmente como opressoras racistas em várias esferas da vida estadunidense.

Todos os movimentos de mulheres nos Estados Unidos, desde o princípio até o presente, foram construídos sobre fundação racista – um fato que de maneira alguma invalida o feminismo como ideologia política. A estrutura social de *apartheid* racial que caracterizou a vida nos Estados Unidos do século XIX e do início do século XX foi espelhada no movimento pelos direitos das mulheres. As primeiras defensoras brancas dos direitos das mulheres jamais buscaram igualdade social para todas as mulheres; elas estavam à procura de igualdade social para mulheres brancas. Devido ao fato de várias defensoras brancas dos direitos das mulheres, no início do século XIX, estarem também ativas no movimento abolicionista, com frequência pressupõe-se que elas eram antirracistas. Historiadores e, sobretudo, os recentes trabalhos feministas, criaram uma versão da história estadunidense na qual as defensoras brancas dos direitos das mulheres são apresentadas como as heroínas de pessoas negras oprimidas. Essa cruel romantização foi informação para a maioria dos estudos sobre movimento abolicionista. Na contemporaneidade, há uma tendência geral de equalizar abolicionismo e repúdio ao racismo. Na verdade, a maioria dos abolicionistas brancos, homens e mulheres, apesar de veementes em seu protesto antiescravista, eram totalmente contrários à ideia de garantir igualdade social a pessoas negras. Joel Kovel, em seu estudo *White Racism: A Psychohistory*, enfatiza que o "verdadeiro objetivo do movimento de reforma, de início tão nobre e tão corajoso, não foi a libertação de negros, mas o fortalecimento de brancos, consciência e tudo".

É uma crença comumente aceita que a empatia da mulher branca reformista pela escravizada negra oprimida, associada ao reconhecimento de sua falta de poder para acabar com a escravidão, levou ao desenvolvimento de uma consciência feminista e uma revolta feminista. Historiadores contemporâneos e, sobretudo, acadêmicas brancas aceitam a teoria de que os sentimentos de solidariedade de defensoras brancas dos direitos das mulheres com as escravizadas negras indicavam que elas eram antirracistas e apoiavam a igualdade social para negros. Essa glorificação do papel da mulher branca foi o que levou Adrienne Rich a afirmar que:

> [...] É importante feministas brancas lembrarem que – apesar da falta de cidadania constitucional, da privação à educação, da dependência econômica em relação ao homem, de leis e costumes que impedem a mulher de falar em público ou desobedecer a pai, marido ou irmãos – nossas primeiras irmãs brancas, nas palavras de Lillian Smith, foram repetidas vezes "desleais à civilização" e

> "perceberam o aroma de morte na palavra 'segregação'", frequentemente desafiando o patriarcado pela primeira vez, não em nome delas, mas em consideração a homens, mulheres e crianças negros. Temos uma forte tradição feminina antirracista, apesar de todos os esforços do patriarcado branco para polarizar seus objetos-criaturas, criando dicotomias de privilégio e casta, cor de pele e idade, além de condição de servidão.

Há poucas evidências históricas que registrem a afirmação de Rich sobre mulheres brancas, como grupo coletivo ou defensoras brancas dos direitos das mulheres, serem parte de uma tradição antirracista. Quando mulheres brancas reformistas, nos anos 1830, escolheram trabalhar para libertar os escravizados, elas estavam motivadas por sentimentos religiosos. Atacaram a escravidão, não o racismo. A base do ataque era reforma moral. O fato de não exigirem igualdade social para pessoas negras indica que permaneceram comprometidas com a supremacia racista branca, apesar do trabalho antiescravista. Ainda que tenham apoiado fortemente o fim da escravidão, elas nunca apoiaram uma mudança na hierarquia racial que proporcionava à sua casta ser mais elevada do que a de mulheres ou homens negros. De fato, queriam manter a hierarquia. Por conseguinte, o movimento por direitos das mulheres brancas, que começou fraco, no início das atividades reformistas, emergiu com toda força na esteira dos esforços por direitos para pessoas negras, precisamente porque mulheres brancas não queriam ver qualquer mudança no status social de pessoas negras, até que tivessem certeza de que suas demandas por mais direitos fossem atendidas.

O comentário da defensora branca dos direitos das mulheres e abolicionista Abby Kelly, "nós temos um bom motivo para sermos gratas ao escravo por nossos benefícios, que recebemos ao trabalhar por ele. Lutando para arrancar os ferros dele, tivemos a certeza de que nós mesmas estávamos algemadas", é, com frequência, citado por acadêmicos como indício de que mulheres brancas se conscientizaram da limitação de seus próprios direitos, enquanto trabalhavam para acabar com a escravidão. Apesar da retórica popular do século XIX, a noção de que mulheres brancas tinham que aprender sobre seus próprios direitos limitados a partir dos esforços para libertar escravizados é simplesmente equivocada. Nenhuma mulher branca do século XIX poderia amadurecer sem tomar consciência do sexismo institucionalizado. Mulheres brancas aprenderam, com seus esforços para libertar escravizados, que homens brancos estavam dispostos a defender os direitos de negros, enquanto criticavam os direitos das mulheres. Como resultado da reação negativa à atividade de reforma e ao esforço público para reduzir e evitar o trabalho antiescravista delas, elas foram forçadas a reconhecer que, sem demandas claras por direitos iguais em relação aos homens, poderiam acabar amontoadas na mesma categoria social de negros – ou, o que seria pior, homens negros poderiam conquistar um status social mais elevado do que o delas.

Isso não aumentou a causa da opressão contra escravizados negros para que mulheres brancas enxergassem que sua condição era análoga à condição de escravizados. Apesar da afirmação dramática de Abby Kelly, havia muito pouca semelhança, se é que havia alguma, entre as experiências do dia a dia das mulheres brancas e as experiências do dia a dia do escravizado negro. Teoricamente, o status legal da mulher branca no patriarcado pode ter sido o de "propriedade", mas ela não era subjugada à desumanização e brutal opressão que era o destino dos escravizados. Quando reformistas brancas compararam o impacto do sexismo na vida delas, não estavam revelando consciência do destino dos escravizados nem sensibilidade em relação a eles; estavam simplesmente se apropriando do horror da experiência de ser escravizado para engrandecer sua própria causa.

O fato de a maioria das mulheres brancas reformistas não se sentir politicamente solidária com pessoas negras ficou evidente no conflito pelo voto. Quando parecia que homens brancos poderiam garantir aos homens negros o direito ao voto, enquanto deixariam mulheres brancas sem esse direito, as sufragistas brancas não reagiram como um grupo, exigindo que todas as a mulheres e todos os homens recebessem o direito ao voto. Simplesmente expressaram raiva e indignação por homens brancos serem mais comprometidos a manter a hierarquia sexual do que a hierarquia racial na arena política. Ardentes defensoras brancas dos direitos das mulheres, como Elizabeth Cady Stanton, que jamais havia brigado pelos direitos das mulheres em uma plataforma imperialista racial, expressaram indignação por "pretos inferiores" receberem direito ao voto, enquanto mulheres brancas "superiores" permaneciam sem esse direito. Stanton argumentou:

> Se homens saxões legislaram assim para a própria mãe, a esposa e filhas, o que podemos esperar de chineses, indianos e africanos? [...] Protesto contra a garantia de direitos de outro homem de qualquer raça ou região, até que as

> filhas de Jefferson, Hancock e Adams sejam coroadas com os direitos delas.

Sufragistas brancas sentiam que homens brancos insultavam a mulheridade branca ao se recusarem a garantir a elas os privilégios que seriam garantidos aos homens negros. Elas repreendiam homens brancos não pelo sexismo deles, mas por estarem dispostos a permitir que sexismo ofuscasse alianças raciais. Stanton, junto com outras defensoras brancas dos direitos das mulheres, não queria ver negros escravizados, mas ela também não se interessou em ver o status de pessoas negras melhorar, enquanto o status de mulheres brancas permanecia o mesmo.

No início do século XX, sufragistas brancas estavam ansiosas para avançar na própria causa, às custas das pessoas negras. Em 1903, durante a National American Woman's Suffrage Convention [Convenção nacional estadunidense para o sufrágio da mulher], que aconteceu em Nova Orleans, uma sufragista do Sul defendeu que as mulheres brancas deveriam receber o direito, com base no fato de que "garantiria imediata e durável supremacia branca". A historiadora Rosalyn Terborg-Penn debateu o apoio de mulheres brancas à supremacia, em seu ensaio "Discrimination Against Afro-American Women in the Woman's Movement, 1830-1920" [Discriminação contra mulheres afro-americanas no movimento da mulher, 1830-1920]:

> Já nos anos 1890, Susan B. Anthony fez tudo o que podia fazer pela causa do sufrágio da mulher ao tentar atrair mulheres brancas do Sul. Ela escolheu conveniência, em vez de lealdade e justiça, quando pediu ao veterano defensor

> do feminismo Frederick Douglass que não fosse à National American Woman's Suffrage Association Convention, a ser realizada em Atlanta [...].
>
> Durante a reunião da National American Woman's Suffrage Association, em 1903, em Nova Orleans, o jornal *Times Democrat* atacou a associação por seu comportamento negativo em relação à questão das mulheres negras e o sufrágio para elas. Em uma declaração preparada e assinada por Susan B. Anthony, Carrie C. Catt, Anna Howard Shaw, Kate N. Gordon, Alice Stone Blackwell, Harriet Taylor Upton, Laura Clay e Mary Coggeshall, o corpo de administradores da NAWSA endossou o posicionamento da organização em relação aos poderes políticos dos estados, o que foi equivalente a endossar a supremacia branca na maioria dos estados, sobretudo, no Sul.

Racismo dentro do movimento pelos direitos das mulheres não surgiu simplesmente como resposta à questão do sufrágio; era uma força dominante em todos os grupos reformistas que tinham mulheres brancas como membros. Terborg-Penn argumenta:

> Discriminação contra mulheres afro-americanas reformistas era regra e não exceção dentro do movimento pelos direitos das mulheres, dos anos 1830 a 1920. Apesar de as feministas brancas Susan B. Anthony, Lucy Stone e algumas outras terem incentivado mulheres negras a se juntarem à luta contra o sexismo durante o século XIX, reformistas anteriores à guerra civil que estavam envolvidas com grupos abolicionistas de mulheres e com organizações pelos direitos das mulheres discriminavam ativamente as mulheres negras.

Em seus esforços para provarem que existia solidariedade entre as mulheres reformistas negras e as brancas do século XIX, ativistas contemporâneas com frequência citam a presença de Sojourner Truth nas convenções sobre Direitos das Mulheres, para fundamentar o argumento de que sufragistas brancas eram antirracistas. No entanto, em todas as ocasiões em que Sojourner Truth falou, grupos de mulheres brancas protestaram. Em *The Betrayal of the Negro*, Rayford Logan escreveu:

> Quando a General Federation of Women's Clubs [Federação geral de clubes para mulheres] estava diante da questão de cor, na virada do século, os clubes do Sul ameaçaram separação. Uma das primeiras expressões da dura oposição à admissão de clubes de pessoas negras foi exposta pelo jornal *Chicago Tribune* e pelo *Examiner*, durante a grande festa de fraternização na Exposição de Atlanta, The Encampment of the GAR [O acampamento do Grande Exército da República] em Louisville, e a dedicação do campo de batalha de Chickamauga [...]. O Georgia Women's Press Club [Clube de Imprensa das Mulheres da Geórgia] estava tão envolvido com o assunto que membros estavam a favor de se retirar da federação se mulheres negras fossem admitidas lá. A Srta. Corinne Stocker, membro do corpo administrativo do Georgia Women's Press Club e uma das editoras do *Atlanta Journal*, declarou, em 19 de setembro: "Nessa questão, as mulheres do Sul não são limitadas nem preconceituosas, mas elas simplesmente não podem reconhecer as mulheres negras socialmente [...]. Ao mesmo tempo, sentimos que o Sul é o melhor amigo da mulher negra."

Membros do clube sulista para mulheres brancas eram as mais veementes na oposição à presença de mulheres negras em sua classe, mas mulheres brancas do Norte também apoiavam a segregação racial. A questão sobre mulheres negras poderem participar do movimento do clube para mulheres, em pé de igualdade com mulheres brancas, chegou ao limite em Milwaukee, durante conferência da General Federation of Women's Clubs, quando levantaram a questão sobre Mary Church Terrell, feminista negra, então presidenta da National Association of Colored Women [Associação Nacional de Mulheres Negras], poder cumprimentar as pessoas e sobre Josephine Ruffin, que representava a organização de pessoas negras New Era Club [Clube da Nova Era], ser ou não reconhecida no evento. Em ambos os casos, o racismo das mulheres brancas prevaleceu. Em uma entrevista para o *Chicago Tribune*, pediram à presidenta da federação, Sra. Lowe, que comentasse a recusa em reconhecer mulheres negras participantes, como Josephine Ruffin, e ela respondeu: "A Sra. Ruffin pertence ao grupo de sua gente. Entre eles, ela seria uma líder e poderia fazer muita coisa boa, mas, entre nós, ela não pode fazer nada além de causar problema." Rayford Logan comentou o fato de mulheres brancas, como a Sra. Lowe, não serem contra mulheres negras tentarem melhorar seu destino; elas simplesmente sentiam que o *apartheid* racial deveria ser mantido. Ao escrever sobre o comportamento da Sra. Lowe direcionado às mulheres negras, Logan comentou:

> A Sra. Lowe ajudou a criar jardins de infância para crianças negras no Sul, e as mulheres negras responsáveis por eles eram todas grandes amigas suas. Ela se associou a elas de

> forma comercial, mas, obviamente, elas não pensariam em sentar ao lado dela [da Sra. Lowe] durante uma convenção. Negros eram "uma raça isolada, e entre eles, poderiam conquistar muita coisa com nossa assistência e a da federação, que está sempre pronta para fazer tudo o que pode para ajudá-los". Se a Sra. Ruffin fosse a "senhora culta que todo mundo diz que é, ela deveria colocar sua educação e seus talentos em bom uso, como uma mulher negra entre mulheres negras".

Sentimentos antinegros entre mulheres brancas membros de clubes eram bem mais fortes do que o sentimento antinegro entre homens brancos membros de clubes. Um homem branco escreveu uma carta para o *Chicago Tribune* na qual declarou:

> Aqui temos o espetáculo de mulheres educadas, refinadas e cristãs que, durante anos, protestaram e trabalharam contra a injusta discriminação praticada contra elas pelos homens, agora, ao se juntarem, o primeiro ataque que tiram da bolsa é arremessado contra uma delas, porque ela é negra, nenhum outro motivo ou pretenso motivo.

Preconceitos de mulheres brancas ativistas contra mulheres negras eram muito mais intensos do que o preconceito delas contra homens negros. Como Rosalyn Penn afirma em seu ensaio, homens negros eram mais aceitos nos círculos reformistas brancos do que mulheres negras. Comportamentos negativos contra mulheres negras eram consequência da predominância de estereótipos racistas e sexistas que representavam mulheres negras como moralmente impuras. Várias mulheres brancas sentiam que seu status como senhora seria enfraquecido caso se associassem a mulheres negras. Nenhum estigma moral desse tipo foi relacionado aos homens negros. Líderes negros como Frederick Douglass, James Forten, Henry Garnett e outros eram ocasionalmente bem-vindos em círculos sociais brancos. Ativistas brancas que não aceitariam jantar na companhia de mulheres negras acolheram homens negros individualmente à mesa de sua família.

Devido ao medo que brancos tinham da mistura entre raças e à história do desejo sexual de homens brancos por mulheres negras, não podemos descartar a possibilidade de mulheres brancas terem relutado em reconhecer mulheres negras socialmente, por medo de competição sexual. Em geral, mulheres brancas não queriam se associar com mulheres negras, porque elas não queriam ser contaminadas por criaturas moralmente impuras. Mulheres brancas enxergavam mulheres negras como uma ameaça direta a sua posição social – afinal, como poderiam ser idealizadas como virtuosas, criaturas divinas, se se aproximassem de mulheres negras que eram vistas pelo público branco como licenciosas e imorais? Em seu discurso para delegações de clubes para mulheres negras, em 1895, Josephine Ruffin disse à plateia que a razão para mulheres brancas membros de clubes não quererem se juntar a mulheres negras era a suposta "imoralidade da mulher negra", e ela as instigou para que protestassem contra a disseminação de estereótipos negativos da mulheridade negra:

> Nos Estados Unidos inteiros há uma grande e crescente classe zelosa, inteligente e progressista de mulheres negras que, se não estiverem liderando completamente uma vida útil, estão apenas à espera da oportunidade de fazer isso,

> muitas delas ainda desvalorizadas e restritas pela falta de oportunidade, não apenas para fazer mais, mas para ser mais; e, no entanto, se for feita uma avaliação sobre as mulheres negras dos Estados Unidos, a inevitável e rápida resposta é: "em sua maioria, ignorantes e imorais, com algumas exceções, claro, mas essas não contam".
>
> [...] Por muito tempo, ficamos em silêncio diante de acusações injustas e profanas [...]. Ano após ano, mulheres sulistas protestaram contra a admissão de mulheres negras em qualquer organização nacional, com base na imoralidade dessas mulheres, e como todas as contestações foram tentativas apenas de trabalho individual, a acusação nunca foi retirada, como poderia e deveria ter acontecido no início [...]. É para quebrar esse silêncio, não por meio de um protesto barulhento contra o que não somos, mas por meio de uma demonstração digna do que somos e esperamos nos tornar, que estamos impelidas a dar esse passo para fazer dessa união uma lição objetiva para o mundo.

O racismo de mulheres brancas contra mulheres negras era tão aparente no contexto de trabalho quanto era no movimento pelos direitos das mulheres e no movimento do clube para mulheres. Durante os anos entre 1880 e a Primeira Guerra Mundial, ativistas brancas pelos direitos das mulheres focaram sua atenção em obter para as mulheres o direito de trabalhar em diferentes ocupações. Viam trabalho remunerado como forma de mulheres, como elas mesmas, escaparem da dependência econômica de homens brancos. Robert Smut, autor de *Women and Work in America* [Mulheres e trabalho nos Estados Unidos] – uma obra que combinaria melhor com o título *White Women and Work in America* [Mulheres brancas e trabalho nos Estados Unidos] –, escreveu:

> Se uma mulher podia se sustentar com honra, ela podia se recusar a casar ou permanecer casada, a não ser que fosse em seus termos. Sendo assim, trabalho era visto por várias feministas como uma verdadeira e potencial alternativa para o casamento e, por conseguinte, como instrumento para reformar o relacionamento matrimonial.

Os esforços de mulheres brancas ativistas para aumentar as oportunidades de emprego para mulheres ficaram concentrados, com exclusividade, em melhorar o destino das trabalhadoras brancas, que não se identificavam com trabalhadoras negras. Na verdade, a trabalhadora negra era vista como ameaça à segurança da mulher branca; ela representava mais competição. Relacionamentos entre trabalhadoras brancas e negras eram conflituosos. Esses conflitos se intensificaram quando mulheres negras tentaram entrar para a força de trabalho industrial e foram forçadas a confrontar o racismo. Em 1919, um estudo sobre mulheres negras na indústria em Nova York foi publicado com o título *A New Day for the Colored Woman Worker* [Um novo dia para a trabalhadora negra]. O estudo começava com esta declaração:

> Por gerações, mulheres negras trabalham nos campos do Sul. Elas têm sido criadas domésticas, tanto no Sul quanto no Norte, aceitando o emprego de prestação de serviços pessoais disponível para elas. Trabalho pesado e desagradável tem sido a porção que cabe a elas, mas elas têm sido quase totalmente excluídas de nossas lojas e fábricas. Preconceito contra tradição e raça tem papel principal na exclusão delas. O desenvolvimento tardio do Sul e o fracasso das mulheres negras em demandar oportunidades na indústria acrescentaram mais barreiras [...]. Por essas

razões, as mulheres negras, no passado, não entraram para a classe do exército industrial.

Não dá para contestar que isso acontecerá hoje. A conveniência da guerra, pelo menos por um tempo, abriu parcialmente as portas da indústria para elas. Fábricas que haviam perdido homens para a guerra e mulheres brancas para a indústria da guerra, receberam mulheres negras em substituição. A demanda para trabalhos especializados, semiespecializados e não especializados precisava ser atendida. A provisão de trabalho imigrante existente já fora utilizada e o fluxo de imigração parou, e trabalhadores brancos semiespecializados estavam sendo forçados pela escassez de mão de obra a subir para posições de trabalho especializado. Mão de obra barata precisava ser recrutada de algum lugar. Pela primeira vez, agências de emprego e anúncios inseriram a palavra "negro" junto com a palavra "procura-se". Havia um número grande de mulheres negras, ainda não colocadas à prova, que estavam disponíveis.

Trabalhadoras negras que entraram para força de trabalho industrial trabalharam em lavanderias comerciais, na indústria de alimentos e em cargos menos especializados da indústria de roupas que, como a indústria de abajur, dependia muito do trabalho das mulheres negras. Hostilidade era norma entre trabalhadoras negras e brancas. Mulheres brancas não queriam competir com mulheres negras por empregos nem queriam trabalhar junto com mulheres negras. A fim de evitar que empregadores brancos contratassem mulheres negras, trabalhadoras brancas ameaçavam parar o trabalho. Com frequência, trabalhadoras brancas usavam as reclamações contra trabalhadoras negras para desencorajar um empregador de contratá-las.

Mulheres brancas empregadas pelo governo federal insistiam para que ficassem segregadas das mulheres negras. Em vários ambientes de trabalho, salas, banheiros e chuveiros foram instalados separadamente, para que mulheres brancas não precisassem trabalhar ou se lavar junto com mulheres negras. O mesmo argumento usado por mulheres brancas membros de clubes para explicar a exclusão de mulheres negras foi apresentado por trabalhadoras brancas, que afirmavam que mulheres negras eram imorais, promíscuas e insolentes. Argumentavam, ainda, que elas precisavam da proteção oferecida pela segregação, para que não pegassem doenças de "pretos". Algumas mulheres brancas alegavam terem visto mulheres negras com doenças vaginais. Certa vez, uma mulher branca trabalhando no escritório do arquivo público, Maud B. Woodward, fez uma declaração juramentada, afirmando:

> Visto que o mesmo banheiro é utilizado por brancas e negras, e algumas ditas negras estão doentes, estando evidências disso muito aparentes; visto que uma mulher negra, Alexander, há anos está acometida por uma doença privada, e por pavor de usar o banheiro depois dela, algumas garotas brancas são levadas a sofrer mental e fisicamente.

Competição entre trabalhadoras negras e brancas por trabalho era, em geral, decidida em favor das mulheres brancas. Com frequência, mulheres negras eram forçadas a aceitar trabalhos que eram considerados muito árduos ou exigentes demais para mulheres brancas. Em fábricas de balas, mulheres negras não só embrulhavam e embalavam as balas, como também trabalhavam na produção de doces e, nessa atividade, constantemente carregavam pesadas bandejas da mesa para a máquina e da máquina para a mesa. Elas soltavam tabaco nas fábricas, um processo antes feito somente por homens. Pesquisadores do instituto New York City Study relataram:

> Mulheres negras foram encontradas em processos que mulheres brancas se recusavam a realizar. Elas substituíam garotos, limpando persianas, trabalho que exigia ficar em pé constantemente e alcançar alturas. Elas assumiam o lugar de homens no trabalho de tingimento de couro, um trabalho altamente condenável e prejudicial, que envolvia ficar em pé, alcançar alturas, usar escovas pesadas e respirar o forte cheiro da tinta. Em uma fábrica de colchão, elas foram encontradas substituindo homens no enfardamento, trabalhando em duplas, embrulhando cinco colchões juntos e costurando-os para então serem enviados. Essas mulheres precisavam se abaixar constantemente e levantar fardos de 72 quilos.

Em situações de trabalho em que há segregação de raça, trabalhadoras negras recebiam, em geral, salários menores do que as trabalhadoras brancas. Como havia pouca, se é que havia alguma, associação entre os dois grupos, mulheres negras nem sempre sabiam da disparidade entre o salário delas e o de mulheres brancas. Funcionários do New York City Study descobriram que a maioria dos empregadores se recusava a pagar trabalhadoras negras como pagavam trabalhadoras brancas que executavam o mesmo trabalho.

> Por todo o comércio, eram evidentes as diferenças entre os salários de pessoas negras e de pessoas brancas. Enquanto a cada duas mulheres negras uma recebia menos do que dez dólares por semana, entre as trabalhadoras brancas, somente uma de cada seis recebia tão mal [...]. Uma grande quantidade de empregadores justificava o pagamento de melhores salários para mulheres brancas com base na maior velocidade delas. Patrões em fábricas de chapéus, no entanto, admitiram que pagavam menos às mulheres negras, ainda que o trabalho delas fosse mais satisfatório do que o das mulheres brancas [...].
>
> Essa discriminação em salários parece ter assumido três formatos. Empregadores algumas vezes segregaram os trabalhadores negros, mantendo a escala de pagamentos de departamentos negros mais baixa do que a de departamentos semelhantes compostos apenas por trabalhadores brancos [...]. Um segundo método foi negar às pessoas negras oportunidade de competir por trabalhos pagos por produção, como no caso de passadeiras negras na indústria de roupas que recebiam dez dólares por semana, em sistema por horas trabalhadas, enquanto passadeiras brancas recebiam, em média, doze dólares por semana, em sistema por produção. A terceira forma de discriminação tem sido a franca recusa de empregadores em pagar a uma mulher negra a mesma quantidade que paga a uma mulher branca por uma semana de trabalho.

Como um grupo, trabalhadoras brancas queriam manter a hierarquia racial que garantia a elas status na força de trabalho mais elevado do que o das mulheres negras. Essas mulheres brancas que apoiavam o emprego de mulheres negras em mercados sem especialização sentiam que deveria ser negado a elas acesso ao processo especializado. O apoio ativo delas ao racismo institucionalizado causou constante hostilidade entre elas e as trabalhadoras negras. Para evitar rebeliões, várias fábricas optaram por contratar uma raça ou a outra. Nos lugares onde ambos os grupos estavam presentes, as condições de trabalho de mulheres negras eram bem piores do que as de trabalhadoras brancas. A recusa de mulheres brancas em compartilhar com mulheres negras vestiário, banheiro ou áreas de descanso, com frequência significava que a mulheres negras era negado acesso a esse conforto. Em geral, trabalhadoras negras eram continuamente abusadas, devido ao comportamento racista de trabalhadoras brancas e de trabalhadores brancos, em geral. Pesquisadores do New York City Study resumiram suas descobertas, fazendo um apelo para que fosse dada mais importância à trabalhadora negra da indústria:

> Ficou evidente, ao longo desse debate, que a chegada da mulher negra à indústria não aconteceu sem problemas. Ela está fazendo o trabalho que a mulher branca se recusa a fazer, e recebendo um salário que a mulher branca se recusa a aceitar. Ela substituiu a mulher e o homem brancos e o homem negro por um salário mais baixo e está realizando tarefas que, pode-se facilmente comprovar, são prejudiciais à saúde. Ela não comete mais erros do que é comum a um novo e inexperiente trabalhador da indústria, ainda assim, ela tem as maiores desvantagens de todas para superar.
>
> Qual é o status da mulher negra na indústria com a chegada da paz? Quando a produção foi mais necessária e a mão de obra era mais escassa na história deste país, mulheres negras foram as últimas a serem contratadas: elas não eram chamadas para a indústria, enquanto houvesse

qualquer outra mão de obra disponível. Elas realizavam os trabalhos mais desinteressantes, os mais subalternos e de longe os que pagavam menos [...].

O povo estadunidense terá que melhorar muito o tratamento da mulher negra na indústria, para ser coerente com o ideal democrático que tanto ressaltou durante a guerra.

Relacionamentos entre mulheres brancas e negras eram carregados de tensão e conflito, no início do século XX. O movimento pelos direitos das mulheres não aproximou mulheres negras e brancas. Ao contrário, ele expôs o fato de que mulheres brancas não estavam dispostas a renunciar o apoio à supremacia branca para apoiar os interesses de todas as mulheres. Racismo no movimento pelos direitos das mulheres e no espaço de trabalho era um lembrete constante para mulheres negras sobre a distância entre as duas experiências, distância que mulheres brancas não queriam que fosse diminuída. Quando o movimento contemporâneo direcionado ao feminismo começou, organizadoras brancas não abordaram a questão do conflito entre mulheres negras e brancas. A retórica delas sobre sororidade e solidariedade sugeria que mulheres nos Estados Unidos eram capazes de estabelecer conexões ultrapassando tanto os limites de classe quanto os de raça – mas nenhuma dessas conexões de fato aconteceu. A estrutura do movimento contemporâneo de mulheres não foi diferente daquela do antigo movimento pelos direitos das mulheres. Como suas antecessoras, as mulheres brancas que iniciaram o movimento de mulheres lançaram seus esforços na esteira do movimento de libertação negra dos anos 1960. Como se a história estivesse se repetindo, também começaram a fazer analogia entre seu status social e o status social de pessoas negras. E foi no contexto de infindáveis comparações entre a difícil situação das "mulheres" e das "negras" que elas revelaram seu racismo. Na maioria dos casos, esse racismo era um aspecto inconsciente e não reconhecido do pensamento delas, suprimido por seu narcisismo – um narcisismo que as cegou tanto que elas não admitiriam dois fatores óbvios: um, que em um estado capitalista, racista e imperialista não há sequer um status social compartilhado por mulheres como grupo coletivo; e segundo, que o status social de mulheres brancas nos Estados Unidos jamais foi igual ao de mulheres ou homens negros.

Quando o movimento de mulheres começou, no fim dos anos 1960, era evidente que mulheres brancas que dominavam o movimento sentiam que o movimento era "delas", ou seja, o meio pelo qual uma mulher branca expressaria sua queixa contra a sociedade. As mulheres brancas não só agiram como se ideologia feminista existisse somente para servir a seus próprios interesses, porque elas eram capazes de chamar atenção pública para questões feministas; elas não estavam dispostas a reconhecer que mulheres não brancas eram parte do grupo coletivo de mulheres na sociedade estadunidense. Elas incentivaram mulheres negras a se juntarem ao movimento "delas" ou em alguns casos ao movimento de mulheres, mas em diálogos e escritos, seu comportamento direcionado à mulher negra era tanto racista quanto sexista. O racismo delas não assumiu forma de clara expressão de ódio; era muito mais sutil. Tomou a forma de simplesmente ignorar a existência de mulheres negras ou escrever sobre elas usando os usuais estereótipos sexistas e racistas. Do livro *A mística feminina*, de Betty Friedan ao *The Remembered Gate*, de Barbara Berg, e publicações mais recentes, como

Capitalist Patriarchy and the Case for Socialist Feminism [Patriarcado capitalista e o caso do feminismo socialista], organizado por Zillah Eisenstein, a maioria das escritoras que se considerava feminista revelou na escrita que foi socializada para aceitar e disseminar a ideologia racista.

Na maior parte de seus escritos, a experiência da mulher estadunidense branca é apresentada como *a* experiência da mulher estadunidense. Apesar de o fato de qualquer autor escrever um livro exclusivamente sobre mulheres brancas não ser racismo, é fundamentalmente racista que livros sejam publicados tendo como foco somente a experiência da mulher branca estadunidense, sendo essa experiência tomada como *a* experiência da mulher estadunidense. Por exemplo, durante a pesquisa para este livro, procurei informação sobre a vida de mulheres livres e escravizadas nos Estados Unidos durante o período colonial. Vi listada em uma bibliografia a obra de Julia Cherry Spruill, *Women's Life and Work in the Southern Colonies* [A vida e o trabalho de mulheres nas colônias do Sul], publicada pela primeira vez em 1938 e depois em 1972. Na livraria Sisterhood Bookstore, em Los Angeles, encontrei o livro e li a sinopse na quarta capa, escrita especialmente para a nova edição:

> Uma das obras clássica da história social dos Estados Unidos, *Women's Life and Work in the Southern Colonies* é o primeiro estudo completo sobre a vida diária e o status de mulheres nos Estados Unidos durante o período colonial. Julia Cherry Spruill pesquisou jornais daquele período, relatórios de tribunais e material manuscrito de todo tipo, encontrados em arquivos e bibliotecas, de Boston a Savannah. O resultado foi um livro que, nas palavras de Arthur Schlesinger, Sr., é

> "um modelo de pesquisa e exposição, uma contribuição importante para a história social dos Estados Unidos, que estudantes sempre consultarão".
>
> Os tópicos incluem a função das mulheres no estabelecimento das colônias; o lar, a ocupação doméstica e a vida social; os objetivos e métodos de sua educação; seu papel no governo e nas relações de negócio fora de casa; e a forma como foram consideradas pela lei e pela sociedade em geral. De uma riqueza de documentos, e com frequência das palavras do próprio povo das colônias, uma imagem vívida e surpreendente - jamais vista antes - surge dos diferentes aspectos da vida dessas mulheres.

Eu esperava encontrar na obra de Spruill informação sobre diversos grupos de mulheres na sociedade estadunidense. Em vez disso, descobri que era mais um trabalho apenas sobre mulheres brancas e que tanto o título quanto a sinopse eram enganosos. Um título mais preciso teria sido *White Women's Life and Work in the Southern Colonies* [A vida e o trabalho de mulheres brancas nas colônias do Sul]. Certamente, se eu ou outro autor enviasse um manuscrito para um editor estadunidense que se concentra exclusivamente na vida e no trabalho de mulheres negras no Sul, também intitulado *Women's Life and Work in the Southern Colonies,* o título seria automaticamente considerado enganoso e inaceitável. A força que permite a autoras feministas brancas não fazer qualquer referência à identidade racial em seus livros sobre "mulheres", que são, na verdade, sobre mulheres brancas, é a mesma que forçaria qualquer autor que fosse escrever exclusivamente sobre mulheres negras a se referir explicitamente à identidade racial delas. Essa força é o racismo. Em uma nação imperialista racista como a nossa, é a raça dominante que se reserva o luxo de dispensar a identidade racial, enquanto a raça oprimida é diariamente lembrada de sua identidade racial. É a raça dominante que consegue fazer parecer que sua experiência é representativa.

Nos Estados Unidos, a ideologia racista branca sempre permitiu que mulheres brancas assumissem que a palavra "mulher" é sinônimo de "mulher branca", porque as mulheres de outras raças são sempre consideradas as Outras, seres desumanizados que não cabem sob o título "mulher". Feministas brancas que se afirmavam politicamente perspicazes demonstraram serem inconscientes sobre como sua maneira de usar a linguagem sugere não terem reconhecido a existência de mulheres negras. Elas imprimiram no público estadunidense sua percepção de que a palavra "mulher" significava mulher branca, ao fazer infindáveis analogias entre "mulheres" e "negros". Quase toda obra feminista é abundante em exemplos dessa analogia. Em uma coletânea de ensaios publicada em 1975 e intitulada *Women: A Feminist Perspective* [Mulheres: Uma perspectiva feminista], um ensaio escrito por Helen Hacker foi incluído, intitulado "Women as a Minority Group" [Mulheres como grupo minoritário], que é um bom exemplo da maneira como mulheres brancas fizeram comparações entre "mulheres" e "negros" para excluir mulheres negras e para desviar a atenção de seu próprio status na casta racial. Hacker escreveu:

> A relação entre mulheres e negros é histórica, bem como analógica. No século XVII, o status legal de criadas negras era emprestado de mulheres e crianças, que estavam sob *patria potestas*, e até a Guerra Civil, houve uma conside-

> rável cooperação entre os movimentos abolicionista e pelo sufrágio das mulheres.

Está claro que Hacker se refere somente a mulheres brancas. Um exemplo ainda mais enfático da comparação feita por feministas brancas entre "negros" e "mulheres" ocorre no ensaio "Thy Neighbor's Wife, Thy Neighbor's Servants: Women's Liberation and Black Civil Rights" [A esposa do próximo, a criada do próximo: Libertação da mulher e direitos civis dos negros], de Catherine Stimpson. Ela escreveu:

> O desenvolvimento de uma economia industrial, como Myrdal destaca, não resultou na integração de mulheres e negros na cultura do homem adulto. Mulheres não encontraram maneira satisfatória de ter filhos e trabalhar. Negros não destruíram a dura doutrina de sua inassimilabilidade. O que a economia oferece a ambos, mulheres e negros, é trabalho subalterno, baixo salário e poucas promoções. Homens trabalhadores brancos odeiam ambos os grupos, afinal, a competição com eles ameaça o salário e a possível igualdade no trabalho, sem falar na superioridade, ameaça nada menos do que a própria natureza das coisas. As tarefas de mulheres e de negros são, em geral, fatigantes, repetitivas, duras e sujas [...].

Ao longo do ensaio, Stimpson usa "mulher" como sinônimo de "mulheres brancas" e "negro" como sinônimo de "homens negros".

Historicamente, patriarcas brancos raramente se referiram à identidade racial de mulheres brancas, porque acreditavam que o assunto raça era político e, portanto, contaminaria o santificado domínio da realidade da mulher "branca". Ao negar verbalmente às mulheres brancas a identidade racial, isto é, ao se referirem a elas simplesmente como mulheres, quando o que realmente queriam dizer era mulheres brancas, o status delas era ainda mais reduzido ao de não pessoa. Em grande parte da literatura escrita por mulheres brancas sobre a "questão da mulher", do século XIX ao tempo presente, autoras se referem a "homens brancos", mas usam a palavra "mulher" quando o que realmente querem dizer é "mulher branca". Ao mesmo tempo, o termo "negros" é, com frequência, usado como sinônimo de homens negros. No artigo de Hacker, ela faz um gráfico comparando o "status, que parece casta, de mulheres e negros". Com o título de "Rationalization of Status" [Racionalização do status], ela escreveu para pessoas negras "Pensava que estivesse bem no lugar dele". (?) O pressuposto de Hacker e Stimpson de que podem usar a palavra "mulher" como referência a mulheres brancas e "negro" como referência a homens negros não é peculiar; a maioria das pessoas brancas e até mesmo algumas das pessoas negras supõem o mesmo. Padrões racistas e sexistas na língua usada por estadunidenses para descrever a realidade apoiam a exclusão de mulheres negras. Durante recentes revoltas políticas no Irã, jornais por todos os EUA trouxeram manchetes que diziam "Khomeini liberta mulheres e negros". Na verdade, os reféns estadunidenses libertados da embaixada do Irã eram mulheres brancas e homens negros.

Feministas brancas não desafiaram a tendência racista e sexista de usar a palavra "mulher" para se referir somente a mulheres brancas; elas apoiaram isso. Para elas isso tinha duas funções. Primeiro, permitiu que elas declarassem homens brancos como os opressores do mundo, enquanto na linguística faziam parecer que não existia qualquer aliança entre mulheres brancas e homens brancos baseada em imperialismo racial compartilhado. Segundo, tornou possível para mulheres brancas agirem como se, em nossa sociedade, houvesse alianças entre elas mesmas e mulheres não brancas e, ao fazerem isso, elas poderiam desviar a atenção do classismo e do racismo. Se feministas tivessem escolhido fazer comparações explícitas entre o status de mulheres brancas e o de pessoas negras ou, mais especificamente, o status de mulheres negras e mulheres brancas, teria parecido mais do que óbvio que os dois grupos não compartilham uma opressão idêntica. Teria sido óbvio que semelhanças entre o status de mulheres no patriarcado e o de qualquer escravizado ou pessoa colonizada não existem necessariamente em uma sociedade que é tanto racialmente quanto sexualmente imperialista. Em uma sociedade como essa, a mulher que é vista como inferior devido ao sexo pode também ser vista como superior devido à raça, até mesmo em um relacionamento com um homem de outra raça. Uma vez que feministas tinham tendência de evocar a imagem de mulheres como um grupo coletivo, suas comparações entre "mulheres" e "negros" eram aceitas sem questionamento. Essa comparação constante entre a condição das "mulheres" e dos "negros" desviava a atenção do fato de que as mulheres negras eram extremamente vitimadas tanto pelo racismo quanto pelo sexismo – um fato que, se tivesse sido enfatizado, talvez desviasse a atenção pública das reclamações de feministas de classe média e alta.

Assim como, no século XIX, as defensoras brancas dos direitos das mulheres tentaram comparar seu destino com o de escravizados negros, com o objetivo de desviar a atenção dos escravizados para elas mesmas, feministas brancas contemporâneas usaram a mesma metáfora para atrair atenção para suas questões. Como os Estados Unidos são uma sociedade hierarquizada, na qual homens brancos estão no topo e mulheres brancas, em segundo lugar, era de se esperar que, se mulheres brancas tivessem reclamado sobre não ter direitos, no início de um movimento de pessoas negras para ganhar direitos, os interesses delas teriam abafado os de grupos mais baixos na hierarquia, nesse caso, os interesses de pessoas negras. Nenhum outro grupo nos Estados Unidos usou pessoas negras como metáfora com tanta intensidade quanto mulheres brancas envolvidas no movimento de mulheres. Falando sobre o propósito da metáfora, Ortega y Gasset comentou:

> Uma coisa estranha, na verdade, é a existência, em muitos, dessa atividade mental que substitui uma coisa por outra – de um desejo nem tanto de obter a primeira, quanto de se livrar da segunda. A metáfora dispõe de um objeto apresentando-o mascarado de outra coisa. Esse procedimento não faria sentido se não discernissemos sob ele um ato instintivo de evitar certas realidades.

Quando mulheres brancas falavam de "mulheres como negros", "o terceiro mundo das mulheres", "mulher como escrava", elas evocavam sofrimentos e opressões de pessoas não brancas para dizer "olha o quanto nosso destino é ruim como mulheres brancas, ora, somos como negros, como o Terceiro Mundo". Obviamente, se a situação de mulheres brancas das classes média e alta fosse, de alguma forma, como a de pessoas oprimidas no mundo, essas metáforas não teriam sido necessárias. E se tivessem sido pobres e oprimidas, ou mulheres preocupadas com o destino de mulheres oprimidas, elas não teriam sido obrigadas a se apropriar da experiência de pessoas negras. Teria sido suficiente descrever a opressão da experiência da mulher. Uma mulher branca que sofreu abuso físico e violência de um marido ou de um amante, que também sofre com a pobreza, não precisa comparar seu destino com o de uma pessoa negra em sofrimento para enfatizar que ela sofre.

Se mulheres brancas no movimento de mulheres precisassem usar a experiência de uma pessoa negra para enfatizar a opressão contra mulheres, pareceria lógico que o foco delas seria a experiência da mulher negra – mas não é o que fazem. Elas escolhem negar a existência de mulheres negras e excluí-las do movimento de mulheres. Quando uso a palavra "excluir", não quero dizer que elas discriminavam abertamente as mulheres negras com base em raça. Há outras formas de excluir e alienar pessoas. Várias mulheres negras sentiam-se excluídas do movimento sempre que elas ouviam mulheres brancas fazendo analogias entre "mulheres" e "negros". Afinal, ao fazerem analogias como essa, mulheres brancas estavam, com efeito, dizendo às mulheres negras: "Não reconhecemos sua presença como mulheres na sociedade estadunidense." Se mulheres brancas tivessem desejado se conectar com mulheres negras com base em uma opressão em comum, elas poderiam ter feito isso, demonstrando qualquer consciência ou conhecimento do impacto do sexismo no status de mulheres negras. Infelizmente, apesar de toda a retórica sobre sororidade e união, mulheres brancas não estavam sinceramente comprometidas em se conectar com mulheres negras e outros grupos de mulheres para lutar contra o sexismo. Estavam, sobretudo, interessadas em chamar atenção para o destino delas como mulheres brancas de classe alta e média.

Não foi interesse oportunista de participantes brancas de classe média e alta, no movimento de mulheres, chamar atenção para a situação de mulheres pobres ou a situação específica de mulheres negras. Uma professora branca querendo que seu público a enxergue como vitimada e oprimida, porque não conseguiu o cargo de professora titular, não buscaria imagens de mulheres pobres trabalhando como empregadas domésticas, recebendo menos do que um salário mínimo e lutando para criar a família sozinha. Em vez disso, é muito mais provável que ela receba atenção e empatia se disser "sou apenas uma negra aos olhos dos meus colegas brancos". Ela usa a imagem da mulheridade branca inocente e virtuosa sendo colocada no mesmo nível dos negros e, mais importante, no mesmo nível dos homens negros. Não é apenas um detalhe coincidente que mulheres brancas dentro do movimento de mulheres escolheram fazer a analogia raça/sexo, comparando o destino de mulheres brancas com o de homens negros. No ensaio de Catherine Stimpson sobre a libertação da mulher e os direitos civis dos negros, no qual ela argumenta que "a libertação dos negros e a libertação das mulheres devem seguir caminhos separados", o movimento pelos direitos civis dos negros é associado aos homens negros e à libertação da mulher, às mulheres brancas. Quando ela escreveu sobre o movimento para os direitos das mulheres no século XIX, ela citou trabalhos de líderes negros, ainda que mulheres negras fossem muito mais ativas naquele momento do que qualquer líder negro.

Conforme a psico-história do racismo nos Estados Unidos, para mulheres brancas exigirem de homens brancos ter mais direitos e ressaltar que sem esses direitos elas seriam colocadas em uma posição social igual à de homens negros, não de pessoas negras, era trazer para a mente de homens brancos racistas a imagem da mulheridade branca sendo degradada. Era um apelo sutil para homens brancos protegerem a posição da mulher branca na hierarquia raça/sexo. Stimpson escreveu:

> Homens brancos, convencidos da primazia sagrada do esperma, mas culpados por utilizá-lo, com raiva pela perda de seu confortável santuário, o útero, e o privilégio da infância, reivindicaram poder a seu sexo, e então usaram seu poder para reivindicar controle dos sexos. De fato e em fantasia, eles segregaram com violência homens negros e mulheres brancas. A mais notória fantasia alega que o homem negro é sexualmente mau, baixo, sub-humano; a mulher branca, pura sexualmente, elevada, super-humana. Juntos dramatizam as polaridades do excremento e da espiritualidade desincorporada. Negros e mulheres têm sido vítimas sexuais, com frequência, cruelmente: o homem negro castrado, a mulher estuprada e, com frequência, tratada com uma clitoridectomia psíquica.

Para Stimpson, "negro" é "homem negro" e "mulher" é "mulher branca", e apesar de representar o homem branco como racista, ela cria uma imagem de mulheres brancas e homens negros compartilhando opressão, apenas para argumentar que eles devem seguir em caminhos separados e, ao fazer isso, ela utiliza a analogia sexo/raça para conquistar favores de homens brancos. Ironicamente, ela adverte mulheres brancas a não fazerem analogias entre negros e elas mesmas, no entanto, continua a fazer exatamente isso em seu ensaio. Ao sugerir que sem direitos elas são colocadas na mesma categoria que os homens negros, mulheres brancas apelam para o racismo de homens patriarcais brancos contra homens negros. Portanto, o argumento delas para "libertação das mulheres" (que, no caso delas, é sinônimo de libertação das mulheres brancas) torna-se um apelo aos homens brancos para manter a hierarquia racial que garante a mulheres brancas um status social mais elevado do que o de homens negros.

Sempre que mulheres negras tentaram expressar para mulheres brancas as ideias que tinham sobre o racismo de mulheres brancas ou a percepção delas de que as mulheres na vanguarda do movimento não eram mulheres oprimidas, elas ouviam que "opressão não pode ser medida". A ênfase de mulheres brancas em "opressão em comum", no apelo às mulheres negras para que se juntassem ao movimento, alienou ainda mais várias mulheres negras. Porque várias mulheres brancas do movimento eram patroas de empregadas domésticas não brancas e brancas, a retórica delas sobre opressão em comum era vivenciada por mulheres negras como uma violência, uma expressão da insensibilidade da mulher burguesa e falta de consciência da posição da mulher de classe baixa na sociedade.

Subjacente à afirmação de uma opressão em comum havia a condescendência com sentimento de superioridade direcionado às mulheres negras. Mulheres brancas admitiam que tudo o que tinham que fazer era expressar desejo por sororidade ou desejo de que mulheres negras se juntassem ao grupo delas, então as mulheres negras se sentiriam radiantes. Elas se viam como pessoas generosas, abertas, não racistas e ficaram chocadas quando mulheres negras responderam às propostas com raiva, ofendidas. Elas não conseguiam perceber que a generosidade delas era direcionada a elas mesmas, que era autocentrada e motivada por seus próprios desejos oportunistas.

Apesar da realidade de que mulheres brancas de classe alta e média sofrem discriminação e abuso sexistas, como grupo elas não são tão oprimidas quanto as mulheres brancas, negras ou amarelas *pobres*. A relutância em distinguir entre os diversos degraus de discriminação ou opressão fez com que mulheres negras as enxergassem como inimigas. Como várias feministas brancas de classe alta e média que sofrem menos com a opressão sexista estavam tentando focar toda atenção nelas, aconteceu de elas não aceitarem uma análise sobre o destino da mulher nos Estados Unidos, que argumentava a favor da ideia de que nem toda mulher é igualmente oprimida, porque algumas mulheres podem usar sua classe, raça e privilégio de educação para efetivamente resistir à opressão sexista.

Inicialmente, o privilégio de classe não estava no debate de mulheres brancas, no movimento de mulheres. Elas queriam projetar uma imagem delas mesmas como vítimas, e isso não poderia ser feito chamando atenção para a classe delas. Na verdade, o movimento contemporâneo das mulheres estava extremamente ligado à classe. Como um grupo, participantes brancas não condenaram o capitalismo. Escolheram definir libertação nos termos do patriarcado capitalista branco, igualando a libertação à conquista de status econômico e poder financeiro. Como todos os bons capitalistas, elas declararam trabalho como a chave para libertação. Essa ênfase no trabalho era ainda outra indicação de até que ponto a percepção da realidade por liberacionistas brancas era totalmente narcisista, classista e racista. Implícita na afirmação de que trabalho é chave para a libertação das mulheres, estava a recusa do reconhecimento da realidade de que, para a massa das trabalhadoras estadunidenses, o trabalho remunerado nem as libertava da opressão sexista nem lhes permitia conquistar qualquer instante de independência econômica. Em *Liberating Feminism* [Feminismo libertador], crítica de Benjamin Barber ao movimento de mulheres, ele comenta sobre o foco liberacionista da mulher branca de classe média e alta:

> Trabalho claramente significa coisas muito diferentes para mulheres em busca de escapar do ócio do que para a grande parte da raça humana, em grande parte da história. Para poucos homens sortudos, para bem menos mulheres, trabalho algumas vezes tem sido fonte de significado e criatividade. Mas para a maioria das demais pessoas, até mesmo hoje, permanece uma labuta perante arados, máquinas, palavras ou números – empurrando produtos, empurrando botões, empurrando papéis para suprir recursos de uma existência material.
>
> [...] Ser capaz de trabalhar e ter trabalho são duas questões distintas. Suspeito, no entanto, que poucas mulheres liberacionistas serão encontradas trabalhando como subalternas ou não especializadas simplesmente para ocupar o tempo e se identificar com a estrutura do poder. Porque status e poder não são conferidos por meio do trabalho *per se*, mas por certos tipos de trabalho, em geral, reservados às classes média e alta [...]. Como Studs Terkel mostra em *Working* [Trabalhando], a maioria dos trabalhadores acha que o emprego é entediante, opressivo, frustrante e alie-

> nante – basicamente o que mulheres pensam do trabalho de dona de casa.

Quando liberacionistas brancas enfatizaram o trabalho como passagem para libertação, elas não concentraram sua atenção nas mulheres que mais são exploradas no mercado de trabalho estadunidense. Se tivessem enfatizado a difícil situação das mulheres de classe trabalhadora, a atenção teria se desviado das donas de casa suburbanas com educação superior que queriam entrar para a força de trabalho das classes média e alta. Se o foco da atenção tivesse sido em mulheres que já estavam trabalhando e que eram exploradas como mão de obra excedente barata na sociedade estadunidense, teriam desromantizado a busca da mulher branca de classe média por um emprego "significativo". Ao mesmo tempo que o trabalho não diminui a importância de as mulheres resistirem à opressão sexista, entrando para o mercado de trabalho, ele não tem sido força libertadora para a massa de mulheres estadunidenses. E já por algum tempo, sexismo não as impediu de estar na força de trabalho. Mulheres brancas de classes média e alta, como aquelas descritas por *A mística feminina* de Betty Friedan, eram donas de casa não porque o sexismo as impedia de fazer parte da força de trabalho remunerado, mas porque elas, por livre vontade, apoiaram a noção de que era melhor ser dona de casa do que ser trabalhadora. O racismo e o classismo de liberacionistas brancas eram mais aparentes sempre que discutiam trabalho como força libertadora para mulheres. Nesses debates, era sempre a "dona de casa" de classe média que era representada como vítima de opressão sexista, e não a mulher pobre, negra e não negra, que são as mais exploradas pela economia estadunidense.

Ao longo da história da mulher como trabalhadora remunerada, trabalhadoras brancas puderam entrar para o mercado de trabalho bem depois das mulheres negras, ainda assim, avançaram bem mais rápido. Ainda que a todas as mulheres tivesse sido negado acesso a vários empregos, resultado da discriminação sexista, o racismo garantiu que o destino da mulher branca sempre fosse melhor do que o da trabalhadora negra. Pauli Murray comparou o status dos dois grupos em seu ensaio "The Liberation of Black Women" [A libertação das mulheres negras] e observou:

> Quando comparamos a posição da mulher negra à da mulher branca, descobrimos que ela permanece solteira com mais frequência, tem mais filhos, está no mercado de trabalho há mais tempo e em maiores proporções, tem menor grau de educação, recebe menos, fica viúva mais cedo e tem uma responsabilidade econômica relativamente maior como chefe de família do que a mulher branca na mesma situação.

Com frequência, em debates sobre o status da mulher no mercado de trabalho, liberacionistas brancas escolhem ignorar ou minimizar a disparidade entre a situação econômica de mulheres negras e a de mulheres brancas. A ativista branca Jo Freeman aborda a questão em *The Politics of Women's Liberation* [A política da libertação das mulheres], ao comentar que mulheres negras têm "a mais alta taxa de desemprego e a mais baixa média de remuneração de qualquer grupo de raça/sexo". Mas então ela minimiza o impacto dessa afirmação na frase seguinte: "De todos os grupos de raça/sexo de trabalhadores em tempo integral, mulheres de cor tiveram a maior porcentagem no aumento da renda média, desde 1939, e mulheres brancas tiveram a menor." Freeman não informa aos leitores que o salário que as mulheres negras recebiam não era o reflexo de um avanço na situação econômica tanto quanto era uma indicação de que a remuneração delas, por tanto tempo muito inferior à das mulheres brancas, estava alcançando a norma.

Poucas liberacionistas brancas, se é que alguma, estão dispostas a reconhecer que o movimento de mulheres estava consciente e deliberadamente estruturado para excluir mulheres negras e outras de cor e servir, sobretudo, aos interesses de mulheres brancas das classes média e alta com educação superior, à procura de igualdade social com homens brancos das classes média e alta. Ainda que possam concordar que mulheres envolvidas com grupos de libertação da mulher são racistas e classistas, elas tendem a sentir que isso, de maneira alguma, enfraquece o movimento. Mas é exatamente o racismo e o classismo de representantes da ideologia feminista que levaram a grande maioria das mulheres negras a duvidar dos motivos delas e a rejeitar participação ativa em qualquer esforço para organizar um movimento de mulheres. A ativista negra Dorothy Bolden, que trabalhou 42 anos como empregada doméstica em Atlanta, uma das fundadoras do National Domestic Workers, Inc. [Corporação Nacional das Trabalhadoras Domésticas], expressou sua opinião sobre o movimento em *Nobody Speaks for Me! Self Portraits of Working Class Women* [Ninguém fala por mim! Autorretratos de mulheres da classe trabalhadora]:

> [...] Eu fiquei muito orgulhosa de vê-las levantar e falar, quando começou. Fico feliz em ver qualquer grupo fazer isso quando estão sendo justas e sei que alguma coisa foi negada a elas. Mas não estão falando sobre a massa de pessoas. Temos diferentes classes de pessoas em todas as fases da vida e de todas as raças, e deve-se falar sobre essas pessoas também.
>
> [...] Não se pode falar sobre direitos das mulheres até incluirmos todas as mulheres. Quando você nega direitos a uma mulher, você nega a todas. Estou ficando cansada de ir àquelas reuniões, porque nenhuma de nós está participando.
>
> Eles ainda tentam aprovar uma emenda constitucional, mas não conseguirão, até que nos incluam. Alguns desses estados sabem disso, que não se tem todas as mulheres apoiando abertamente essa emenda. Estão falando sobre direitos das mulheres, mas quais mulheres?

Com frequência pessoas pressupõem que mulheres negras simplesmente não se interessam pela libertação das mulheres. Liberacionistas brancas ajudaram a disseminar a crença de que mulheres negras prefeririam permanecer em papéis femininos estereotipados a ter igualdade social com homens. Ainda assim, uma pesquisa de opinião conduzida por Louis Harris Virginia Slims, em 1972, revelou que 62% das mulheres negras apoiavam esforços para mudar o status da mulher na sociedade, comparado a 45% de mulheres brancas; que 67% de mulheres negras apoiavam grupos pela libertação das mulheres, comparado a apenas 35% de mulheres brancas. Os resultados da pesquisa Harris sugeriram que não foi por oposição à ideologia feminista que mulheres negras recusassem se envolver no movimento de mulheres.

O feminismo como ideologia política, defendendo igualdade social para todas as mulheres, foi e é aceitável para várias mulheres negras. Elas rejeitaram o movimento de mulheres quando ficou aparente que mulheres brancas das classes média e alta com educação superior, que eram a maioria das participantes, estavam determinadas a moldar o movimento para que ele servisse aos seus próprios fins oportunistas. Ainda que a definição estabelecida do feminismo fosse a teoria de igualdade política, econômica e social dos sexos, liberacionistas brancas usaram o poder garantido a elas por serem membros da raça dominante na sociedade estadunidense, para interpretar feminismo de tal forma que já não era relevante para todas as mulheres. E parecia inacreditável para as mulheres negras que pedissem a elas para apoiar um movimento cuja maioria das participantes tinha grande interesse em manter hierarquias de raça e classe entre mulheres.

Mulheres negras que participaram de grupos, palestras e reuniões de mulheres inicialmente confiaram na sinceridade de participantes brancas. Como defensoras negras dos direitos das mulheres do século XIX, elas presumiram que qualquer movimento de mulheres iria abordar questões relevantes para todas as mulheres e que racismo seria automaticamente citado como uma força que dividiu mulheres, que teria que ser levado em consideração para então surgir uma verdadeira sororidade, e também que nenhum movimento de mulheres revolucionário e radical poderia acontecer até que mulheres, como um grupo, estivessem reunidas em solidariedade política. Apesar de mulheres negras serem conscientes da prevalência do racismo de mulheres brancas, elas acreditavam que isso poderia ser confrontado e mudado.

Enquanto participavam do movimento de mulheres, descobriram, nos diálogos com mulheres brancas em grupos de mulheres, aulas de Estudos de Mulheres, conferências, que sua confiança foi traída. Descobriram que mulheres brancas se apropriaram do feminismo para avançar em sua própria causa, ou seja, o desejo de entrar para o capitalismo estadunidense convencional. Disseram a elas que mulheres brancas eram a maioria e que elas tinham o poder de decidir quais questões seriam consideradas "feministas". Liberacionistas brancas decidiram que a maneira de confrontar o racismo seria falar em grupos de conscientização sobre sua educação racista, incentivar mulheres negras a se unirem à causa delas, certificar-se de que contratariam uma mulher não branca para o curso de Estudos de Mulheres "delas", ou ainda, convidar uma mulher não branca para falar em um painel de debates na conferência "delas".

Quando mulheres negras envolvidas com o movimento de libertação tentaram debater sobre racismo, várias mulheres brancas reagiram, afirmando com raiva que: "Não vão nos fazer sentir culpa." Para elas o diálogo tinha acabado. Outras pareciam sentir prazer em admitir que eram racistas, mas sentiam que admitir verbalmente tinha a mesma força que mudar seus valores racistas. Em grande parte, mulheres brancas se recusavam a ouvir quando mulheres negras explicavam que o que esperavam não era confissão verbal de culpa, mas gestos e ações conscientes, mostrando que liberacionistas brancas eram antirracistas e tentavam superar seu racismo. A questão do racismo dentro do movimento de mulheres jamais teria sido levantada se mulheres brancas tivessem mostrado em seus escritos e discursos que estavam, de fato, "libertadas" do racismo.

Enquanto mulheres negras e brancas, preocupadas, individualmente tentavam destacar a importância para o movimento de mulheres de confrontar e mudar comportamentos racistas, porque esses sentimentos ameaçavam enfraquecer o movimento, elas encontraram resistência de mulheres brancas que viam feminismo somente como um veículo para realçar seus próprios objetivos individuais e oportunistas. Mulheres brancas conservadoras e reacionárias, que cada vez mais representavam a maioria das participantes, eram eloquentes em suas declarações sobre o racismo não precisar ser considerado uma questão digna de atenção. Elas não queriam que levantassem a questão do racismo, porque não queriam desviar a atenção de sua projeção de mulher branca "boa", ou seja, não racista e vítima; e do homem branco "mau", ou seja, racista e opressor. Se elas tivessem reconhecido a cumplicidade ativa da mulher na disseminação do imperialismo, colonialismo, racismo ou sexismo, teriam tornado a questão da libertação das mulheres muito mais complexa. Para aquelas que enxergavam o feminismo somente como uma forma de exigir sua entrada para a estrutura de poder do homem branco, dizer que todos os homens eram opressores e todas as mulheres eram vítimas simplificava a questão.

Algumas mulheres negras que estavam interessadas na libertação das mulheres reagiam ao racismo de participantes brancas, formando grupos separados de "feministas negras". Essa reação era reacionária. Ao criarem grupos feministas segregados, elas tanto endossavam quanto disseminavam o próprio "racismo" que, supostamente, atacavam. Elas não ofereceram uma avaliação crítica do movimento de mulheres proporcionando a todas as mulheres uma ideologia feminista incorrupta pelo racismo ou pelos desejos oportunistas de grupos individuais. Em vez disso, como pessoas colonizadas fizeram durante séculos, aceitaram os termos que lhes foram impostos pelo grupo dominante (nesse caso, liberacionistas brancas) e estruturaram seu próprio grupo, fundamentadas em uma plataforma racista idêntica à de grupos dominados pelos brancos contra os quais reagiam. Mulheres brancas eram ativamente excluídas de grupos de mulheres negras. Na verdade, a característica que distinguia o grupo das "feministas" negras era o foco em questões relacionadas, especificamente, a mulheres negras. A ênfase em mulheres negras tornou-se pública na escrita de participantes. O The Combahee River Collective [O coletivo do Rio Combahee] publicou *A Black Feminist Statement* [Declaração de uma feminista negra] para explicar o foco do grupo. No parágrafo de abertura, elas declararam:

> Somos um coletivo de feministas negras que se reúne desde 1974. Durante aquele tempo estivemos envolvidas no processo de definir e explicar nossa política e, ao mesmo tempo, fazer trabalho político dentro de nosso próprio grupo e em aliança com outras organizações e movimentos progressistas. A afirmação mais genérica de nossa política até o presente momento seria que estamos ativas e comprometidas em lutar contra as opressões racial, sexual, heterossexual e de classe, e considerar como nossa tarefa específica o desenvolvimento de uma análise integrada e prática, baseada no fato de que os sistemas maiores de opressão estão interligados. A síntese dessas opressões cria as condições de nossa vida. Como mulheres negras, enxergamos no feminismo negro um movimento político lógico para combater as múltiplas e simultâneas opressões que todas as mulheres negras encaram.

O surgimento de grupos de feministas negras resultou em uma maior polarização de liberacionistas negras e brancas. Em vez de se conectarem com base na compreensão compartilhada da variedade de situações difíceis, coletivas e individuais, de mulheres na sociedade, agiam como se a distância que separava as experiências umas das outras não pudesse ser superada através de conhecimento e compreensão. Em vez de mulheres negras atacarem a tentativa de mulheres brancas de apresentá-las como um Outro, desconhecido, elemento insondável, elas agiam como se fossem um Outro. Muitas mulheres negras encontravam, em grupos apenas de mulheres negras, a confirmação de sua preocupação com o feminismo e o apoio que não vivenciavam em grupos dominados por mulheres brancas; isso foi uma das características positivas de grupos de mulheres negras. No entanto, todas as mulheres deveriam vivenciar afirmação e apoio em grupos em que há mistura racial. Racismo é a barreira que impede comunicação positiva, e ele não é eliminado nem desafiado pela separação. Mulheres brancas apoiaram a formação de grupos separados, porque isso confirmava a noção racista-sexista preconcebida que elas tinham de que nenhuma conexão existe entre a experiência delas e a de mulheres negras. Estar em grupos separados significava que não pediriam a elas para se preocuparem com raça e racismo. Embora mulheres negras condenassem o racismo antinegro de mulheres brancas, a crescente animosidade entre os dois grupos deu origem à expressão aberta de seu racismo antibranco. Várias mulheres negras que nunca haviam participado de movimento de mulheres viram a formação de grupos negros separados como confirmação de sua crença de que aliança nenhuma jamais poderia acontecer entre mulheres negras e brancas. Para expressar sua irritação e ira direcionadas às mulheres brancas, elas lançaram mão do estereótipo negativo da mulher branca como passiva, parasita, de ser privilegiado vivendo do trabalho dos outros, como forma de zombar e ridicularizar as liberacionistas brancas. Mulher negra, Lorraine Bethel publicou um poema intitulado "What Chou Mean We, White Girl? Or The Cullud Lesbian Feminist Declaration of Independence" [O que você quer dizer com nós, moça branca? Ou: A fraudulenta declaração de independência lésbica feminista] prefaciado com esta declaração:

> Comprei um suéter no *garage sale* de uma mulher branca (não anglo-saxã). Quando eu estava usando ele, fiquei impressionada com o cheiro – ele exala uma vida suave, privilegiada, sem estresse, suor ou dificuldade. Quando visto ele, costumo pensar, esse suéter tem cheiro de conforto, um jeito de estar no mundo que nunca na minha vida eu conheci, nem vou conhecer. É a mesma sensação que tenho quando passo pela Bonwit Teller's e vejo mulheres brancas comprando bijuterias que custam o suficiente para sustentar pelo resto da vida a senhora negra que é ascensorista, que fica em pé o dia todo, levando aquelas mulheres para cima e para baixo. São momentos/infinitas dores conscientes como essa que me fazem querer gritar/matar/virar meus olhos ranger meus dentes com a mão no quadril berrar para as conhecidas como lésbicas/feministas radicais brancas "O QUE VOCÊ QUER DIZER COM NÓS, MOÇA BRANCA?"

A animosidade entre liberacionistas negras e brancas não era apenas resultado da discordância em relação ao racismo dentro do movimento de mulheres; foi o resultado final de anos de ciúme, inveja, competição e raiva entre os dois grupos. O conflito entre mulheres negras e brancas não começou com o movimento de mulheres do século XX. Começou durante o período da escravidão. O status social de mulheres brancas nos Estados Unidos foi determinado, em grande medida, pelo relacionamento de pessoas brancas com pessoas negras. Foi a escravização de pessoas africanas durante o período colonial nos Estados Unidos que marcou o início de uma mudança no status social de mulheres brancas. Antes do período da escravidão, leis patriarcais decretaram mulheres brancas seres inferiores, o grupo subordinado na sociedade. A subjugação de pessoas negras permitiu a elas desocupar a posição desprezível e assumir o papel de superior.

Consequentemente, é possível argumentar que, mesmo tendo sido o homem branco quem institucionalizou a escravidão, mulheres brancas eram as mais imediatas beneficiárias. A escravidão, de maneira alguma, alterou o status social hierárquico do homem branco, mas criou um novo status para a mulher branca. A única maneira de manter seu novo status seria por meio de constante afirmação de sua superioridade sobre a mulher e o homem negros. Com muita frequência, mulheres brancas do período colonial, especialmente aquelas que eram amantes escravizadas, escolheram diferenciar seu status do das escravizadas, tratando-as de maneira violenta e cruel. Era em seu relacionamento com a mulher negra escravizada que a mulher branca podia afirmar seu poder. Mulheres negras escravizadas individualmente aprendiam que a diferenciação dos papéis sexuais não significava que a senhora branca não deveria ser considerada figura de autoridade. Uma vez que foram socializadas pelo patriarcado para respeitar a autoridade do homem e ressentir a autoridade da mulher, mulheres negras relutavam em reconhecer o "poder" da senhora branca. Quando a mulher negra escravizada expressava desprezo e desrespeito pela autoridade da mulher branca, a senhora branca, em geral, recorria a castigo violento para afirmar sua autoridade. No entanto, até mesmo o castigo violento não conseguia mudar o fato de que mulheres negras não eram inclinadas a respeitar mulheres brancas com a admiração e o respeito que demonstravam pelo homem branco.

Ao ostentarem o desejo sexual pelo corpo das mulheres negras e sua preferência por elas como parceiras sexuais, homens brancos faziam mulheres brancas e mulheres negras escravizadas competirem entre si. Na maioria das situações, a senhora branca não invejou a mulher negra por seu papel de objeto sexual; ela apenas temia que seu novo status social pudesse ser ameaçado pela interação sexual do homem branco com a mulher negra. O envolvimento sexual dele com mulheres negras (até mesmo se esse envolvimento fosse estupro) com efeito lembrava à mulher branca de sua posição de subordinação no relacionamento com ele. Porque ele podia exercer seu poder de imperialista racial e imperialista sexual para estuprar ou seduzir mulheres negras, enquanto mulheres brancas não eram livres para estuprar ou seduzir homens negros sem temer punição. Apesar de ser provável que uma mulher branca condenasse as ações de um homem branco que escolheu interagir sexualmente com mulheres negras escravizadas, ela era incapaz de determinar o comportamento adequado para ele. E também não podia retaliá-lo, envolvendo-se em relacionamentos sexuais com homens negros escravizados ou livres. Não é surpreendente que ela direcionasse sua raiva e ira às mulheres negras escravizadas. Nesses casos, em que laços emocionais foram criados entre homens brancos e mulheres negras escravizadas, senhoras brancas faziam de tudo para punir a mulher. O espancamento era o método mais usado por mulheres brancas para punir as escravizadas negras. Com frequência, por um ataque de ciúme, a senhora usava desfiguramento para punir uma escravizada negra desejada. A senhora cortaria os seios dela arrancando-os, cegaria um dos olhos ou deceparia qualquer outra parte do corpo dela. É natural que esse tratamento causasse hostilidade entre mulheres brancas e mulheres negras escravizadas. Para a escravizada negra, a senhora branca, vivendo em relativo conforto, era o símbolo representante da mulheridade branca. Ela era tanto invejada quanto desprezada – invejada por seu conforto material, desprezada porque se preocupava pouco ou tinha pouca compaixão pelo destino da mulher escravizada. Uma vez que o status social privilegiado da mulher branca só poderia existir se o grupo de mulheres estivesse presente para assumir a humilde posição de que ela abdicou, o resultado foi que mulheres negras e brancas entraram em desacordo. Se a mulher branca tivesse lutado para mudar o destino da mulher negra escravizada, sua própria posição social na hierarquia raça-sexo teria sido alterada.

A alforria não levou ao fim, mas acirrou os conflitos entre mulheres negras e brancas. Para manter a estrutura de *apartheid* institucionalizada pela escravidão, colonizadores brancos, homens e mulheres, criaram uma variedade de mitos e estereótipos para diferenciar o status das mulheres negras do das mulheres brancas. Racistas brancos e até mesmo algumas pessoas negras que haviam absorvido a mentalidade do colonizador descreviam a mulher branca como um símbolo de mulheridade perfeita e incentivavam mulheres negras a se esforçarem para alcançar essa perfeição, usando a mulher branca como modelo. O ciúme e a inveja de mulheres brancas, que irrompeu na consciência da mulher negra durante o período da escravidão, foram deliberadamente incentivados pela cultura branca dominante. Anúncios, artigos de jornais, livros etc. eram lembretes constantes para mulheres negras da diferença entre o status social delas e o de mulheres brancas, e elas ressentiam isso amargamente. Em nenhum outro lugar essa dicotomia era tão clara quanto no lar branco materialmente privilegiado, onde a doméstica negra trabalhava como empregada da família branca. Nesse relacionamento, trabalhadoras negras eram exploradas para realçar a posição social das famílias brancas. Na comunidade branca, contratar ajuda doméstica era sinal de privilégio material, e a pessoa que se beneficiava diretamente do trabalho de uma criada era a mulher branca, uma vez que sem a criada ela iria realizar as tarefas domésticas. Não é de se espantar que a doméstica negra tivesse tendência a considerar a mulher branca sua "chefe", sua opressora, não o homem branco, cuja renda, em geral, pagava seu salário.

Ao longo da história dos Estados Unidos, homens brancos deliberadamente promoveram hostilidade entre mulheres brancas e negras e a separação delas. A estrutura de poder patriarcal branco coloca os dois grupos em oposição, impedindo o crescimento da solidariedade entre mulheres e assegurando que o status da mulher como grupo subordinado dentro do patriarcado permaneça intacto. Para esse fim, homens brancos apoiaram mudanças na posição social das mulheres brancas, desde que existisse outro grupo de mulheres para assumir o papel. Por conseguinte, o patriarcado branco não passa por mudanças radicais em seu pressuposto sexista de que a mulher é inferior por natureza. Ele não abandona sua posição de dominador nem altera a estrutura patriarcal da sociedade. No entanto, ele é capaz de convencer várias mulheres brancas de que mudanças fundamentais no "status da mulher" ocorreram, porque ele a socializou com sucesso, por meio do racismo, para assumir que não há qualquer conexão entre ela e a mulher negra.

Como a libertação das mulheres foi equiparada com aquisição de privilégios dentro da estrutura de poder do homem branco, os homens brancos – e não as mulheres, nem as brancas nem as negras – determinaram os termos pelos quais mulheres são permitidas no sistema. Um dos termos estabelecidos pelos patriarcas é que a um grupo de mulheres são garantidos privilégios que elas adquirem ao apoiarem ativamente a opressão e a exploração de outros grupos de mulheres. Mulheres brancas e negras foram socializadas para aceitar e honrar os termos, por isso a competição acirrada entre os dois grupos; uma competição que sempre foi centrada na arena da política sexual, com mulheres brancas e negras competindo umas contra as outras pela benevolência do homem. Essa competição é parte de uma batalha geral entre vários grupos de mulheres para ser o grupo escolhido.

O movimento contemporâneo direcionado à revolução feminista foi continuamente enfraquecido pela competição entre várias facções. No que se refere à raça, o movimento de mulheres simplesmente se tornou uma outra arena na qual mulheres brancas e negras competem para serem o grupo escolhido. Essa luta por poder não foi solucionada pela formação de grupos de interesses opostos. Os grupos são sintomas do problema e não solução. Mulheres negras e brancas por tanto tempo permitiram que sua ideia de libertação fosse construída a partir do *status quo* existente, que elas ainda não conceberam uma estratégia que possamos usar para nos unir. A concepção de liberdade delas era somente a de escravizada. E para o escravizado, a vida do senhor representa o ideal de vida livre.

Mulheres liberacionistas, brancas e negras, sempre estarão em desacordo, enquanto nossa ideia de libertação for baseada em ter o poder que homens brancos têm, uma vez que esse poder nega unidade, nega conexões em comum e é, por natureza, uma força que divide. Foi a aceitação da mulher de divisão como ordem natural que levou mulheres negras e brancas a se apegarem religiosamente à crença de que é impossível haver conexão inter-racial, para aceitarem passivamente a noção de que a distância que separa mulheres é imutável. Até mesmo a mais desinformada e ingênua liberacionista sabe que sororidade como ligação política entre mulheres é necessária para a revolução feminista, mulheres não lutaram tanto ou com severidade suficiente para superar a lavagem cerebral social que imprimiu em nossa psique a crença de que nenhuma união entre as mulheres negras e brancas pode jamais ser construída. Os métodos que mulheres usaram para alcançar umas às outras além de limites raciais foram rasos, superficiais e estavam destinados a falhar.

A resolução do conflito entre mulheres negras e brancas não será possível até que mulheres reconheçam que um movimento feminista que é tanto racista quanto classista é mera farsa, um disfarce para a contínua conexão da mulher com os princípios materialistas patriarcais e aceitação passiva do *status quo*. A sororidade que é necessária para fazer uma revolução feminista somente poderá ser alcançada quando todas as mulheres se separarem da hostilidade, inveja e competição entre elas, que têm nos mantido vulneráveis, fracas e incapazes de visionar novas realidades. Essa sororidade não pode ser forjada a partir da mera pronúncia de palavras. Ela é resultado de crescimento e mudança contínuos. É meta a ser alcançada, um processo de se tornar. O processo começa com ação, com a recusa da mulher, individualmente, de aceitar quaisquer mitos, estereótipos e pressupostos falsos que negam a natureza compartilhada de sua experiência humana; que negam sua capacidade de vivenciar a unicidade de todas as vidas; que negam a capacidade dela de superar os abismos criados pelo racismo, sexismo ou classismo; que negam a habilidade dela de mudar. O processo começa com a aceitação individual da mulher de que as mulheres estadunidenses, sem exceção, foram socializadas para serem racistas, classistas e sexistas, em diferentes graus, e que, ao nos rotularmos feministas, não mudamos o fato de que devemos trabalhar conscientemente para nos livrarmos do legado da socialização negativa.

Se mulheres querem uma revolução feminista – nosso mundo está gritando por uma revolução feminista –, devemos, então, assumir a responsabilidade de unir as mulheres em solidariedade política. Isso significa que devemos assumir responsabilidade por eliminar todas as forças que separam mulheres. Racismo é uma dessas forças. Mulheres, todas as mulheres, são responsáveis pelo racismo continuar a nos separar. Nossa disposição para assumir a responsabilidade por eliminar o racismo não precisa surgir de sentimentos de culpa, responsabilidade moral, vitimização ou fúria. Pode brotar de um sincero desejo de sororidade e a percepção pessoal e intelectual de que racismo entre mulheres enfraquece o potencial radicalismo do feminismo. Pode brotar de nosso conhecimento que racismo é um obstáculo em nosso caminho e deve ser removido. Mais obstáculos são criados, simplesmente por nos envolvermos em debates infindáveis sobre quem o colocou lá.

5. Mulheres negras e o feminismo

Mais de cem anos se passaram desde o dia em que Sojourner Truth* se levantou, diante de um grupo organizado de mulheres e homens brancos, em uma reunião antiescravista em Indiana e mostrou os seios para provar que, de fato, era uma mulher. Para Sojourner, que percorreu a longa estrada entre escravidão e liberdade, desnudar os seios era um problema

* Sojourner Truth (1797-1883) é uma das mais famosas abolicionistas negras dos Estados Unidos, conhecida por falar, sobretudo, para pessoas brancas, com um discurso baseado na razão e na religião. Nascida Isabella Baumfree em uma família de provavelmente doze crianças escravizadas, ela teve vários proprietários, até que conquistou a liberdade ao fugir, em 1826, deixando o marido e cinco filhos. Na ocasião, ela foi acolhida por um casal que a comprou para libertá-la. Isabella Baumfree adotou o nome Sojourner Truth, que literalmente significa "visita da verdade", quando decidiu cumprir a missão que acreditava ter: viajar para pregar a palavra de Deus. Foi o orador, autor e reformista negro Frederick Douglass que a introduziu no movimento abolicionista. Entre outras causas, Truth lutou pelo direito de as pessoas negras compartilharem o bonde com as pessoas brancas em Washington e por terras para pessoas libertas da escravidão que viviam na pobreza, desabrigadas, depois do fim da Guerra Civil. Foi quando se deu conta de que sofria discriminação tanto racista quanto sexista que Sojourner Truth assumiu também o papel de porta-voz do movimento pelos direitos das mulheres. Ela foi a primeira mulher negra a ganhar um processo no tribunal contra um homem branco, que ilegalmente vendeu um de seus filhos para uma plantação no Alabama. Arrebatadora, Sojourner Truth está entre as cem pessoas mais importantes dos Estados Unidos, segundo a Smithsonian Institution. [*N. da T.*]

pequeno. Ela encarou a plateia sem medo, sem vergonha, orgulhosa por ter nascido negra e mulher. Ainda assim, o homem branco que gritou para Sojourner "Eu não acredito que você é realmente uma mulher" involuntariamente expressou o desprezo e o desrespeito dos Estados Unidos pela mulheridade negra. Aos olhos do público branco do século XIX, a mulher negra era uma criatura indigna de receber o título de mulher; ela era um mero bem material, uma coisa, um animal. Quando Sojourner Truth se colocou diante da segunda convenção anual do movimento pelos direitos das mulheres, em Akron, Ohio, em 1852, as mulheres brancas que julgavam ser inadequado para uma mulher negra falar em uma plataforma pública na presença delas gritaram: "Não a deixem falar! Não a deixem falar! Não a deixem falar!" Sojourner aguentou os protestos e se tornou uma das primeiras feministas a chamar a atenção delas para o destino da mulher negra escravizada que, forçada pelas circunstâncias a trabalhar ao lado dos homens negros, era a personificação viva da verdade de que as mulheres poderiam estar em igualdade com os homens no trabalho.

Não foi mera coincidência terem permitido que Sojourner Truth subisse ao palco depois de um homem branco discursar contra a ideia de igualdade para as mulheres, fundamentando seus argumentos na noção de que a mulher era muito fraca para realizar o trabalho manual que lhe era designado – de que ela, por natureza, era fisicamente inferior ao homem. Sojourner não demorou para responder ao argumento dele, dizendo para a plateia:

> [...] Bem, crianças, onde há muita algazarra deve ter alguma coisa que não está certa. Penso que entre as negras do Sul e

> as mulheres do Norte todas estão falando sobre direitos, os homens brancos logo, logo vão ter problemas. Mas sobre o que isso tudo aqui está falando? Que o homem lá fala que as mulheres precisam de ajuda para subir na carruagem, para passar sobre valas e para ter os melhores lugares [...] e eu não sou uma mulher? Olhem para mim! Olhem para meu braço! [...] Eu lavrei e plantei e juntei os grãos no celeiro e nenhum homem conseguia passar na minha frente – e eu não sou uma mulher? Eu conseguia trabalhar tanto quanto qualquer homem (quando conseguia trabalho), e aguentar o chicote também – e eu não sou uma mulher? Pari cinco crianças e vi a maioria delas ser vendida para a escravidão, e quando chorei meu luto de mãe, ninguém além de Jesus me ouviu – e eu não sou uma mulher?

Diferentemente da maioria das defensoras dos direitos das mulheres, Sojourner Truth podia se referir à própria experiência de vida como prova da habilidade da mulher de estar na função de mãe; de estar em pé de igualdade com o homem no trabalho; de suportar perseguição, abuso físico, estupro, tortura; e de não somente sobreviver, mas emergir triunfante.

Sojourner Truth não foi a única mulher negra a defender a igualdade social para as mulheres. Seu desejo por falar em público em favor dos direitos das mulheres, apesar da desaprovação e resistência pública, abriu caminho para outras mulheres negras politicamente conscientes expressarem seu ponto de vista. O sexismo e o racismo moldaram tanto a perspectiva dos historiadores estadunidenses que a tendência deles era ignorar e discriminar os esforços das mulheres negras nos debates sobre o movimento estadunidense pelos direitos das mulheres. As acadêmicas brancas que apoiavam a ideologia feminista também ignoraram a contribuição das mulheres negras. Em trabalhos contemporâneos, como *The Remembered Gate: Origins of American Feminism*, de Barbara Berg; *Herstory* [História dela], de June Sochen; *Hidden from History* [Escondida da história], de Sheila Rowbothan; *The Women's Movement* [O movimento de mulheres], de Barbara Dechard, apenas para falar de alguns, o papel da mulher negra como defensora dos direitos das mulheres no século XIX nunca é mencionado. O livro de Eleanor Flexner, *Century of Struggle* [O século da luta], que foi publicado em 1959, ainda é um dos muito poucos trabalhos históricos longos sobre o movimento pelos direitos das mulheres que registra a participação das mulheres negras.

A maioria das mulheres envolvidas na recente movimentação direcionada a uma revolução feminista pressupõe que as mulheres brancas iniciaram toda a resistência ao chauvinismo masculino na sociedade estadunidense, além de pressupor que as mulheres negras não estão interessadas na libertação das mulheres. Ainda que seja verdade o fato de as mulheres brancas terem liderado todos os movimentos direcionados à revolução feminista na sociedade estadunidense, a dominação delas é menos um sinal de desinteresse das mulheres negras pela luta feminista do que um indicativo de que a política da colonização e o imperialismo racial fizeram com que fosse historicamente impossível para as mulheres negras, nos Estados Unidos, liderarem um movimento de mulheres.

As mulheres negras do século XIX eram mais conscientes da opressão sexista do que qualquer outro grupo de mulheres na sociedade estadunidense jamais foi. Elas não somente eram o grupo de mulheres mais vitimizadas pela discriminação e opressão sexistas, como também eram tão sem poder que sua resistência raramente tomava forma de ação coletiva organizada. O movimento do século XIX pelo direito das mulheres poderia ter proporcionado um fórum para as mulheres negras abordarem suas queixas, mas o racismo das mulheres brancas barrou a participação delas por completo no movimento. Além disso, serviu como um lembrete sombrio de que o racismo precisava ser eliminado para que as mulheres negras pudessem ser reconhecidas como uma voz igual à das mulheres brancas na questão dos direitos das mulheres. As organizações e clubes de mulheres, no século XIX, eram quase sempre segregados por raça, mas isso não significava que as mulheres negras participantes dos grupos eram menos comprometidas com os direitos das mulheres do que as participantes brancas.

Os historiadores contemporâneos tendem a enfatizar demais o compromisso das mulheres negras do século XIX de eliminar o racismo para fazer parecer que o envolvimento delas com a luta antirracismo inviabilizava a participação nas atividades voltadas para os direitos das mulheres. Um exemplo dessa tendência pode ser encontrado na obra de June Sochen *Herstory*, em que ela debate a organização das mulheres brancas no capítulo intitulado "The Women's Movement" [O movimento das mulheres], mas debate a organização das mulheres negras no capítulo intitulado "Old Problems: Black Americans" [Problemas antigos: estadunidenses negras], uma categorização que deixa implícita a ideia de que as organizações de mulheres negras surgiram como parte do esforço geral das mulheres negras para acabar com o racismo, não a partir da participação delas em movimento de mulheres. Sochen escreveu:

> Os clubes de mulheres negras eram organizados por localidade para realizar serviços de caridade e de educação. Com propósito e natureza similares aos clubes de mulheres brancas, a National Association of Colored Women (NACW) foi criada em 1896 e, liderada por Mary Church Terrell (1863-1954), em quatro anos tinha mais de 100 mil membros em 26 estados. Enquanto uma filial local organizava um hospital para pessoas negras, em outra, desenvolvia um programa para crianças negras dessa comunidade.
>
> Uma das primeiras mulheres negras a se formar na Oberlin College, Mary Church Terrell era uma articulada e proeminente porta-voz dos direitos das estadunidenses negras. Uma pessoa extraordinária, que passou sua longa vida trabalhando pela liberdade das pessoas negras. Ela era uma boa palestrante e escritora defensora de uma variedade de causas. Além de estar à frente da NACW, a Sra. Terrell fez campanha contra linchamentos, integrou a National Association for the Advancement of Colored People (NAACP) [Associação Nacional para o Desenvolvimento de Pessoas Negras] e também trabalhou no movimento para o sufrágio. Ela representou as mulheres negras em várias reuniões nacionais e internacionais.

A partir da informação fornecida por esses parágrafos, os leitores podem facilmente concluir que Mary Church Terrell era uma obstinada porta-voz dos direitos das estadunidenses negras, que não se preocupava excessivamente com os direitos das mulheres. Não era assim. Como presidenta da National Association of Colored Women, Mary Church Terrell trabalhou arduamente para envolver as mulheres negras na luta pelos direitos das mulheres. Sua principal preocupação era que elas lutassem para obter equidade social para seu sexo na esfera da educação. O fato de Mary Church Terrell estar, assim como a maioria das defensoras dos direitos das mulheres negras, comprometida em também erguer sua raça como um todo de maneira alguma atenuava o fato de que o foco de sua atenção estava na mudança do papel das mulheres na sociedade. Se Terrell tivesse se considerado porta-voz da raça negra como um todo, ela não teria publicado *A Colored Woman in a White World* [Uma mulher de cor em um mundo branco], uma narrativa que debate o status social das mulheres negras e o impacto do racismo e do sexismo na vida delas.

Nenhuma historiadora feminista branca escreveria sobre os esforços de Lucy Stone, Elizabeth Stanton, Lucretia Mott e outras para iniciar reformas sociais que afetariam, principalmente, as mulheres brancas, como se seus esforços fossem completamente separados da questão dos direitos das mulheres. Ainda assim, as historiadoras que se rotulam feministas continuamente minimizam a contribuição das defensoras dos direitos das mulheres negras, quando insinuam que o foco delas era somente em medidas voltadas para a reforma racial. Devido ao imperialismo racial branco, as mulheres brancas conseguiram organizar grupos como o Women's Christian Temperance Union [União Cristã Feminina da Temperança], Young Women's Christian Association [Associação Cristã de Mulheres Jovens], General Federation of Women's Clubs [Federação Geral de Clubes de Mulheres], sem afirmar explicitamente nas descrições que essas organizações eram exclusivamente brancas. As mulheres negras se identificavam racialmente nomeando seus grupos Colored Women's League [Liga das Mulheres Negras], National Federation of Afro-American Women [Federação Nacional de Mulheres

Afro-Americanas], National Association for Colored Women [Associação Nacional de Mulheres Negras], e porque se identificavam por meio da raça, as acadêmicas concluíram que o interesse delas em elevar as pessoas negras como grupo ofuscou seu envolvimento com a luta das mulheres para realizar uma reforma social. Na verdade, as organizações de mulheres negras para a reforma eram solidamente enraizadas no movimento de mulheres. Foi em reação ao racismo das mulheres brancas e ao fato de que os Estados Unidos permaneciam uma sociedade com uma estrutura social de *apartheid* que as mulheres negras se viram obrigadas a manter o foco em si mesmas, em vez de focar em todas as mulheres.

A ativista negra Josephine St. Pierre Ruffin tentou trabalhar com organizações de mulheres brancas e descobriu que as mulheres negras não poderiam depender do incentivo das mulheres brancas racistas para participar totalmente do movimento de reforma das mulheres; consequentemente, ela intimou as mulheres negras a se organizarem para abordar suas próprias questões. Na First National Conference of Colored Women [Primeira Conferência Nacional de Mulheres Negras], em Boston, em 1895, ela falou ao público:

> Os motivos que temos para debater essas ideias são tão óbvios que poderia parecer desnecessário enumerá-los, ainda assim, não há mais do que uma obrigação nossa de fazer uma séria avaliação. Em primeiro lugar, precisamos sentir a alegria e a inspiração de nosso encontro, precisamos conquistar a coragem e a vida nova que resultam dessa mistura das almas agradáveis, aquelas trabalhando pelos mesmos fins. Em seguida, precisamos falar não somente

> sobre as coisas que são de vital importância para nós, mulheres, mas também sobre as coisas que são de especial interesse para nós, mulheres negras, a educação de nossas crianças, a liberdade para nossos meninos e nossas meninas, de que maneira eles e elas podem se preparar para profissões e quais profissões podem ser encontradas ou podem estar disponíveis para eles e elas, o que podem fazer principalmente em relação à educação moral da raça com a qual nos identificamos, nossa elevação da mente e nosso desenvolvimento físico; é necessário oferecer educação em casa a nossas crianças e prepará-las para conhecer as condições peculiares nas quais podem se encontrar; como aproveitar ao máximo nossas próprias, até certo ponto limitadas, oportunidades. Essas são algumas de nossas próprias questões peculiares a serem discutidas. Além dessas, existem as questões do momento, às quais não temos condições de sermos indiferentes [...].

Ruffin não incentivou as defensoras dos direitos das mulheres negras a trabalharem somente pela melhora das condições delas, ela defendia a ideia de que as mulheres negras precisavam se organizar para liderar um movimento de mulheres que abordasse as preocupações de todas as mulheres:

> Nosso movimento de mulheres é um movimento de mulheres liderado e dirigido por mulheres para o bem das mulheres e dos homens, para o benefício de toda a humanidade, que é maior do que qualquer ramificação ou seção dele. Queremos e pedimos o interesse ativo dos nossos homens também, e, além disso, não estamos determinando um limite de cor; somos mulheres, mulheres estadunidenses, tão intensamente interessadas

> em tudo o que nos envolve quanto todas as demais mulheres estadunidenses; não estamos nos alienando ou nos retirando, estamos apenas nos colocando à frente, dispostas a aderir a quaisquer outras no mesmo trabalho e cordialmente convidando e acolhendo quaisquer outras para se juntarem a nós.

Outras defensoras dos direitos das mulheres negras ecoaram esses sentimentos de Ruffin. Apesar do fato de o imperialismo racial branco ter excluído as mulheres negras da participação em grupos com as mulheres brancas, elas permaneceram comprometidas com a crença de que os direitos das mulheres poderiam ser alcançados somente se as mulheres se juntassem formando uma frente unida. Ao falar durante o World Congress of Representative Women, a sufragista negra Fannie Barrier Williams deixou claro que as mulheres negras eram tão comprometidas com a luta pelos direitos das mulheres quanto qualquer outro grupo de mulheres. Em seu discurso, ela falou da crença de que as mulheres unidas em solidariedade política causariam um tremendo impacto na cultura estadunidense:

> O poder da mulheridade organizada é um dos estudos mais interessantes da sociologia moderna. Anteriormente, as mulheres tinham tão pouca consciência umas das outras, seus interesses em comum eram tão sentimentais e fofoqueiros, e os conhecimentos sobre questões mais amplas da sociedade humana, tão escassos, que uma organização entre elas, no sentido moderno, era impossível. Agora, sua inteligência liberal, seu contato com todo o grande interesse em educação e sua crescente influência para o bem em todos os grandes movimentos de reforma

> desta era criaram nelas um respeito maior umas pelas outras e proporcionaram elementos de organização para propósitos grandes, magníficos. O mais alto domínio do desenvolvimento da mulher foi alcançado quando elas se tornaram mentalmente fortes o suficiente para encontrar pontos de conexão entrelaçados com empatia, lealdade e confiança mútua. Hoje, a união é a palavra de ordem da marcha progressiva da mulher.

Apesar de a segregação racial ter sido norma nas organizações de mulheres, as medidas para reformas iniciadas por grupos de mulheres brancas e negras não eram totalmente diferentes. Distinguiam-se apenas porque as mulheres negras incluíram em sua luta pela reforma medidas voltadas para a solução de problemas especificamente enfrentados por elas. Um desses problemas era a tendência geral entre os estadunidenses brancos, e até mesmo de algumas pessoas negras que sofreram lavagem cerebral, de considerar as mulheres negras sexualmente imorais, promíscuas e devassas – um estereótipo negativo que teve origem na mitologia sexista estadunidense. Assim, enquanto as organizações de mulheres brancas conseguiam concentrar sua atenção em medidas reformistas gerais, as mulheres negras precisavam lançar uma campanha para defender sua "virtude". Como parte da campanha, elas escreveram artigos e discursos sustentando a moral sexual da mulher negra.

As organizações de mulheres brancas podiam restringir sua atenção a questões tais como educação, caridade ou formação de sociedades literárias, enquanto as mulheres negras estavam preocupadas com questões tais como pobreza, cuidado dos idosos e portadores de necessidades específicas, ou prostituição. Os clubes e organizações de mulheres negras eram, por natureza, potencialmente mais feministas e radicais do que os clubes de mulheres brancas, devido à diferença das circunstâncias criadas pela opressão racista. As mulheres brancas como grupo não precisaram lançar um ataque contra a prostituição, como as mulheres negras precisaram fazer. Várias jovens negras que deixavam o Sul e migravam para o Norte eram forçadas a trabalhar como prostitutas. Em alguns casos, viajavam para o Norte por meio do que chamavam de "passagem de justiça", fornecida por agências de emprego ou agentes de trabalho. Em troca de transporte e da garantia de emprego imediato a sua chegada, as mulheres negras assinavam um contrato de trabalho que determinava que o agente as colocaria no mercado, e que ela concordava em pagar uma taxa equivalente a um ou dois meses de salário. Quando chegavam ao Norte, descobriam que o trabalho era, sobretudo, como empregada em casas de prostituição. Incapazes de sobreviver com o salário baixo que era pago, elas eram incentivadas pelos cafetões brancos a se tornarem prostitutas. A National League for the Protection of Colored Women [Liga Nacional de Proteção às Mulheres Negras] foi criada para informar e auxiliar as mulheres negras sulistas que migravam para o Norte. Em 1897, a ativista negra Victoria Earle Matthews formou a White Rose Working Girl's Home [Casa de Garotas Trabalhadoras White Rose] e a Black Protection and Women's Rights Society [Sociedade de Proteção a Mulheres Negras e aos Direitos das Mulheres] na Women's Loyal Union of New York and Brooklyn [União Leal das Mulheres de Nova York e Brooklyn]. Para aumentar o conhecimento do público com o apoio das mulheres brancas, Victoria Matthews fez uma palestra sobre "O despertar da mulher afro-americana". O trabalho dela não foi concluído isoladamente. Várias organizações de mulheres negras foram formadas para ajudar as mulheres negras em sua luta por autodesenvolvimento.

Daquelas mulheres negras que defendiam a equidade social para as mulheres, Anna Julia Cooper era uma das que mais se destacavam. Ela foi uma das primeiras ativistas negras a incentivar as mulheres negras a falar da própria experiência para fazer o público tomar consciência da maneira com que o racismo e o sexismo juntos afetavam seu status social. Anna Cooper escreveu:

> A mulher negra de hoje ocupa, pode-se dizer, uma posição peculiar neste país. Em um período instável, de transição, o status dela parece uma de todas as forças averiguáveis e definitivas que contribuem com nossa civilização. Ela é confrontada por uma questão da mulher e um problema de raça, e é um fator desconhecido ou não reconhecido em ambos.

Anna Cooper queria que o público estadunidense reconhecesse o papel que as mulheres negras tinham não apenas como porta-vozes para a raça delas, mas também como defensoras dos direitos das mulheres. Para disseminar suas percepções sobre os direitos das mulheres, ela publicou *A Voice from the South* [Uma voz do Sul], em 1892, um dos primeiros debates feministas sobre o status social das mulheres negras e uma longa discussão sobre direitos das mulheres à educação superior. Em *A Voice from the South*, Cooper reiterou seu ponto de vista de que as mulheres negras não deveriam assumir uma posição de subordinação passiva em relacionamentos com homens negros. Ela também criticou os homens negros pela recusa deles em apoiar a luta da mulher para conquistar direitos iguais. Uma vez que era comum aos líderes negros questionar se o envolvimento das mulheres negras na luta pelos direitos das mulheres enfraquecia seu envolvimento na luta para eliminar o racismo, Cooper sustentou a ideia de que a igualdade social entre os sexos significaria que as mulheres negras seriam capazes de atuar como líderes na luta contra o racismo. Ela argumentou, ainda, que elas tinham mesmo demonstrado comprometimento com a luta pela libertação das pessoas negras tanto quanto os homens negros, se é que não mais.

Em *A Voice from the South*, estava incluído um artigo de Cooper sobre "The Higher Education of Women" [A educação superior de mulheres], no qual ela argumentou que as mulheres como grupo coletivo deveriam ter o direito de adquirir educação superior. Como várias feministas modernas, Cooper acreditava na existência de um "princípio feminino" distinto e argumentava que "um grande desejo do mundo no passado era por uma força feminina", uma força que pudesse ter "seu total efeito somente através do desenvolvimento livre das mulheres".

> Tudo o que alego é que existe um lado feminino, assim como um masculino, para a verdade; que eles se relacionam não como inferior e superior, não como melhor e pior, não como mais fraco e mais forte, mas como complementos – complementos em um todo necessário e simétrico. Que, enquanto o homem é mais nobre na razão, a mulher é mais rápida na empatia. Que, enquanto ele é infatigável na busca da verdade abstrata, ela se importa com os interesses

> incidentalmente – esforçando-se com ternura e amor para que nenhuma das menores entre essas "pequenas coisas" pereça. Que mesmo não sendo incomum vermos mulheres que usam a razão, como dizemos, com a frieza e a precisão de um homem, e homens tão atentos ao desamparo quanto uma mulher, ainda há um consenso geral de humanidade de que um traço é essencialmente masculino e o outro, peculiarmente feminino. Que ambos são necessários na educação de crianças, a fim de que os meninos possam suplementar a virilidade com ternura e sensibilidade e as meninas possam incrementar sua gentileza com força e autoconfiança. Que, uma vez que ambos são igualmente necessários para dar ao indivíduo simetria, uma nação ou uma raça degenerar-se-á em mero sentimentalismo, por um lado, ou assédio, por outro, se dominada exclusivamente por um ou outro; por fim, e mais enfaticamente, que o fator feminino pode ter seu próprio efeito somente através do desenvolvimento e na educação da mulher, de tal forma que ela pode apropriadamente e com inteligência estampar sua força nas forças de seu tempo e adicionar seu *modicum* às riquezas do pensamento mundial [...].

Apesar de Anna Cooper, assim como outras defensoras dos direitos das mulheres no século XIX, ter continuado a acreditar que a mulher poderia servir melhor ao país usando a educação para engrandecer o papel sexual atribuído a ela pelo patriarcado, ela estava ciente de que a educação superior também permitiria às mulheres explorar mundos fora do tradicional domínio do lar e da família. Para responder àqueles que argumentaram que a educação superior interferiu no casamento, Cooper replicou:

> Garanto a você que o desenvolvimento intelectual, com as consequentes autoconfiança e capacidade de sustentar a própria vida tornam a mulher menos dependente da relação de casamento para obter apoio material (que, a propósito, nem sempre a acompanha). Ela também não se sente compelida a olhar para o amor sexual como a única sensação capaz de oferecer tônus e prazer, movimento e vigor para a vida que ela vive. Seu horizonte está estendido. Suas empatias estão aumentadas e aprofundadas, e multiplicadas. Ela está mais próxima da natureza [...].

As mulheres negras do século XIX acreditavam que, se recebessem o direito de votar, poderiam mudar o sistema educacional de maneira que as mulheres teriam o direito de buscar com totalidade seus objetivos educacionais. Para alcançar isso, elas se envolviam totalmente no apoio ao sufrágio das mulheres. A ativista negra Frances Ellen Watkins Harper era mais eloquente no tema sufrágio das mulheres do que qualquer outra mulher negra de sua época. Em 1888, ela palestrou no International Council of Women in Washington [Conselho Internacional de Mulheres em Washington] e falou sobre a importância do sufrágio para as mulheres negras e brancas. Durante a Columbian Exposition in Chicago [Feira Mundial de Chicago], em 1893, em seu discurso intitulado "Woman's Political Future" [O futuro político da mulher], ela expressou seu ponto de vista sobre o sufrágio:

> Eu não acredito em sufrágio irrestrito e universal para homens ou mulheres. Acredito em testes de moral e de educação. Eu não acredito que o mais ignorante e brutal homem seja mais bem preparado para acrescentar valor à

> força e durabilidade do governo do que a mais culta, correta e inteligente mulher [...]. A cédula nas mãos da mulher significa mais poder para influenciar. Não posso prever quão bem ela usará esse poder. Grandiosos males nos encaram e precisam ser estrangulados pela combinação do poder da virilidade justa com a mulheridade iluminada; e eu sei que nenhuma nação poderá obter total iluminação e felicidade se metade dela estiver livre e, a outra metade, agrilhoada. A China comprimiu os pés das mulheres e assim retardou os passos dos homens.

Mary Church Terrell foi mais uma mulher negra ativista no *lobby* a favor do sufrágio da mulher. Em 1912, ela discursou na National America Woman's Suffrage Association [Associação Nacional para o Sufrágio das Mulheres], da qual foi membro em duas ocasiões, pronunciando-se em apoio ao sufrágio da mulher. Terrell também foi ativa no movimento pelo fim do linchamento das pessoas negras. Seu artigo "Lynching from a Negro's Point of View" [O linchamento a partir do ponto de vista de um negro] foi publicado na edição de 1904 da *North American Review*,* e foi nessa edição que

* A *North American Review*, primeira revista literária nos Estados Unidos, foi fundada em 1815, em Boston, com o intuito de disseminar a cultura estadunidense. Harriet Beecher Stowe (autora de *A cabana do Pai Tomás*), Edith Wharton (primeira mulher a vencer o prêmio Pulitzer de ficção, em 1921, com a obra *A época da inocência*) e Charlotte Perkins Gilman (autora de *Terra das mulheres*, publicado no Brasil pela Rosa dos Tempos) fizeram parte do grupo de importantes autores e pensadores que contribuíram com as publicações, que foram interrompidas na ocasião da Segunda Guerra Mundial e retomadas em 1964. Atualmente, a revista pertence à University of Northern Iowa. Fac-símiles de edições do século XIX (já em domínio público) podem ser acessados no site da biblioteca digital da Cornell University, disponível em <www.jstor.org/journal/nortamerrev>. [*N. da T.*]

ela recorreu, pela primeira vez, às mulheres brancas para que se envolvessem na cruzada contra linchamentos. Terrell acreditava que as mulheres brancas agiam como cúmplices dos homens brancos nos linchamentos e, em certa medida, colocou a responsabilidade do racismo e da opressão racial sobre elas:

> O linchamento é o rescaldo da escravidão. Os homens brancos que atiram em negros para matar e os esfolam vivos, e as mulheres brancas que levam tochas acesas ao corpo deles, ensopados de óleo, são hoje os filhos e filhas das mulheres que não tiveram mais do que pouca compaixão, se é que alguma, pela raça quando esta era escravizada. Os homens que hoje lincham os negros são, por certo, os filhos das mulheres que se sentaram à lareira felizes e orgulhosas, tendo seus filhos e demonstrando afeto por eles, enquanto lançavam olhares impiedosos, com o coração adamantino, às mulheres escravizadas e mães cujos filhos foram vendidos, quando não atingidos por destino ainda mais cruel [...]. Talvez seja esperar demais que os filhos das mulheres que por gerações olharam para a dura condição e a degradação de suas irmãs com uma tonalidade de pele mais escura, com pouco, se é que algum, protesto, devessem agora ter piedade e compaixão pelos filhos dessa raça oprimida. Mas que tremenda influência para a lei e a ordem, e que poderoso adversário para a violência coletiva seriam as mulheres brancas do Sul, se elas se erguessem, na pureza e no poder de sua mulheridade, para implorar ao pai, ao marido e aos filhos que não mais manchassem as mãos com o sangue do homem negro! [...]

O apelo de Terrell às mulheres brancas para que se conectassem às mulheres negras com base em uma mulheridade compartilhada reiterou os sentimentos de várias mulheres negras do século XIX, que estavam convencidas de que as mulheres poderiam ser uma nova força política nos Estados Unidos.

Apesar da opressão racista e sexista, o final do século XIX foi uma época importante na história da mulher negra. Frances Ellen Watkins Harper estava gloriosamente certa quando exclamou que "se o século XV descobriu a América para o Velho Mundo, o século XIX está descobrindo a mulher para ela mesma". O fervor sobre os direitos das mulheres que surgiu no século XIX continuou no século XX e culminou com a ratificação da Décima Nona Emenda, em agosto de 1920, que garantia a todas as mulheres o direito ao voto. Em sua luta para conquistar o voto, as mulheres negras aprenderam uma lição amarga. Descobriram, enquanto trabalhavam a favor do sufrágio, que muitos brancos viam a ação de garantir às mulheres o direito ao voto como mais uma maneira de manter o sistema opressor do imperialismo branco racial. As sufragistas brancas do Sul manifestaram-se em uma plataforma que argumentava que o sufrágio da mulher no Sul fortaleceria a supremacia branca. Ainda que o sufrágio da mulher fosse também garantir às mulheres negras o direito ao voto, no Sul, o número de mulheres brancas as ultrapassava em uma proporção de duas para uma. Em *The Emancipation of the American Woman* [A emancipação da mulher estadunidense], Andrew Sinclair debate a política racial das sufragistas brancas e conclui:

> O racismo não disfarçado de sufragistas do Sul, tal como Kate Gordon e Laura Clay – duas das mais poderosas autoridades na National American Association [Associação Norte-Americana Nacional] depois de Anthony ter se aposentado –, preocupou as sufragistas do Norte e do Oeste. Apesar de Carrie Catt e Anna Shaw terem sido obrigadas a serem diplomáticas para receber o apoio do Sul ao sufrágio, perderam o espírito batalhador dos antigos abolicionistas [...]. O vocabulário do movimento mudou da linguagem dos direitos humanos para a de conveniência. As mulheres negras no Norte foram excluídas de algumas marchas sufragistas, por medo de ofenderem o Sul. Como um líder negro escreveu a outro sobre as sufragistas: "todas estão morrendo de medo do Sul e, se pudessem passar a Emenda do Sufrágio sem dar o direito ao voto para as mulheres negras, fariam isso imediatamente".
>
> A linguagem das líderes sufragistas do Norte, até mesmo a de Elizabeth Stanton, gradativamente se voltou para a questão da educação das mulheres para o sufrágio [...]. A promessa de uma Revolução Estadunidense em termos de igualdade e liberdade humana foi esquecida, em um esforço para conquistar o voto para um número limitado de mulheres brancas anglo-saxãs, da mesma maneira que os termos da Constituição certa vez negaram os princípios da Declaração da Independência.

Como na luta do século XIX pela questão do sufrágio da mulher, na luta do século XX, raça e sexo tornaram-se questões interligadas. Assim como suas predecessoras, as mulheres brancas consciente e deliberadamente apoiaram o imperialismo racial branco, rejeitando abertamente os sentimentos de empatia e solidariedade política com as pessoas negras. Em seus esforços para garantir a cédula, as defensoras brancas dos direitos das mulheres voluntariamente traíram a crença de que votar era um direito natural de toda mulher. Sua disposição de comprometer os princípios feministas permitiu à estrutura do poder patriarcal cooptar a energia das mulheres sufragistas e usar os votos das mulheres para fortalecer a estrutura política antimulher existente. A grande maioria das mulheres brancas não usou os privilégios de voto para apoiar as questões das mulheres; elas votaram como o marido, o pai ou os irmãos votaram. As sufragistas brancas mais militantes tiveram esperança de que as mulheres usassem o voto para formar seu próprio partido, em vez de apoiar as maiorias que negavam à mulher igualdade social com o homem. O privilégio de votar das mulheres não mudou fundamentalmente o destino das mulheres na sociedade, mas permitiu a elas ajudar a apoiar e a manter a ordem social imperialista patriarcal branca racista já existente. Até certo gravíssimo ponto, a conquista das mulheres do direito ao voto foi uma vitória mais para os princípios racistas do que um triunfo para os princípios feministas.

As sufragistas negras descobriram que o voto tinha um impacto pequeno em seu status social. A mais militante facção do movimento de mulheres na década de 1920, o National Woman's Party [Partido Nacional da Mulher], era tanto racista quanto classista. Ainda que o partido tivesse se comprometido a trabalhar para conquistar a total igualdade para as mulheres, ele trabalhou ativamente para promover somente os interesses das mulheres brancas das classes média e alta. Em *Herstory*, June Sochen fez este comentário sobre o comportamento das sufragistas brancas em relação às mulheres negras:

> Depois que a emenda do sufrágio da mulher passou, em 1920, algumas reformistas se questionaram se isso beneficiaria as mulheres negras tanto quanto as mulheres brancas – sobretudo, no Sul, onde os homens negros tiveram o direito de voto retirado virtualmente pelas pessoas brancas detentoras de poder. Mais de dois milhões de mulheres negras que recentemente conquistaram o direito ao voto moravam no Sul. Quando as sufragistas sugeriram a Alice Paul que o direito das mulheres negras ao voto seria uma questão vital contínua, ela respondeu que o ano de 1920 não era o momento para debater essa questão. Em vez disso, ela disse, as sufragistas deveriam aproveitar seu novo poder político e fazer planos para outras batalhas no futuro. Ainda assim, como os reformistas haviam previsto, quando as mulheres negras foram votar no Alabama e na Geórgia, descobriram que as autoridades brancas das eleições tinham uma sacola de surpresas, prontas para impedi-las de votar. Se uma mulher negra conseguisse ler um texto complicado que lhe era apresentado, a autoridade branca encontraria outra razão incongruente para dizer que ela não era apta a votar. E qualquer mulher que insistisse era ameaçada com violência, se não se retirasse obedientemente.

Quando o sufrágio da mulher não teve sucesso na mudança de status social das mulheres negras, várias mulheres negras sufragistas ficaram desiludidas com os direitos das mulheres. Elas haviam apoiado o sufrágio da mulher apenas para descobrir que seus interesses foram traídos, para descobrir que o "sufrágio da mulher" seria uma arma para fortalecer a opressão branca sobre as pessoas negras. Descobriram que conquistar direitos para as mulheres teria um impacto pequeno no status social delas, enquanto o imperialismo racial branco automaticamente negasse a elas total cidadania. Ao mesmo tempo que as mulheres brancas regozijavam-se com a conquista do direito ao voto, um sistema de *apartheid* racial que ameaçaria a liberdade das mulheres negras, com ainda mais força do que o imperialismo sexual, era institucionalizado nos Estados Unidos. Esse sistema de *apartheid* racial foi denominado Jim Crow. Em *The Strange Career of Jim Crow* [A estranha carreira de Jim Crow], C. Vann Woodward descreveu esse ressurgimento do racismo:

> No pós-guerra houve novos indicadores de que o Estilo do Sul se espalhava assim como o Estilo Americano, em relação à raça. A grande migração do negro para as áreas residenciais de favelas e assentamentos industriais das grandes cidades do Norte aumentou a tensão entre as raças. O trabalhador do Norte tinha ciúme de seu status e ressentia a competição com os negros, que eram excluídos dos sindicatos. Os negros eram excluídos dos trabalhos mais desejados em indústrias, os quais conquistaram durante o tempo de escassez de mão de obra dos anos de guerra. Cada vez mais, eram retirados dos empregos federais. Os carteiros negros começaram a desaparecer das rotas, assim como das blitze de policiais. Começaram a perder o controle que tinham sobre atividades tais como a de barbeiro, que já fora virtualmente um monopólio no Sul.
>
> Nos anos 1920, o racismo regimentado se espalhou no país inteiro por meio da nova Ku Klux Klan [...].
>
> Não havia qualquer tendência aparente voltada para a moderação ou o relaxamento das normas Jim Crow de discriminação e segregação, nos anos 1920, e nenhuma nos anos 1930, até os anos da Depressão. De fato, as leis

> Jim Crow foram elaboradas e ampliadas naqueles anos. Muita história social e econômica está refletida nas novas leis. Quando as mulheres começaram a cachear os cabelos com bobes e se tornaram freguesas das barbearias, Atlanta passou um decreto proibindo que barbeiros negros servissem a mulheres ou crianças menores de 14 anos. Jim Crow caminhou junto com a marcha do progresso nos transportes e na indústria, assim como nas mudanças da moda.

Como o *apartheid*, Jim Crow ameaçava arrancar das pessoas negras os direitos e conquistas alcançados durante a Reconstrução, era natural que as mulheres negras ativistas parassem de lutar pelas questões de direitos da mulher e concentrassem sua energia na resistência contra o racismo.

As ativistas negras não foram o único grupo de mulheres a desviar a atenção das questões relacionadas aos direitos da mulher. Como muito da energia das ativistas mulheres foi concentrado no voto, uma vez que ele foi conquistado, várias mulheres deixaram de ver a necessidade de um movimento de mulheres. Apesar de as mulheres brancas no Partido da Mulher terem continuado a luta feminista, as mulheres negras raramente eram participantes. A energia delas estava focada na resistência contra a crescente opressão racial. Enquanto as defensoras brancas dos direitos das mulheres lutaram, em 1933, para conseguir que o Senado passasse a Emenda dos Direitos Iguais, as ativistas negras estavam lutando para evitar o linchamento das mulheres e homens negros por grupos de racistas brancos, para melhorar as condições de massas de pessoas negras atingidas pela pobreza e para proporcionar oportunidades de educação. Nos anos 1920 e 1930, as ativistas negras apelaram às massas de mulheres negras para que não deixassem o sexismo impedir que elas se envolvessem tanto quanto os homens negros na luta para libertar as pessoas negras. Amy Jacques Garvey, ativa no movimento negro nacionalista liderado por seu colega de trabalho e marido, Marcus Garvey, editava a seção da mulher do *Negro World*, jornal publicado pela Universal Negro Improvement Association [Associação Universal para o Progresso Negro]. Em seus artigos, ela incentiva as mulheres negras a focar a atenção no nacionalismo negro e a também participar da luta pela libertação negra.

> As exigências da atualidade requerem que as mulheres assumam o lugar ao lado de seus homens. As mulheres brancas estão mobilizando todas as forças e estão unidas, independentemente de fronteiras nacionais, para proteger sua raça da destruição e preservar seus ideais para a posteridade [...]. Os homens brancos começaram a se dar conta de que, como as mulheres são a espinha dorsal do lar, elas também podem, por sua experiência econômica e sua aptidão para detalhes, participar com sucesso na orientação do destino da nação e da raça.
>
> Nenhuma linha de esforço permanece fechada por muito tempo para a mulher moderna. Ela protesta por oportunidades iguais e as conquista; ela se sai bem no trabalho e ganha o respeito de homens que até então se opuseram a ela. Ela prefere ser a chefe da família do que ser uma dona de casa quase morta de fome. Ela não tem medo de trabalho pesado e, por ser independente, consegue mais do marido de hoje em dia do que sua avó conseguia nos bons e velhos tempos.
>
> A mulher do Oriente, tanto a amarela quanto a negra, está, aos poucos, mas certamente, imitando as mulheres do mundo ocidental, e enquanto as mulheres brancas

> estão fortalecendo uma civilização branca decadente, ainda assim, as mulheres de raças mais escuras colocam-se à frente para ajudar seus homens a estabelecer uma civilização de acordo com seus próprios padrões, e para lutar por liderança mundial.

Ainda que as líderes negras tivessem incentivado as mulheres negras a assumir um papel tão ativo quanto os homens negros na luta pelo fim do racismo, subjacente a essa chamada para ação estava o pressuposto de que a igualdade social dos sexos era uma consideração secundária.

Desde o início do movimento pelos direitos das mulheres, suas fiéis apoiadoras argumentaram que a igualdade social para as mulheres era um passo necessário para uma construção nacional patriótica. Elas reforçavam o fato de que as mulheres não se opunham à ordem social ou política, mas simplesmente queriam apoiar ativamente o sistema de governo existente. Esse comportamento sempre ameaçou a ocasional solidariedade política que existia entre ativistas brancas e negras pelos direitos das mulheres. Para as mulheres brancas, a participação total no crescimento dos Estados Unidos como nação, com frequência, incluía a aceitação e o apoio do imperialismo racial branco, enquanto as mulheres negras, até aquelas mais politicamente conservadoras, com frequência eram obrigadas a denunciar a nação por suas políticas racistas. Ambos os grupos acabaram por permitir que alianças raciais suplantassem a luta feminista. A segregação racial permaneceu a norma na maioria das organizações de mulheres e clubes, nos anos 1930 e 1940. De 1940 a 1960, a maioria dos grupos de mulheres não enfatizou a libertação das mulheres; elas se uniram por motivos sociais ou profissionais. Barbara Deckard, autora de *The Women's Movement*, argumenta que não houve movimento organizado de libertação das mulheres de 1940 a 1960, e como explicação apresentou estas razões:

> Uma razão foi a ideologia limitada e a base elitizada das sufragistas. Elas enfatizaram tanto o voto, e somente o voto, que suas sucessoras - como a League of Women Voters [Liga das mulheres eleitoras] - poderiam declarar, nos anos 1920, que não havia mais discriminação contra as mulheres e que as mulheres liberais deveriam simplesmente lutar por reformas gerais para todas as pessoas. O único sucessor das maiores militantes sufragistas - o Women's Party - era estrito de outras formas. Continuava a lutar por direitos legais iguais, mas prestava pouca ou nenhuma atenção à posição inferior da mulher na família, à exploração das mulheres trabalhadoras ou aos problemas específicos das mulheres negras. Essa falta de interesse pelas principais questões sociais, econômicas e raciais alienava as mulheres radicais, enquanto a atmosfera social hostil as impedia de ganhar das mulheres moderadas.
>
> Na metade da década de 1920, a relativa estabilidade do capitalismo, o desaparecimento do pequeno fazendeiro radical, a acusação por comunismo e as dissidências destruíram os partidos socialistas e progressistas e deu-se início a um período de conservadorismo hostil ao movimento das mulheres. O radicalismo dos anos 1930 concentrou-se no desemprego e, ao final dessa década, na ameaça de guerra contra o fascismo para a exclusão real de todas as outras questões. Novamente, durante a guerra, outras questões não puderam ser levantadas. O período de 1946 a 1960, pós-guerra, foi de expansão da economia estadunidense e domínio mundial, da guerra fria e do superpatriotismo garantido pela caça às bruxas do Macarthismo. Todos os

> grupos radicais e liberais sofreram repressão, e as possíveis causas defendidas pelo movimento de libertação das mulheres - tais como creches- foram sufocadas com o restante.

Nos quarenta anos desde a metade da década de 1920 à metade da década de 1960, as líderes negras já não defendiam os direitos das mulheres. A luta pela libertação negra e a luta pela libertação das mulheres foram vistas como inimigas, sobretudo, porque as líderes civis negras não queriam que o público estadunidense branco enxergasse suas demandas por cidadania total como sinônimo de uma demanda radical por igualdade dos sexos. Tornaram a libertação negra sinônimo da conquista da participação total no existente Estado-Nação patriarcal, e suas demandas eram pela eliminação do racismo, não do capitalismo nem do patriarcado. Assim como as mulheres brancas haviam publicamente negado qualquer conexão política com as pessoas negras, quando acreditavam que tal aliança era prejudicial a seus interesses, as mulheres negras se desassociaram da luta feminista quando se convenceram de que parecer feminista, ou seja, radical, seria prejudicial à causa da libertação negra. Os homens e mulheres negros queriam entrar para a vida estadunidense convencional. Para conquistar essa inclusão, sentiram que era necessário ser conservador.

As organizações de mulheres negras, que ora se concentraram em serviços sociais como creches, lares para mulheres trabalhadoras e ajuda para prostitutas, tornaram-se despolitizadas e focaram mais em eventos sociais como baile de debutantes e festas beneficentes. As integrantes dos clubes de mulheres negras imitavam o comportamento das mulheres brancas da classe média. Essas mulheres negras que acreditavam na igualdade social dos sexos aprenderam a suprimir sua opinião por medo de desviar a atenção que era dada às questões raciais. Acreditavam que primeiro deviam apoiar a liberdade das pessoas negras para depois, quando essa liberdade fosse alcançada, trabalhar pelos direitos das mulheres. Infelizmente, elas não previram a força da resistência do homem negro à ideia de que as mulheres deveriam ter um status igual ao dos homens.

Quando o movimento pelos direitos civis começou, as mulheres negras participaram, mas não se esforçaram para ofuscar os líderes negros. Quando o movimento terminou, o povo dos Estados Unidos se lembrava de nomes como o de Martin Luther King Jr., A. Phillip Randolph e Roy Wilkins, mas se esqueceu de nomes como o de Rosa Parks, Daisy Bates e Fannie Lou Hamer. Os líderes do movimento pelos direitos civis de pessoas negras na década de 1950, assim como os predecessores do século XIX, deixaram claro que ansiavam por estabelecer comunidades e famílias a partir dos mesmos padrões dos brancos. Seguindo o exemplo dos homens patriarcas brancos, os homens negros tinham obsessão por afirmar sua masculinidade, enquanto as mulheres negras imitavam o comportamento das mulheres brancas e eram obcecadas com a feminilidade. Uma mudança óbvia aconteceu com os padrões dos papéis sexuais das pessoas negras. Estas já não aceitavam passivamente a opressão racial que sempre forçou a mulher negra a ser independente e a trabalhar tanto quanto os homens negros; exigiam que ela fosse mais passiva, subordinada e, de preferência, desempregada.

Nos anos 1950, a socialização da mulher negra para que assumisse um papel subordinado aos homens negros ocorreu como parte de um esforço geral nos Estados Unidos de lavagem cerebral das mulheres, para reverter os efeitos da Segunda Guerra Mundial. Como resultado da guerra, tanto a mulher branca quanto a negra foram obrigadas a ser independentes, assertivas e a trabalhar duro. O homem branco, assim como o homem negro, queria ver todas as mulheres menos assertivas, dependentes e desempregadas. A mídia de massa foi a arma utilizada para destruir a recém-formada independência das mulheres. As mulheres brancas e as mulheres negras foram sujeitadas a infindáveis propagandas que as incentivavam a acreditar que o lugar de uma mulher era em casa – que sua satisfação com a vida dependeria de encontrar o homem certo para casar e construir uma família. Se, por circunstância, as mulheres fossem obrigadas a trabalhar, diziam a elas que era melhor que não competissem com os homens e se restringissem a empregos como professora e enfermeira.

A mulher trabalhadora, fosse ela negra ou branca, pensou ser necessário provar sua feminilidade. Com frequência desenvolvia duas condutas: apesar de ser assertiva e independente no emprego, em casa ela era passiva e gentil. Mais do que nunca na história dos Estados Unidos, as mulheres negras estavam obcecadas por encontrar o ideal de feminilidade descrito na televisão, em livros e em revistas. A existência de uma classe média negra emergente significava que grupos de mulheres negras tinham mais dinheiro do que jamais tiveram para gastar comprando roupas, cosméticos ou lendo revistas como *McCall's* e *Ladies Home Journal*. Várias mulheres negras que em certo momento se sentiram orgulhosas da habilidade de trabalhar fora de casa e, ainda assim, serem boas donas de casa e mães, ficaram descontentes com seu destino. Queriam apenas ser donas de casa e expressaram abertamente a raiva que sentiam dos homens negros e a hostilidade contra eles – uma hostilidade que emergia porque elas estavam convencidas de que os homens negros não se esforçavam o suficiente para assumir o papel de único provedor econômico no lar, para que elas pudessem ser donas de casa. Ditados populares da época, como "um homem negro não vale merda", "o negro é nada bom", eram expressões de desprezo das mulheres negras pelos homens negros.

Claramente, as mulheres negras queriam estar na posição de quem participava totalmente da busca dos anos 1950 pela "feminilidade idealizada" e ressentiam-se dos homens negros, porque eles não as ajudavam nessa busca. Elas os avaliavam a partir de padrões estabelecidos pelos homens brancos. Uma vez que os brancos definiram "alcançar a virilidade" como habilidade necessária ao homem para ser o único provedor econômico da família, várias mulheres negras passaram a considerar o homem negro fracassado. Em retaliação, os homens negros afirmavam abertamente que enxergavam as mulheres brancas como mais femininas do que as mulheres negras. Tanto as mulheres quanto os homens negros estavam inseguros quanto a mulheridade e a virilidade. Ambos se esforçavam na adaptação aos padrões determinados pela sociedade branca dominante. Quando, por qualquer motivo, as mulheres negras não assumiam o papel passivo e subordinado no relacionamento com homens negros, os homens ficavam bravos. Quando os homens negros não conseguiam assumir o papel de único provedor econômico do lar, as mulheres negras ficavam bravas.

As tensões e os conflitos que surgiram nos relacionamentos homem/mulher negros foram retratados na produção de 1959 da premiada peça de Lorraine Hansberry *A Raisin in the Sun* [Uma uva-passa ao sol]. O conflito predomina no relacionamento do homem negro Walter Lee com sua mãe e sua esposa. Em uma cena, quando Walter conta para a esposa, Ruth, como pretende gastar o dinheiro do seguro de sua mãe, ela se recusa a escutá-lo. Ele fica irritado e grita:

> WALTER: Isso é exatamente o que está errado com a mulher negra neste mundo [...]. Não entendem nada sobre como ajudar o homem a crescer e como fazer com que ele sinta que é alguém. Como se pudessem fazer alguma coisa.
> RUTH: Existem homens negros que fazem coisas.
> WALTER: Não graças à mulher negra.
> RUTH: Bem, sendo uma mulher negra, acho que não posso fazer nada.
> WALTER: Nós, um grupo de homens amarrados a uma raça de mulheres com a mente pequena.

A mãe, em *Raisin in the Sun*, é a figura dominante no lar, e Walter Lee reclama sem parar que ela impede a afirmação da virilidade dele, que ela é uma tirana que o força a fazer tudo conforme o desejo dela. Ao longo da peça, Walter Lee é retratado como irresponsável e não merecedor da confiança e do respeito de sua mãe. Ela não respeita a afirmação da virilidade dele, porque ele age de forma imatura. No entanto, no final da peça, quando ele age de forma responsável, a mãe automaticamente assume uma postura subordinada. A mensagem da peça foi dupla. Por um lado, ela retratou a força e a natureza abnegada da mãe solteira negra, trabalhando para garantir a sobrevivência de sua família; por outro lado, reforçou a importância de o homem negro assumir o papel que lhe é próprio, de patriarca no lar. O estilo de vida da mãe é coisa do passado. Walter Lee e Ruth são o prenúncio do futuro. A futura família de pessoas negras que eles retratam é aquela com pai e mãe, em que o homem assume um papel patriarcal, papel de quem toma as decisões, protege e mantém a tradição de orgulho e honra da família.

A peça de Lorraine Hansberry previu os conflitos futuros entre as mulheres e os homens negros em relação à questão dos padrões dos papéis sexuais. O conflito foi exagerado e levado ao público através da publicação de 1965 do relatório de Daniel Moynihan "The Negro Family: The Case for National Action" [A família negra: O caso para ação nacional]. Em seu relatório, Moynihan argumentou que o domínio da mulher enfraquecia a família negra estadunidense. Ele afirmava que a discriminação racista contra os homens negros na força de trabalho levou as famílias negras a terem uma estrutura matriarcal que ele assegurava estar em discordância com o padrão branco estadunidense, a estrutura patriarcal de família, e que isso impedia a raça negra de ser aceita na vida estadunidense convencional. A mensagem de Moynihan era semelhante à das mulheres negras que reprovavam os homens negros por não assumirem seu papel patriarcal. A diferença das duas perspectivas era que Moynihan colocava na mulher negra um tanto da responsabilidade pela inabilidade do homem negro de assumir um papel patriarcal, enquanto as mulheres negras sentiam que o racismo e a indiferença do homem negro eram as forças que levavam os homens negros a rejeitar o papel de único provedor econômico.

Ao rotular como matriarcas as mulheres negras, Moynihan deixava implícito que aquelas mulheres negras que trabalhavam e estavam no comando do lar eram as inimigas da virilidade negra. Ainda que o pressuposto de Moynihan de que a família negra era matriarcal fosse baseado em dados que demonstravam que apenas um quarto de todas as famílias negras nos Estados Unidos era comandado pela mulher, ele usou esses dados para generalizar a situação das famílias negras como um todo. As generalizações dele sobre a estrutura da família negra, apesar de errôneas, causaram um tremendo impacto na psique do homem negro. Assim como o homem branco estadunidense nos anos 1950 e 1960, os homens negros estavam preocupados com todas as mulheres tornando-se assertivas e dominadoras demais.

A noção de que as mulheres modernas estavam emasculando os homens teve origem não no conflito entre as mulheres negras e os homens negros sobre padrões de papéis sexuais, mas no conflito geral da sociedade estadunidense sobre a questão desses papéis. As mulheres como castradoras foi uma imagem evocada pela primeira vez não em referência às mulheres negras e certamente não por Daniel Moynihan; tornou-se popular por certos psicanalistas que estavam no auge, nos anos 1950. Impuseram na consciência do público estadunidense a noção de que qualquer mulher com carreira, qualquer mulher que competisse com homens tinha inveja do poder do homem e era, possivelmente, uma vaca castradora.

As mulheres negras passaram a ser retratadas como fêmeas castradoras por excelência, mas não porque eram, por natureza, mais assertivas e independentes do que as mulheres brancas. A história mostra que as mulheres brancas estavam competindo ativamente na estrutura de poder dominada pelo homem muito antes das mulheres negras, porque não havia barreira racial que tornasse completamente impossível a entrada para essa esfera. As mulheres negras se tornaram alvo para vários ataques misóginos à independência da mulher, sobretudo, por ser um bode expiatório racista. Assim como o público branco do século XIX retratou as mulheres negras como a personificação de todos os traços negativos que normalmente eram atribuídos ao sexo feminino, em geral, enquanto retratava as mulheres brancas como personificação de todos os traços positivos, o público branco do século XX continuou essa prática. Idealizavam e elevavam o status do grupo de mulheres brancas ao depreciar e degradar o grupo de mulheres negras. Daniel Moynihan não tentou registrar o fato de que o papel dito "matriarcal" assumido pelas mulheres negras nos lares comandados por mulheres era o mesmo que as mulheres brancas assumiram nos lares comandados por mulheres. Em vez disso, ele continuou a disseminar um dos mais populares mitos sexistas e racistas dos Estados Unidos sobre a mulheridade negra: o mito de que as mulheres negras são, por natureza, mais assertivas, independentes e dominadoras do que as mulheres brancas.

A ideologia sexista estava no centro do mito do matriarcado. Implícito na afirmação de que as mulheres negras eram matriarcas estava o pressuposto de que o patriarcado deveria ser mantido a todo custo e que a subordinação da mulher era necessária para a conquista saudável da virilidade. Com efeito, Moynihan sugeriu que os efeitos negativos da opressão racista sobre as pessoas negras poderiam ser eliminados se as mulheres negras fossem mais passivas e subservientes e apoiassem o patriarcado. Mais uma vez, a libertação da mulher foi apresentada como inimiga da libertação das pessoas negras.

Ficou claro até que ponto o homem negro absorveu essa ideologia, no movimento pela libertação negra dos anos 1960. Os líderes negros do movimento tornaram a libertação das pessoas negras da opressão racista sinônimo da conquista do direito de assumir o papel de patriarca, de opressor sexista. Ao permitir que os homens brancos ditassem os termos pelos quais definiriam a libertação negra, os homens negros escolheram endossar a exploração sexista e a opressão das mulheres negras. Ao fazerem isso, comprometeram-se. Não foram libertados do sistema, mas libertados para servir ao sistema. O movimento acabou e o sistema não mudou; não era menos racista nem menos sexista.

Assim como os homens negros, várias mulheres negras acreditaram que a libertação negra somente poderia ser alcançada a partir da formação de um patriarcado negro forte. Várias das mulheres negras entrevistadas para o livro de Inez Smith Reid, *"Together" Black Women* [Mulheres negras "juntas"], publicado em 1972, afirmaram abertamente que elas sentiam que o papel da mulher deveria ser de solidariedade, e que o homem deveria ser a figura dominante em todas as lutas pela libertação negra. Respostas comuns de mulheres negras foram:

> Penso que a mulher deveria estar por trás do homem. O homem deveria vir antes da mulher, porque, ao longo do tempo, a mulher negra tem estado acima do homem negro neste país. Não por culpa delas, conquistaram trabalhos melhores e status melhores. Elas não eram iguais aos homens e mulheres brancos, mas estavam acima dos

> homens negros. E agora que a revolução está acontecendo socialmente, penso que as mulheres negras não deveriam estar acima de tudo na vida. Penso que deveriam ser os homens negros, porque os homens são o símbolo das raças.

Ou:

> Penso que uma mulher negra pode ser um dos maiores bens em uma revolução ou em uma luta. Penso que as mulheres negras têm uma história de perseverança e força. Eu não gostaria de ver essa força se transformar em tendências dominadoras ou bossismo,* mas penso, sim, que poderíamos ser aquela força silenciosa de que o homem negro precisa para lutar a batalha por sua esposa ou sua mulher e sua família.

Um grande número de mulheres negras, muitas das quais eram jovens, tinham educação superior e eram de classe média, foi seduzido, nas décadas de 1960 e 1970, pelo conceito romantizado da mulheridade idealizada, popularizada pela primeira vez durante a era vitoriana. Ressaltavam que o papel da mulher era o de ajudante do homem. E pela primeira vez na história dos movimentos pelos direitos civis, as mulheres negras não lutaram igualmente com os homens negros. Ao escrever sobre o movimento negro da década de 1960 em *Black Macho and the Myth of the Superwoman*, Michelle Wallace comentou:

---

* A palavra "bossismo" vem de "*boss*", em português, "chefe". É usada para descrever sistemas de dominação, principalmente políticos, quando uma única pessoa é detentora de poder. [*N. da T.*]

> A misoginia era parte integrante do Macho Negro. Sua filosofia, em defesa de que os homens negros foram mais oprimidos do que as mulheres negras, que as mulheres negras tinham, de fato, contribuído com essa opressão, que os homens negros eram sexual e moralmente superiores e também isentos da maior parte da responsabilidade dos seres humanos com outros seres humanos, somente poderia ser prejudicial às mulheres negras. Mas as mulheres negras estavam determinadas a acreditar – ainda que seu instinto estivesse dizendo que não era assim – que elas estavam finalmente prestes a se libertar do fantasma da loura onipotente com lábios cor-de-rosa e pernas gostosas. Elas não precisariam mais admirar outra mulher no pedestal. O pedestal seria delas. Elas não precisariam mais travar sua própria batalha. Alguém lutaria por elas. O príncipe chegaria até elas em seu cavalo branco. A linda princesa dos contos de fadas seria negra.
>
> As mulheres do movimento negro tinham pouca percepção das contradições em seu desejo de ser modelo da frágil mulheridade vitoriana em meio à revolução. Queriam uma casa com uma cerca de piquete, um frango assado no forno e um homem. Da maneira como enxergavam isso, a única responsabilidade revolucionária designada a elas era ter bebês.

Nem todas as mulheres sucumbiram à lavagem cerebral sexista muito presente na retórica da libertação negra, mas essas que não se rendiam não recebiam atenção. As pessoas nos Estados Unidos estavam fascinadas pela imagem da mulher negra – forte, feroz e independente – humildemente sucumbindo ao papel passivo, aliás, desejando estar nesse papel passivo.

Apesar de Angela Davis ter se tornado uma heroína do movimento da década de 1960, ela era admirada não por seu comprometimento político com o partido comunista, não por nenhuma de suas brilhantes análises sobre o capitalismo e o imperialismo racial, mas por sua beleza, por sua devoção aos homens negros. O público estadunidense não queria ver a Angela Davis "política"; em vez disso, fizeram dela uma *pinup*. Em geral, as pessoas negras não aprovavam o comunismo dela e se recusavam a levá-lo a sério. Wallace escreveu sobre Angela Davis:

> Por todas suas conquistas, ela era vista como o epítome da "boa mulher", altruísta e disposta a se sacrificar – o único tipo de mulher negra que o movimento aceitaria. Ela fazia isso por seu homem, diziam. Uma mulher no lugar de mulher. As chamadas questões políticas eram irrelevantes.

As mulheres negras contemporâneas que apoiavam o domínio patriarcal colocavam sua submissão ao *status quo* no contexto de políticas raciais e argumentavam que estavam dispostas a aceitar um papel de subordinação em relação aos homens negros pelo bem da raça. Eram, de fato, uma geração nova de mulheres negras – uma geração que havia sofrido lavagem cerebral não por revolucionários negros, mas pela sociedade branca, pela mídia, para acreditar que o lugar da mulher era em casa. Eram a primeira geração de mulheres negras que competiam com as mulheres brancas pela atenção dos homens negros. Muitas aceitavam o sexismo do homem negro somente porque temiam ficar sozinhas, sem companhia masculina. O medo de ficar sozinha, ou de não ser amada, já levou mulheres de todas as raças a aceitar passivamente o sexismo e a opressão sexista. Não havia nada de peculiar ou novo no desejo da mulher negra de aceitar o papel feminino definido a partir do sexismo. O movimento negro dos anos 1960 simplesmente se tornou o cenário no qual a aceitação do sexismo ou do patriarcado por elas poderia ser anunciado para o público branco, que estava muito convencido de que as mulheres negras eram mais propensas a serem assertivas e dominadoras do que as mulheres brancas.

Ao contrário da opinião popular, a política sexual da década de 1950 socializou as mulheres negras para que estivessem em conformidade com os padrões sexistas de papel - não o macho negro dos anos 1970. As mulheres negras da década de 1950 haviam ensinado suas filhas que não deveriam ter orgulho de trabalhar, que elas deveriam se educar, para o caso de não encontrarem aquele homem que seria a mais importante força na vida delas, que as proveria e as protegeria. Com tal legado, não era de surpreender que as mulheres negras com educação superior acolhessem o patriarcado. O movimento dos anos 1960 simplesmente expôs o apoio ao sexismo e ao patriarcado que já existia na comunidade negra e não foi criado pelo movimento. Ao escrever sobre a resposta da mulher negra à luta por direitos civis na década de 1960, Michelle Wallace comentou:

> A mulher negra jamais realmente lidou com a principal questão do movimento negro. Ela parou de alisar os cabelos. Ela parou de usar iluminadores e clareadores. Ela se forçou a ser submissa e passiva. Ela ensinava a suas crianças as glórias do homem negro. Mas então, de repente, o movimento negro acabou. Então, ela começou a alisar os cabelos

> novamente, a seguir as mais recentes modas da *Vogue* e da *Mademoiselle*, a corar suas bochechas desesperadamente e a falar, com frequência, do quanto o homem negro tem sido uma decepção. Ela tem pouco contato com outras mulheres negras, e se tiver, não é profundo. O debate é, geralmente, sobre roupas, maquiagem, móveis e homens. Em particular, ela faz o que puder para permanecer por fora daquele excedente de mulheres negras (um milhão) que jamais encontrarão parceiros. E se não encontrar um homem, ela pode, de qualquer forma, simplesmente decidir ter um bebê.

Agora que não existe mais um movimento organizado pelos direitos civis de pessoas negras, as mulheres negras não pensam ser necessário usar a disposição que elas têm para assumir um papel sexista no contexto de libertação das pessoas negras; portanto, é muito mais óbvio que o apoio delas ao patriarcado não tenha sido gerado somente por sua preocupação com a raça negra, mas pelo fato de que vivem em uma cultura na qual a maioria das mulheres apoia e aceita o patriarcado.

Quando o movimento direcionado ao feminismo começou no final dos anos 1960, as mulheres negras raramente participavam como um grupo. Uma vez que o patriarcado branco dominante e o patriarcado masculino negro transmitiu às mulheres negras a mensagem de que votar a favor da igualdade social entre os sexos, ou seja, pela libertação das mulheres, era votar contra a libertação negra, inicialmente suspeitaram do chamado da mulher branca para um movimento feminista. Várias mulheres negras se recusaram a participar do movimento, porque elas não tinham qualquer desejo de lutar contra o sexismo. A posição delas não era incomum. A grande maioria das mulheres nos Estados Unidos não participava do movimento das mulheres pelo mesmo motivo. Os homens brancos estavam entre os primeiros observadores do movimento das mulheres para chamar atenção para a ausência de participantes negras, mas fizeram isso apenas para zombar dos esforços das feministas brancas e ridicularizá-las. Presunçosamente, eles questionaram a credibilidade de um movimento por libertação das mulheres que não conseguia atrair as mulheres dos grupos femininos mais oprimidos da sociedade estadunidense. Estavam entre os primeiros críticos do feminismo a levantar a questão do racismo das mulheres brancas. Em resposta, as liberacionistas brancas incentivaram as mulheres negras e outras não brancas a se juntarem a elas. Aquelas mulheres negras mais veementes em seu antifeminismo foram as mais ferozes na resposta. Sua posição veio a ser descrita como *a* posição de mulher negra no movimento pela libertação das mulheres. Expressaram pontos de vista em artigos como o de Ida Lewis, *Women's Rights, Why the Struggle Still Goes On* [Direitos das mulheres: o porquê de a luta ainda continuar]; os de Linda LaRue, *Black Liberation and Women's Lib* [Libertação de pessoas negras e libertação das mulheres] e *Women's Liberation Has no Soul* [A libertação da mulher não tem alma], publicado pela primeira vez na revista *Encore*; e o artigo de Renee Fergueson, *Women's Liberation Has a Different Meaning for Blacks* [A libertação das mulheres tem um significado diferente para as pessoas negras]. Os comentários de Linda LaRue sobre a libertação das mulheres foram frequentemente citados como se fossem a resposta definitiva das mulheres negras para a libertação das mulheres:

> Que fique inequivocamente determinado que a mulher estadunidense branca teve uma oportunidade melhor do que qualquer outro grupo nos Estados Unidos, com exceção de seu marido branco, de viver uma vida livre e satisfatória, tanto mental quanto fisicamente. Sendo assim, qualquer tentativa de fazer analogia entre a opressão sobre as pessoas negras e a situação difícil das mulheres brancas estadunidenses tem valor igual à comparação entre o pescoço de um homem pendurado por uma corda e as mãos ardentes de um alpinista amador.

Em seus artigos, as mulheres negras antifeministas revelaram ódio e inveja das mulheres brancas. Gastavam energia atacando as liberacionistas brancas, não oferecendo qualquer evidência convincente que apoiasse a afirmação delas de que as mulheres negras não precisavam do movimento de libertação das mulheres. A socióloga negra Joyce Ladner expressou seu ponto de vista sobre a libertação das mulheres em seu estudo sobre mulheres negras, *Tomorrow's Tomorrow* [O amanhã do amanhã]:

> Várias mulheres negras que tradicionalmente aceitaram os modelos brancos de feminilidade agora os rejeitam pela mesma razão geral que deveríamos rejeitar o estilo de vida branco de classe média. As mulheres negras nesta sociedade são o único grupo étnico ou radical que teve a oportunidade de ser mulher. Com isso, simplesmente quero dizer que muito do foco atual em ser libertada das amarras e do protecionismo da sociedade, como proposto pelos grupos pela libertação das mulheres, jamais se aplicou às mulheres negras, e nesse sentido, sempre fomos "livres", e capazes de nos desenvolvermos como indivíduos até

> mesmo sob as mais duras circunstâncias. Essa liberdade, assim como as grandes dificuldades que as mulheres negras sofreram, permitiu o desenvolvimento de uma personalidade que é raramente descrita nos periódicos acadêmicos por sua força obstinada e habilidade de sobreviver. Nem seu caráter humanístico peculiar e sua coragem silenciosa são percebidos como epítome de o que o modelo de feminilidade estadunidense deveria ser.

A afirmação de Ladner sobre as mulheres negras serem "livres" tornou-se uma das explicações aceitas para a recusa das mulheres negras em participar do movimento pela libertação das mulheres. Mas tal afirmação meramente revela que as primeiras mulheres negras ao rejeitarem a libertação das mulheres não pensaram com seriedade sobre a luta feminista. Por um tempo, as mulheres brancas puderam ver o feminismo como uma maneira de se libertarem das restrições impostas a elas por conceitos idealizados de feminilidade e as mulheres negras poderiam ter visto o feminismo como uma forma de se libertarem das restrições que o sexismo claramente impôs em seu comportamento. Somente uma pessoa muito ingênua e não informada poderia ter confiança em afirmar que as mulheres negras nos Estados Unidos formam um grupo feminino libertado. As mulheres negras que se cumprimentaram por "já serem libertadas" estavam na verdade reconhecendo sua aceitação do sexismo e seu contentamento com o patriarcado.

O foco concentrado no pensamento antifeminista das pessoas negras era tão difuso que as mulheres negras defensoras do feminismo e ativas nos esforços para estabelecer um movimento feminista recebiam pouca atenção, se é que alguma. Para cada artigo antifeminista negro escrito e publicado, existia o posicionamento pró-feminista de uma mulher negra. Artigos como "Black Feminism" [Feminismo negro], de Cellestine Ware; "Women Must Rebel" [As mulheres devem se rebelar], de Shirley Chisholm, "An Argument for Black Women's Liberation as a Revolutionary Force" [Um argumento para a libertação das mulheres negras como uma força revolucionária], de Mary Ann Weather; e "The Liberation of Black Women" [A libertação das mulheres negras], de Pauli Murray, expressaram o apoio de mulheres negras ao feminismo.

Como grupo, as mulheres negras não eram contra a igualdade social entre os sexos, mas não desejavam se juntar às mulheres brancas para organizar um movimento feminista. A pesquisa de opinião entre mulheres estadunidenses, "Virginia Slims American Women's Opinion Poll", de 1972, mostrou que mais mulheres negras apoiavam mudanças no status das mulheres na sociedade do que mulheres brancas. Ainda assim, o apoio delas às questões feministas não as guiou como grupo coletivo para participar ativamente no movimento de libertação das mulheres. Em geral, são dadas duas explicações para a falta de participação delas. A primeira é que o movimento negro da década de 1960 incentivou as mulheres negras a assumir um papel subserviente e fez com que elas rejeitassem o feminismo. A segunda é que as mulheres negras eram, como uma liberacionista disse, "repelidas pela composição racial e de classe do movimento das mulheres". *A priori*, essas razões parecem corretas. Examinadas em um contexto histórico no qual as mulheres negras se juntaram em defesa dos direitos das mulheres, a despeito da pressão exercida pelos homens negros para que assumissem um posicionamento subordinado e apesar do fato de que as mulheres brancas de classe média e alta dominaram todos os movimentos de mulheres nos Estados Unidos, parecem incorretas. Ainda que ofereçam justificativas para o posicionamento antifeminista das mulheres negras, elas não explicam o porquê de as mulheres negras que apoiam a ideologia feminista se recusarem a participar integralmente do movimento contemporâneo de mulheres.

Inicialmente, as feministas negras abordaram o movimento de mulheres organizado pelas mulheres brancas com desejo de se juntar à luta para acabar com a opressão sexista. Ficamos desapontadas e desiludidas quando descobrimos que as mulheres brancas no movimento tinham pouco conhecimento ou se preocupavam pouco com os problemas das mulheres de classe baixa ou pobres, ou ainda, os problemas específicos das mulheres não brancas de todas as classes. Aquelas entre nós que eram ativas em grupos de mulheres descobriram que as feministas brancas lamentavam a ausência de um número grande de participantes não brancas, mas não estavam dispostas a mudar o foco do movimento para abordar melhor as necessidades das mulheres de todas as classes e raças. Algumas mulheres brancas até mesmo argumentavam que os grupos não representados por uma maioria não poderiam esperar que suas preocupações fossem levadas em consideração. Esse posicionamento reforçou a suspeita das participantes negras de que as participantes brancas queriam que o movimento se concentrasse nas questões não das mulheres como grupo coletivo, mas sim de preocupações individuais da pequena minoria que havia organizado o movimento.

As feministas negras descobriram que a sororidade, para a maioria das mulheres brancas, não significava renunciar à fidelidade a sua raça, classe e preferência sexual, para construir uma conexão fundamentada em uma crença política compartilhada de que uma revolução feminista era necessária para que todas as pessoas, sobretudo as mulheres, pudessem reivindicar sua cidadania de direito no mundo. De nossa posição periférica no movimento, vimos que o potencial radicalismo da ideologia feminista estava sendo enfraquecido por mulheres que, enquanto fingiam lealdade a objetivos revolucionários, estavam preocupadas principalmente em entrar para a estrutura de poder patriarcal capitalista. Apesar de as feministas brancas condenarem os homens brancos, chamando-os de imperialistas, capitalistas, sexistas, porcos racistas, fizeram a libertação das mulheres sinônimo de mulheres buscando obter o direito de participar totalmente no próprio sistema que elas identificavam como opressivo. A raiva delas não era meramente uma resposta à opressão sexista. Era uma expressão de ciúme e inveja dos homens brancos que tinham posições de poder no sistema, enquanto a elas era negado o acesso a essas posições.

Feministas negras individualmente se desesperaram quando testemunhamos a apropriação da ideologia feminista pelas mulheres elitistas e racistas. Fomos incapazes de usurpar posições dentro do movimento para que pudéssemos disseminar uma mensagem autêntica de revolução feminista. Nem mesmo conseguimos ser ouvidas em grupos de mulheres, porque eles eram organizados e controlados por mulheres brancas. Junto com as mulheres brancas politicamente conscientes, nós, feministas negras, começamos a sentir que na realidade jamais existiu uma luta feminista organizada. Saímos de grupos, cansadas de ouvir falar sobre as mulheres como uma força que poderia mudar o mundo quando nós não havíamos mudado a nós mesmas. Algumas mulheres negras formaram "grupos feministas negros" que se pareciam em tudo com os grupos que elas haviam deixado. Outras lutaram sozinhas. Algumas de nós continuamos a ir a organizações, aulas de Estudos de Mulheres ou conferências, mas não participávamos totalmente.

Há dez anos sou uma feminista ativa. Tenho trabalhado para destruir a psicologia do domínio que permeia a cultura ocidental e molda os papéis sexuais femininos/masculinos e tenho defendido a reconstrução da sociedade dos Estados Unidos com base em valores humanos, em vez de materiais. Tenho sido aluna em turmas de Estudos de Mulheres, participante em seminários, organizações e vários grupos de mulheres feministas. No início, eu acreditava que as mulheres que eram ativas em eventos feministas estavam preocupadas com a opressão sexista e seu impacto nas mulheres como grupo coletivo. Mas fiquei desiludida quando vi vários grupos de mulheres se apropriando do feminismo para servir a seus próprios fins oportunistas. Com professoras universitárias acusando a opressão sexista (em vez de a discriminação sexista) a fim de atrair atenção a seus esforços para serem promovidas; ou mulheres usando o feminismo para mascarar seu comportamento sexista; ou escritoras explorando superficialmente temas feministas para impulsionar sua própria carreira, ficou evidente que eliminar a opressão sexista não era a principal preocupação. Enquanto a palavra de ordem delas era contra a opressão sexista, elas demonstravam pouco interesse pelo status das mulheres como um grupo coletivo em nossa sociedade. Estavam principalmente interessadas em tornar o feminismo um fórum para a expressão de suas necessidades autocentradas e seus desejos. Nem mesmo uma vez acolheram a possibilidade de que suas preocupações pudessem não representar as das mulheres oprimidas.

Ainda que eu tivesse testemunhado a hipocrisia de feministas, apeguei-me à esperança de que o aumento da participação de mulheres de diferentes raças e classes nas atividades feministas levaria a uma reavaliação do feminismo, a uma reconstrução radical da ideologia feminista e ao lançamento de um novo movimento que abordaria mais adequadamente os interesses de mulheres e homens. Eu não estava disposta a enxergar as feministas brancas como "inimigas". Ainda assim, enquanto eu ia de um grupo de mulheres para outro, tentando oferecer uma perspectiva diferente, encontrei hostilidade e ressentimento. As liberacionistas brancas viam feminismo como o movimento "delas" e resistiam a quaisquer esforços das mulheres não brancas em criticar, desafiar ou mudar o direcionamento dele.

Durante esse tempo, me afetou o fato de que a ideologia do feminismo, com sua ênfase em transformar e mudar a estrutura social dos Estados Unidos, de maneira alguma parecia a realidade do feminismo estadunidense do momento. Sobretudo, porque as próprias feministas, enquanto tentavam levar o feminismo para além do âmbito da retórica radical e para a esfera da vida nos Estados Unidos, revelaram que elas permaneciam aprisionadas na própria estrutura que esperavam mudar. Como consequência, a sororidade da qual falamos não se tornou realidade. E o movimento de mulheres que imaginamos que teria efeito transformador na cultura dos EUA não emergiu. Em vez disso, o padrão hierárquico já estabelecido pelo patriarcado capitalista branco para os relacionamentos entre sexo e raça simplesmente tomou um novo formato sob o feminismo. As mulheres liberacionistas não trouxeram uma análise holística sobre o status da mulher na sociedade que levasse em consideração os variados aspectos de nossa experiência. Em seu anseio por promover a ideia de sororidade, ignoraram a complexidade da experiência da mulher. Enquanto alegavam libertar as mulheres do determinismo biológico, negavam a elas uma existência fora daquela determinada por nossa sexualidade. Não era do interesse das feministas brancas de classe alta e média discutir raça e classe. Consequentemente, grande parte das publicações feministas, ainda que proporcionando informação significativa sobre as experiências das mulheres, é tanto racista quanto sexista em seu conteúdo. Digo isso não para condenar ou repudiar. Cada vez que leio um livro feminista que é racista e sexista, meu espírito fica triste e angustiado. Porque saber que ali floresce, no próprio movimento que alegou libertar as mulheres das infindáveis armadilhas que nos amarram cada vez mais, apertado a modos opressivos antigos, é testemunhar o fracasso de mais um movimento potencialmente radical e transformador em nossa sociedade.

Apesar de o movimento feminista contemporâneo ter sido inicialmente motivado pelo desejo sincero das mulheres por eliminar a opressão sexista, ele acontece dentro dos moldes de um sistema maior e mais poderoso que incentiva as mulheres e os homens a colocarem a satisfação de aspirações pessoais acima do desejo de uma mudança coletiva. Dado esse modelo, não é surpreendente que o feminismo tenha enfraquecido devido ao narcisismo, à ganância e ao oportunismo individualista de suas líderes expoentes. Uma ideologia feminista que pronuncia uma retórica radical sobre resistência e revolução enquanto está ativa na busca por estabelecer-se dentro do sistema patriarcal capitalista é essencialmente corrupta. Ainda que o movimento feminista contemporâneo tenha sido bem-sucedido em estimular a consciência do impacto da discriminação sexista no status social das mulheres nos Estados Unidos, fez pouco para eliminar a opressão sexista. Ensinar as mulheres a se defender contra estupradores não é o mesmo que trabalhar para mudar a sociedade de forma que os homens não estuprem. Criar lares para mulheres que sofreram violência não muda a psique dos homens que bateram nelas, nem muda a cultura que promove e perdoa a brutalidade deles. Atacar a heterossexualidade faz pouca coisa para o fortalecimento do autoconceito da multidão de mulheres que deseja estar com homens. Denunciar o trabalho doméstico como ocupação subalterna não faz a dona de casa recuperar o orgulho e a dignidade por sua atividade que lhes foram arrancados pela desvalorização patriarcal. Exigir um fim ao sexismo institucionalizado não garante o fim da opressão sexista.

A retórica do feminismo com ênfase em resistência, rebelião e revolução criou uma ilusão de militância e radicalismo que mascarou o fato de que o feminismo de maneira alguma foi um desafio ou uma ameaça ao patriarcado capitalista. A fim de disseminar a noção de que todos os homens são criaturas privilegiadas com acesso a satisfação pessoal e libertação pessoal negadas às mulheres, como as feministas fazem, é dar mais credibilidade à mística sexista do poder masculino que proclama que tudo o que é masculino é superior por natureza ao que é feminino. Um feminismo tão enraizado na inveja, no medo e na idealização do poder do homem não pode expor o efeito desumanizador do sexismo nos homens e nas mulheres na sociedade estadunidense. Hoje, o feminismo oferece às mulheres não a libertação, mas o direito de agir como homens-substitutos. Ele não ofereceu um plano para mudança que levaria à eliminação da opressão sexista ou a uma transformação de nossa sociedade. O movimento de mulheres se tornou uma espécie de gueto ou campo de concentração para as mulheres que buscam conquistar o tipo de poder que sentem que os homens têm. Oferece um fórum para a expressão dos sentimentos delas de raiva, inveja, ira e decepção com os homens. Oferece um clima onde mulheres que têm pouco em comum, que talvez tenham rancor ou até mesmo se sintam indiferentes umas com as outras possam se conectar a partir dos mesmos sentimentos negativos em relação aos homens. Finalmente, dá às mulheres de todas as raças, que desejam assumir a posição imperialista, sexista, racista de destruição que os homens têm, uma plataforma que permite a elas agir como se a conquista de seus objetivos pessoais e de sua cobiça por poder fosse para o bem comum de todas as mulheres.

Agora mesmo, as mulheres nos Estados Unidos estão testemunhando a morte de mais um movimento pelos direitos das mulheres. O futuro da luta coletiva feminista é desolador. As mulheres que se apropriam do feminismo para avançar em suas próprias causas oportunistas alcançaram os fins que desejavam e já não estão mais interessadas no feminismo como ideologia política. Várias mulheres que se mantêm ativas em grupos e organizações pelos direitos das mulheres se recusam, com teimosia, a criticar a análise distorcida do destino da mulher na sociedade popularizada pelo movimento de libertação das mulheres. Uma vez que essas mulheres não são oprimidas, elas podem apoiar um movimento feminista que é reformista, racista e classista, porque elas não veem a necessidade urgente de mudanças radicais. Apesar de as mulheres nos Estados Unidos terem chegado mais perto de obter igualdade social com os homens, o sistema patriarcal capitalista não mudou. Ainda é imperialista, racista, sexista e opressor.

O movimento de mulheres recente não abordou adequadamente a questão da opressão sexista, mas essa falha não muda o fato de que ela existe, que nós somos vitimadas por ela em vários graus, nem livra qualquer uma de nós de assumir responsabilidade por uma mudança. Várias mulheres negras são diariamente vitimadas pela opressão sexista. Com muita frequência, aguentamos nossa dor em silêncio, esperando com paciência pela mudança. Mas nem a aceitação passiva nem a tolerância estoica levam à mudança. A mudança somente ocorre quando há ação, movimento, revolução. A mulher negra do século XIX era uma mulher de ação. O sofrimento dela, a dureza do destino dela, em um mundo racista e sexista, e sua preocupação com a condição difícil das outras a motivaram a se juntar à luta feminista. Ela não permitiu que o racismo das defensoras brancas dos direitos das mulheres ou o sexismo dos homens negros impedisse seu envolvimento político. Ela não contou com grupo nenhum para proporcionar a ela um plano de mudança. Ela era uma planejadora. Em um discurso proferido para uma plateia de mulheres, em 1892, Anna Cooper expressou com orgulho a perspectiva da mulher negra sobre o feminismo:

> Permita que a declaração da mulher seja tão ampla no concreto quanto no abstrato. Nós defendemos nossa posição em relação à solidariedade da humanidade, à unicidade da

vida e à noção de que todos os favoritismos, seja por sexo, raça, país ou condição, não são naturais, são injustos. Se um elo da corrente estiver quebrado, a corrente está quebrada. Uma ponte não é mais forte do que sua parte mais fraca, e uma causa não tem mais valor do que seu elemento mais fraco. Menos ainda, uma causa das mulheres não pode condenar as fracas. Queremos, então, como trabalhadoras pelo triunfo universal da justiça e dos direitos humanos, ir para casa depois deste congresso exigindo nossa entrada, a de nossa raça, nosso sexo, nosso setor, não por meio de um portão, mas por uma grandiosa autoestrada para a humanidade. A mulher negra sente que a causa da mulher é uma e é universal; e isso não enquanto a imagem de Deus, seja a da Ilha de Paro ou a de ébano, for sagrada e inviolável; não enquanto raça, cor, sexo e condição forem vistos como acidentes e não como substância da vida; não até admitir-se que o título universal da humanidade para a vida, a liberdade e a busca da felicidade seja inalienável para todos; não até quando a luta da mulher não estiver ganha – não a da mulher branca nem a da mulher negra nem a da mulher vermelha, mas a causa de todos os homens e de todas as mulheres que tiverem se contorcido silenciosamente sob um poderoso erro. Os erros da mulher estão, portanto, indissoluvelmente conectados com toda miséria sem defesa, e a conquista de seus "direitos" significará o triunfo final de todo o bem sobre o poder, a supremacia das forças morais da razão e da justiça e do amor no governo das nações na terra.

Cooper falou em seu nome e no de milhares de outras mulheres negras que nasceram no período da escravidão, que, por terem sido severamente vitimadas, sentiam compaixão e se preocupavam com a situação difícil de todas as pessoas oprimidas. Se todas as defensoras dos direitos das mulheres tivessem compartilhado de seus sentimentos, o movimento feminista nos Estados Unidos seria verdadeiramente radical e transformador.

O feminismo é uma ideologia em processo de construção. De acordo com o Dicionário Oxford de Inglês, o termo "feminismo" foi usado pela primeira vez na segunda metade do século XIX e foi definido como o que tem "qualidades de fêmea". O significado do termo foi aos poucos sendo transformado e a definição de feminismo no dicionário do século XX é "[uma] teoria da igualdade política, econômica e social dos sexos". Para várias mulheres, essa definição é inadequada. Na introdução de *The Remembered Gate: Origins of American Feminism*, Barbara Berg define feminismo como um "movimento amplo que acolhe as várias fases da emancipação da mulher". Ela ainda afirma:

> É a liberdade para decidir o próprio destino dela; é a libertação do papel determinado pelo sexo; a libertação das restrições opressivas da sociedade; a liberdade para expressar seus pensamentos por completo e convertê-los livremente em ações. O feminismo exige a aceitação do direito da mulher em consciência e julgamento individual. Postula que o valor essencial da mulher tenha origem em sua humanidade comum e não dependa de outros relacionamentos da vida dela.

Sua ampla definição de feminismo é útil, mas limitada. Várias mulheres descobriram que nem a luta por "igualdade social" nem o foco em uma "ideologia de mulher como ser autônomo" são suficientes para livrar a sociedade do sexismo e da dominação do homem. Para mim, o feminismo não é simplesmente uma luta para acabar com o chauvinismo masculino ou um movimento para garantir que as mulheres tenham direitos iguais aos dos homens; é um compromisso para erradicar a ideologia de dominação que permeia a cultura ocidental em vários níveis – sexo, raça e classe social, para citar alguns – e um comprometimento de reorganizar a sociedade dos Estados Unidos de maneira que o autodesenvolvimento das pessoas possa preceder o imperialismo, a expansão econômica e os desejos materiais. As autoras de um panfleto feminista publicado anonimamente em 1976 incitavam as mulheres a desenvolver consciência política:

> Em todas essas lutas devemos ser assertivos e desafiadores, combatendo a tendência profundamente arraigada nos estadunidenses de serem liberais, ou seja, evitar lutar por questões de princípios por medo de criar tensões ou se tornar impopular. Em vez disso, devemos viver a partir do princípio dialético fundamental: o progresso acontece somente com a luta para solucionar contradições.

É uma contradição que as mulheres brancas tenham estruturado um movimento de libertação das mulheres que é racista e exclui várias mulheres não brancas. No entanto, a existência dessa contradição não deveria levar qualquer mulher a ignorar as questões feministas. Com frequência mulheres negras me pedem para explicar por que eu digo que sou feminista e, ao usar esse termo, aceito me aliar a um movimento que é racista. Digo, "a pergunta que devemos fazer repetidas vezes é como as mulheres racistas podem dizer que são feministas".

É óbvio que várias mulheres se apropriaram do feminismo para servir a seus próprios fins, sobretudo, aquelas mulheres brancas que estiveram à frente do movimento; mas, em vez de resignar-me a essa apropriação, escolho apropriar-me do termo "feminismo", para focar no fato de que ser "feminista", em qualquer sentido autêntico do termo, é querer para todas as pessoas, mulheres e homens, a libertação dos padrões de papéis sociais, da dominação e da opressão sexistas.

Hoje, uma multidão de mulheres negras nos Estados Unidos se recusa a reconhecer que tem muito a ganhar com a luta feminista. Elas temem o feminismo. Elas ficaram estagnadas por tanto tempo que têm medo de se mover. Elas temem a mudança. Temem perder o pouco que têm. Elas têm medo de confrontar abertamente as feministas brancas com seu racismo ou os homens negros com seu sexismo, sem falar em confrontar os homens brancos com seu racismo e sexismo. Ouvi muitas mulheres negras, em ambiente íntimo, expressarem uma crença no feminismo e criticarem com eloquência o movimento de mulheres, explicando sua recusa em participar. E testemunhei a recusa delas em expressar os mesmos pontos de vista em ambientes públicos. Sei que o medo delas existe, porque nos viram pisoteadas, estupradas, abusadas, assassinadas, ridicularizadas e menosprezadas. Somente algumas mulheres negras reavivaram o espírito da luta feminista que mexeu com o coração e a mente das nossas irmãs do século XIX. Nós, mulheres negras que defendemos a ideologia feminista, somos pioneiras. Estamos abrindo um caminho para nossas irmãs e para nós mesmas. Esperamos que, ao nos verem alcançar nosso objetivo – não mais vitimadas, não mais ignoradas, não mais amedrontadas –, elas criarão coragem e nos seguirão.

BIBLIOGRAFIA SELECIONADA

American Anti-Slavery Society, *American Slavery As It Is: Testimony of a Thousand Witnesses*. Nova York, 1839.

ANDRESKI, Iris, *Old Wive's Tales*. Londres: Routledge and Kegan Paul, 1970.

APTHEKER, Herbert, *A Documentary History of the Negro People in the United States*. Nova York, 1951.

BABCOX, Deborah e Madeline Belkin, *Liberation Now*. Nova York: Dell, 1971.

BANCROFT, Frederic, *Slave Trading in the Old South*. Baltimore: J.H. First Company, 1931.

BARAKA, Imamu Amiri, "Black Women", In: *Black World*, 1970.

BARBER, Benjamin, *Liberating Feminism*. Nova York: Delta, 1976.

BENNETT, Lerone, *Before the Mayflower*. Baltimore: Penguin, 1966.

______. *Pioneers in Protest*. Baltimore: Penguin, 1969.

BENTON, Myron, *The American Male*. Nova York: Coward-McCann, Inc., 1966.

BERG, Barbara, *The Remembered Gate: Origins of American Feminism*. Nova York: Oxford University Press, 1979.

BERLIN, Ira, *Slaves Without Masters*. Nova York: Vintage Books, 1976.

BERNARD, Jessie, *The Future of Marriage*. Nova York: Bantam, 1973.

______. *Marriage and Family Among Negroes*. Nova Jersey: Prentice Hall, 1966.

BILLINGTON, Ray (org.), *Journal of Charlotte Forten*. Nova York: Collier, 1961.

BILLINGSLY, Andrew, *Black Families in White America*. Englewood Cliffs, Nova Jersey: Prentice Hall, 1968.

BIRD, Caroline, *Born Female*. Nova York: Pocket Books, 1968.

BOGIN, Ruth e Bert Lowenberg, *Black Women in Nineteenth--Century American Life*. Pensilvânia: Pennsylvania State University Press, 1976.

BOTKIN, B.A., *Lay My Burden Down*. Chicago: University of Chicago Press, 1945.

BROTZ, Howard (org.), *Negro Social and Political Thought, 1850-1920*. Nova York: Basic Books, 1966.

BROWNMILLER, Susan, *Against Our Will*. Nova York: Simon and Schuster, 1975.

CADE, Toni (org.), *The Black Woman*. Nova York: Signet, 1970.

CARMICHAEL, Stokely e Charles Hamilton, *Black Power*. Nova York: Vintage Books, 1967.

CASH, W.J., *The Mind of the South*. Nova York: Vintage, 1941.

CHAFE, William, *Women and Equality*. Nova York: Oxford University Press, 1977.

CHILD, Lydia Maria, *Brief History of the Condition of Women*. Nova York: C.S. Francis and Co., 1854.

______. *An Appeal in Favor of Americans Called Africans*, reimpressão. Nova York: Arno Press, 1968.

CHISHOLM, Shirley, "Racism and Anti-Feminism", In: *The Black Scholar*, pp. 40-45, 1970.

CLARKE, Jessie, *A New Day for the Colored Woman Worker.* Nova York, 1919.

COLES, Jane e Robert, *Women of Crisis.* Nova York: Dell, 1978.

COOPER, Anna Julia, *A Voice from the South.* Xenia, Ohio, 1892.

COTT, Nancy, *Bonds of Womanhood.* New Haven: Yale University Press, 1977.

CUDLIPP, Edythe, *Understanding Women's Liberation.* Nova York: Paperback Library, 1971.

DAY, Caroline Bond, *A Study of Some Negro-White Families in the U.S.* Connecticut: Negro University Press, 1970.

DALY, Mary, *Gyn/Ecology.* Boston: Beacon Press, 1978.

DAVIS, Angela, *An Autobiography.* Nova York: Random House, 1974. [Ed. bras.: *Uma autobiografia.* São Paulo: Boitempo Editorial, 2019.]

______. "Reflections on the Black Woman's Role in the Community of Slaves", in: *The Black Scholar,* vol. 3, n. 4, dez. 1971.

DECKARD, Barbara, *The Women's Movement.* Nova York: Harper and Row, 1975.

DINER, Helen, *Mothers and Amazons.* Nova York: Anchor Press, 1973.

DOHERTY, Joseph, *Moral Problems of Inter-racial Marriage.* Washington: Catholic University of America Press, 1949.

DOUGHTERY, Molly, *Becoming a Woman in Rural Black Culture.* Nova York: Holt, Rinehart, and Winston, 1978.

DOUGLASS, Frederick, *Narrative of the Life of Frederick Douglass.* Benjamim Quarles (org.). Cambridge, Mass.: Belknap Press, 1969.

DOUGLAS, Mary, *Purity and Danger.* Nova York: Praeger, 1966.

DRAPER, Theodore, *The Rediscovery of Black Nationalism.* Nova York: Viking Press, 1969.

DRIMMER, Melvin, *Black History*. Nova York: Doubleday, 1968.
DUNIWAY, Abigail Scott, *Path Breaking*. Nova York: Shocken Books, 1971.
EASTMAN, Crystal, *On Women and Revolution*. Blanche Cook (org.). Nova York: Oxford University Press, 1978.
EISENSTEIN, Zillah (org.), *Capitalist Patriarchy and the Case for Socialist Feminism*. Nova York: Monthly Review Press, 1979.
ELKINS, Stanley, *Slavery*. Nova York: Universal Library, 1963.
FASTEAU, Marc, *The Male Machine*. Nova York: Delta, 1975.
FELDSTEIN, Stanley, *Once a Slave*. Nova York: William Morrow and Company, 1971.
FIGES, Eva, *Patriarchal Attitudes*. Greenwich, Conn.: Fawcett Press, 1970.
FIRESTONE, Shulamith, *The Dialectic of Sex*. Nova York: Bantam, 1970.
FLEXNER, Eleanor, *Century of Struggle*. Nova York: Atheneum, 1970.
______. *Mary Wollenscraft*. Maryland: Penguin, 1972.
FRAZIER, E. Franlin, *Black Bourgeoisie*. Nova York: Collier, 1962.
FREEMAN, Jo, *The Politics of Women's Liberation*. Nova York: David McKay Co., 1975.
GENOVESE, Eugene, *Roll, Jordan, Roll*. Nova York: Vintage Press, 1976.
______. *The World the Slaveholders Made*. Nova York: Vintage Press, 1977.
GINZBERG, Eli, *Educated American Women*. Nova York: Columbia University Press, 1966.
GORDON, Albert, *Intermarriage: Interfaith, Inter-racial, Interethnic*. Boston: Beacon Press, 1964.

GORNICK, Vivian e Barbara Moran, *Women in Sexist Society*. Nova York: Basic Books, 1971.

GREER, Germaine, *The Female Eunuch*. Nova York: Bantam Books, 1971. [Ed. bras.: *A mulher eunuco*. Rio de Janeiro: Editora Artenova S.A, 1971.]

GRIER, William e Price Cobbs, *Black Rage*. Nova York: Bantam Books, 1968.

______. *The Jesus Bag*. Nova York: Bantam Books, 1971.

GRIFFITHS, Mattie, *Autobiography of a Female Slave*. Nova York: Redfield, 1857.

GUTMAN, Herbert, *The Black Family in Slavery and Freedom*. Nova York: Vintage Books, 1977.

HAFKIN, Nancy e Edna Bay, *Women in Africa*. Palo Alto, California: Stanford University Press, 1976.

HALSELL, Grace, *Black-White Sex*. Connecticut: Fawcett, 1972.

______. *Soul Sister*. Connecticut: Fawcett, 1969.

HANSBERRY, Lorraine, *To Be Young, Gifted and Black*. Nova York: Signet Books, 1970.

HARLEY, Sharon e Rosalyn Terborg-Penn, *The Afro-American Woman*. Nova York: Kennikat Press, 1978.

HERNTON, Calvin, *Sex and Racism in America*. Nova York: Grove, 1965.

ISAACS, Harold, *The New World of Negro Americans*. Nova York: Viking Press, 1963.

JANEWAY, Elizabeth, *Man's World, Woman's Place*. Nova York: Delta, 1971.

JONES, Leroi, *Home*. Nova York: William Morrow, 1966.

______. *Raise, Race, Rays, Raze*. Nova York: Vintage Press, 1972.

KEMBLE, Francis, *Journal of a Residence on a Georgian Plantation in 1783-1839*. John Scott (org.). Nova York: Signet Books, 1975.

KOEDT, Anne (org.), *Radical Feminism*. Nova York: Quadrangle Books, 1973.

KRADITOR, Aileen (org.), *Up From the Pedestal*. Chicago: Quadrangle Books, 1968.

LADNER, Joyce. *Tomorrow's Tomorrow*. Nova York: Anchor Books, 1972.

LERNER, Gerda. *Black Women in White America*. Nova York: Vintage Press, 1973.

LINCOLN, C. Eric, *The Black Muslims in America*. Boston: Beacon Press, 1961.

LOGAN, Rayford, *The Betrayal of the Negro*. Nova York: Collier, 1954.

MELTZER, Milton, *Slavery from the Rise of Western Civilization to Today*. Nova York: Dell, 1971.

MILLET, Kate, *Sexual Politics*. Nova York: Avon, 1971.

MILNER, Christina e Richard Milner, *Black Players*. Boston: Little, Brown and Co., 1972.

MORGAN, Robin (org.), *Sisterhood Is Powerful*. Nova York: Vintage Press, 1970.

MYRDAL, Gunnar, *An American Dilemma*. Nova York: Harper and Brothers, 1944.

NICHOLS, Charles, *Black Men in Chains*. Nova York: Lawrence Hill, 1972.

PAULME, Denise (org.), *Women of Tropical Africa*. Berkeley: University of California Press, 1963.

QUARLES, Benjamin, *The Negro in the Making of America*. Nova York: Collier, 1964.

REID, Inez, *Together Black Women*. Nova York: Third Press, 1975.

REITER, Rayna (org.), *Toward an Anthropology of Women*. Nova York: Monthly Review Press, 1975.

RIEGEL, Robert, *American Feminists*. Kansas: University of Kansas Press, 1963.

ROGERS, Katherine, *The Troublesome Helpmate*. Seattle: University of Washington Press, 1966.

SCOTT, Anne, *The Southern Lady, From Pedestal to Politics, 1830-1930*. Chicago: University of Chicago Press.

SEIFER, Nancy (org.), *Nobody Speaks For Me*. Nova York: Simon and Schuster, 1976.

SINCLAIR, Andrew, *The Emancipation of The American Woman*. Nova York: Harper-Colophon, 1965.

SILBERMAN, Charles, *Crisis in Black and White*. Nova York: Vintage Press, 1964.

SMITH, Page, *Daughters of the Promised Land*. Boston: Little, Brown and Co., 1970.

SMUTS, Robert, *Women and Work in America*. Nova York: Schoken Books, 1971.

SNODGRASS, Jon (org.), *For Men Against Sexism*. Albion, California: Times Change Press, 1977.

SOCHEN, June, *Herstory*. Nova York: Alfred Publishing Co., 1974.

______. *The New Woman in Greenwich Village, 1910-1920*. Nova York: Quadrangle Books, 1972.

SPEARS, John, *American Slave Trade*. Nova York: Kennikat Press, 1900.

SPRUILL, Julia, *Women's Life and Work in the Southern Colonies*. Nova York: W.W. Norton, 1972.

STAMBLER, Sookie (org.), *Women's Liberation: Blueprint for the Future*. Nova York: Ace Books, 1970.

STAMPP, Kenneth, *The Peculiar Institution*. Nova York: Vintage Press, 1956.

STAPLES, Robert, *The Black Woman in America*. Chicago: Nelson Hill, 1973.

TANNER, Leslie (org.), *Voices From Women's Liberation*. Nova York: Mentor, 1970.

THOMPSON, Mary (org.), *Voices of the New Feminism*. Boston: Beacon Press, 1970.

VILAR, Esther, *The Manipulated Man*. Nova York: Farra, Strauss, and Giroux, 1972.

WALLACE, Michele, *Black Macho and the Myth of the Super Woman*. Nova York: Dial Press, 1978.

WARE, Cellestine, *Woman Power*. Nova York: Tower Publications, 1970.

WASHINGTON, Joseph, *Marriage in Black and White*. Boston: Beacon Press, 1970.

WILLIAMS, Eric, *Capitalism and Slavery*. Nova York: Capricorn, 1966.

WOODWARD, C. Vann, *The Strange Career of Jim Crow*. Nova York: Oxford University Press, 1957.

ÍNDICE REMISSIVO

A primeira edição deste livro foi publicada em março de 2019, ano em que se celebram 29 anos da fundação da Rosa dos Tempos, a primeira editora feminista brasileira.

O texto foi composto em Minion Pro, corpo 11,5/15. A impressão se deu sobre papel off-white pelo Sistema Cameron da Divisão Gráfica da Distribuidora Record.